歌から生まれた不思議な不思議な日本の国

永井一夫
Nagai Kazuo

牧歌舍

歌から生まれた不思議な不思議な日本の国

歌から生まれた不思議な不思議な日本の国　目次

7 戦後日本の歩みと天皇

8　現代をいかに生きるべきか

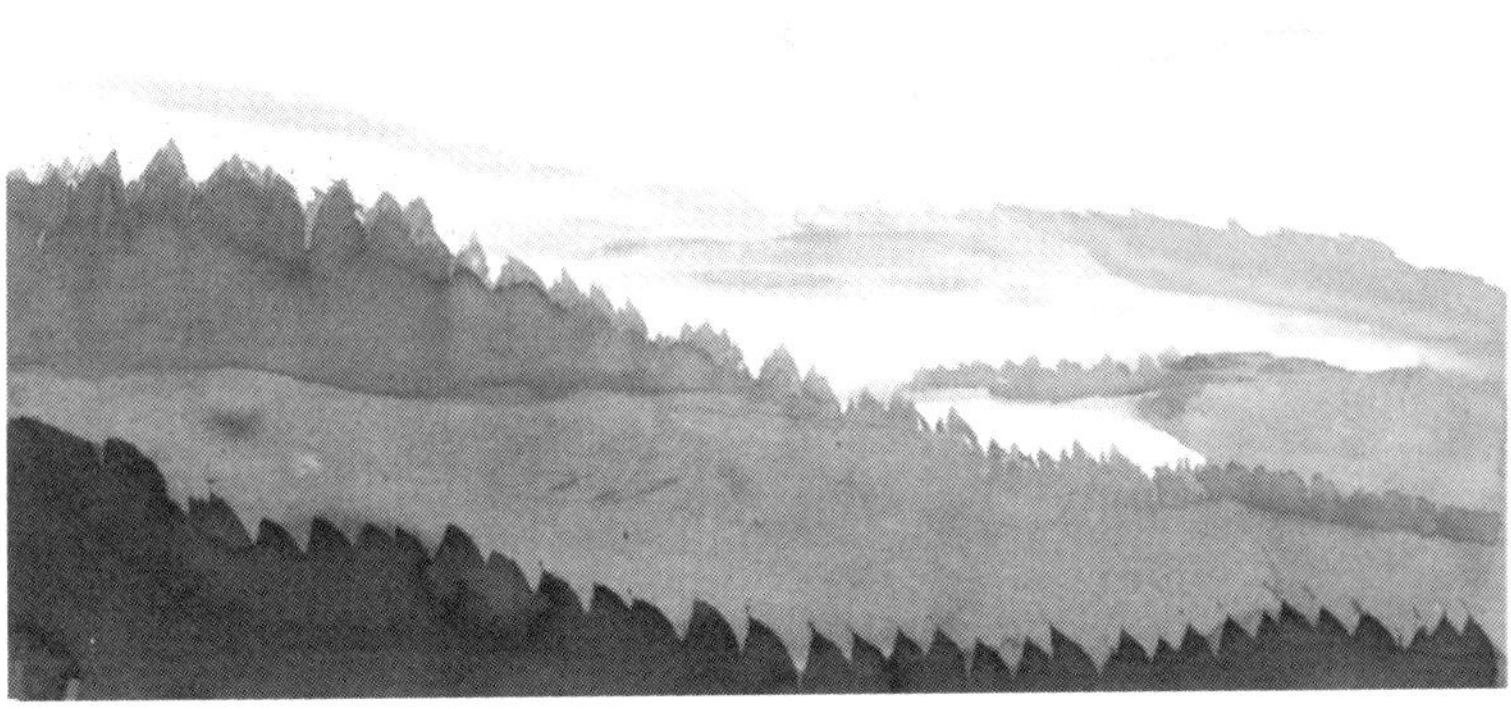

1　国造りの神話と歌

日出づるところの国日本

日本は極東の島国と呼ばれています。英語ではファーイーストと呼ばれています。はるか遠い東方の国という意味です。その通り西欧から見ると日本は世界で一番東にある国で、その東は太平洋の向こうのアメリカです。太平洋の真ん中に日付変更線があります。つまり太陽が一番先に照らす国です。今から約千四百年前に時の摂政聖徳太子は、隋の皇帝煬帝《ようだい》に初めて国交を開こうとされて国書を送ってこう言いました。「日のいづる国の天子　日の没する国の天子にこの書を送る　つつがなきや（お元気ですか）」。これを見て隋の皇帝は眉を吊り上げて怒りました。この当時の隋は中国全土をほぼ統一し、自身を世界一の王様と思っていたのですから、まあ、怒っても当然でしょう。この失礼な国の使者を切って捨てよと家来に大声でどなったのですが、ちょっと考えて「待てよ」と思いました。甚だ失礼な手紙だがその内容は別に間違ってはいない。日本は米粒程の小さな国だが、この国の更に東に国があるとは聞いたことがない。確かに太陽は先ず日本に上陸しそれから我が大陸に渡ってくるのだ。それに日本という国は金銀が豊富にあって家のかわらにさえ金を使っているという。それに不老不死の妙薬があるとも聞く。この国と国交するのも悪くはないかも知れない、と思い返して、太子の使者をていねいにもてなし、たくさんの宝物を与えて送り返したということです。

フランスのボジョレーという有名な酒造りの地方で、その年一番最初に作られるワインをボジョレーヌーボーといいます。ヌーボーというのは新酒という意味です。これは毎年十一月の第三木曜日に解禁されます。世界のワイン愛好家はこの日を楽しみにしています。それはヌーボーを飲んでその年の葡萄酒のできぐあいを味わって楽しめるからです。ところがこのヌーボーを世界のワイン愛好家をおいて最初に味わえるのが日本人なのです。解禁の日に、フランスのシャルル・ド・ゴール空港からヌーボーを満載した飛行機が続々と日本に到着します。アメリカは丸一日遅れますから気の早いアメリカ人は前日から日本に来て、「おれは今日本でヌーボーを飲んでいる。今年もいい味だ」なんて自慢しながら本国に電話している様子があちこちで見られます。

日本の株式市場は日本時間午前九時に始まります。次は台湾の株式市場が午前十時に始まります。上海は十時半です。香港は十一時、インドは午後一時十五分、イギリスロンドン市場は夕方四時から、アメリカ市場は夜十一時半からです。

こういうことからバブルの時代より世界の株式投資家は一番最初の市場である日本市場に注目しました。そこでその日の株式動向の目安を立てることになります。

このように、日本人は世界で最初に昇る朝日を拝することができるのです。

では、この日出づる国日本はどうしてでき上がったのでしょうか。それを知るために、後で各国の神話とも比べながら、日本の神話、『古事記』のページをめくってみましょう。

神話に始まる日本国の創生

まず神話というものについて考えてみましょう。世界には各民族が持つ色々な神話があります。それぞれ自分達の国がどうしてでき上がったかということを昔の聞き伝え話から作り上げたものです。たとえば古代ギリシャの英雄叙事詩として、ホメロスの作といわれる、『イリアス』と『オデュッセイア』があります。お隣の国中国、韓国の神話、その他東南方面のアジアの国々の神話も数知れません。しかし、その中で日本の神話は、作られた年代はもちろんその作者まですべてが明らかであり、その内容もすばらしいとして評価されています。

戦前の日本人はこの神話について、小学校の修身の時間などで少しずつ聞かされていました。現代の日本人のほとんどの人は日本の神話を知らないのではないでしょうか。ところが、今日本の神話を読み返して見ますと、日本の古代の人々が詩歌を大切にし、詩歌によって意思を伝えることを最大の手立てとしていたのがわかります。しかもそれは大宮人から庶民に至るまでほぼ日常生活の中のことばとして使われていることにびっくりします。各民族の神話はのちほどざっと一覧しますが、日本の神話についてかいつまんでお話しましょう。

古事記と日本書紀

日本の国造りについては、『古事記』と『日本書紀』に書かれています。『古事記』は今から千三百年程前の和銅四年（七一一）太安万侶《おおのやすまろ》が命じられてその年の九月十八日に編纂を開始し、翌年の一月二十八日にでき上がって天皇に奉上したとなっています。また、日本書紀はこのあと十年ほどして養老四年（七二〇）に舎人親王の選により編纂されたものであります。この二つの書物を合わせて『記紀』と呼びます。文字のない時代に日本の大きな部族の中では、自分たちの先祖の残した昔話を言葉によって伝えるための専門職の人がいました。語り部という暗記力の優れた人たちによって、昔話は語り継がれたのです。天皇家はその中でも最大の部族でした。天皇の命を受けた太安万侶は、他の部族の神話を参考にしながら、主として天皇家の語り部に伝わる話をまとめたのです。それでは『古事記』を読みながら日本の古代はどうであったか、どうして日本の国が造られたかを見ていきましょう。

日本国の創生と神々

まず、日本国の創生のくだりから、『古事記』の現代語解釈を順にたどっていきます。

　天と地が初めて分かれたとき、神々の国 高天が原《たかまがはら》に現れた神の名は天之御中主神《あめのみなかぬしのかみ》、高御産巣日神《たかみむすびのかみ》、神産巣日神《かみむすびのかみ》の三神でした。これらの神々は独身でありましたがしばらく神の館におられ、やがて身を隠されます。このあとまた二人の神様が現れてこられます。この方々も独身であったのでやがて身を隠されました。以上五柱の神を別天つ神《ことあまかみ》と呼びます。その後、女性とご一緒にお現れになりましたのが最初の夫婦神《めおとがみ》の伊邪那岐神《いざなぎのかみ》と伊邪那美神《いざなみのかみ》でありました。

　これまでの世は神世七代と呼ばれています。さて、伊邪那岐神と伊邪那美神はことのほかすぐれているとみなされます。歴代の神々が、二人の神様にこのただよっている下界にしっかりした国を作らせようと定められ「玉で飾った天の沼矛《あまぬぼこ》」を与えられました。そこで二神は天と地をつなぐ「天の浮橋」から沼矛を海水に立てその矛の先から落ちたしづくから大地を作られました。そしてそこに立派な御殿を立てられ、伊邪那岐命《いざなぎのみこと》は妻となる伊邪那美命《いざなみのみこと》に「さてこれで準備はできた。ところでお前は大そう美しいがその身体はどうなっているのだ」とお尋ねになりました。伊邪那美命は「私の身体はこの通り美しいのですが足りないところが一ところあります」とお答えになりました。そこで伊邪那岐命は「私の身体もりっぱだがあまったところがひとつある。このあまったところをお前の足りない所に差し入れてぴったり塞いで国を生もうではないか」とおっしゃいました。伊邪那美命はニコニコして「わかりました」とおっしゃったので二人は天の御柱を廻り出合った所で男女のいとなみをなさることになりました。そこで伊邪那岐命は左より廻り伊邪那美命は右より廻って出会ったところで伊邪那美命は「まあなんといういい男だこと」とおっしゃり、伊邪那岐命は「美しいい女だ」とおほめになりました。しかしどうしたことか生まれた子は蛭児《ひるこ》であったので葦の船にのせて流してしまわれました。お二人はどうしてこんなことになったんだろうと思案され天《あま》つ神のところに行って相談をされたところ、天つ神は占いを立て「それは女が先に声をかけたのがいけなかったんだよ」とおっしゃいました。そこでお二人はもう一度宮に戻り今度は柱を廻って男が先に声をかけ女がそれにこたえて声を上げたところ美しい国が次々と生まれました。まず狭別《さわけ》の島（淡路島）次に四国の大島、次に三ツ児の隠岐の島、次に九州、更に壱岐・対馬を、更に大倭豊秋《おおやまととよあき》津島《づしま》をお生みになった。これら八つの島を呼んで大八島《おおやしま》の国《くに》（日本）というわけです。

黄泉《よみ》の国のはなし

二人の神はこのあとも六つの島や風の神、海の神、山の神など三十五柱の神をお生みになりましたが、最後に火の神をお生みになったときに伊邪那美命《いざなみのみこと》はその火の勢いのためお腹をいため亡くなってしまいます。伊邪那岐命《いざなぎのみこと》はどうしても亡くなった伊邪那美命に会いたくなり、とうとう死者の場所と呼ばれる黄泉《よみ》の国に行かれます。そして黄泉の国の戸口に出迎えられた伊邪那美命に「おゝ美しき我が妻よどうかもう一度現世に戻ってきてほしい」とおっしゃいました。そこで女神は「おゝたくましい我が夫よ。私もあなたの元に戻りたい。しかしこの国の食べ物を口にした以上並みのことではそれは不可能です。しかし一度はこの国の大王とかけ合ってみます。その間はけっして私の体を見ないようにして下さい」とおっしゃって幕の裏に消えられました。随分長い時間待っておられた伊邪那岐命《いざなぎのみこと》は、とうとうしびれを切らして幕をそっと開けてみると、なんとしたことかそこに横たわった伊邪那美命《いざなみのみこと》の体には蛆虫が沸き、頭には大きな雷《いかづち》、美しかった胸には火の雷、白い腹には黒い雷、手にも足にも雷が住んでごろごろと音を出しています。伊邪那岐命はびっくりして逃げようとされましたが伊邪那美命は「私に恥をかかせたわね」と怒り黄泉の醜女《しこめ》を集めて伊邪那岐命を追いかけました。伊邪那岐命は逃げながら黒いつる草の髪飾りを投げるとこれが山葡萄になり醜女がそれを拾って食べている間にどんどん逃げましたがまだまだ追ってくる。今度は右の髪にお刺しになっていた櫛を投げるとこれが一面の筍《たけのこ》となり醜女がそれを引き抜いて食べている間にまたどんどんお逃げになりました。そこで伊邪那美命はあの八種類の雷にたくさんの黄泉の軍をつけて追いかけさせました。とうとう黄泉と現世を分ける急な坂まで来た時、命《みこと》はそこに生えていた桃の木から実を三つとり、坂の上から投げますとその呪力によって今迄追いかけていた者共がすべてちりぢりに帰ってしまいました。それでもなお伊邪那美命はご自身で追いかけてきました。二人は千人力の大岩をどんと坂の真中に置いて対峙し、伊邪那岐命は伊邪那美命に対して離婚を申し渡しました。伊邪那美命は「あなたが私を離婚させるのでしたら、私はあなたの国の人間を一日に千人ずつ絞め殺して差し上げましょう」とおっしゃった。伊邪那岐命は「若しおまえがそんな事をするのなら私は一日に千五百人の子を作りましょう」とお答えになった。それ以来この国では一日に千人の人が死に、千五百人の人が生まれることになったと言われています。

伊邪那岐命《いざなぎのみこと》は国に戻られてから「私は随分と醜い汚いものを見てきた」とおっしゃって、水に入ってみそぎをしましたが、この時多くの神々が生まれ、さらに水にもぐって神々をお産みになり、そのあと左の目を洗ったところへ現れたのが天照大神《あまてらすおおみかみ》、右の目を洗ってお現れになったのが月読命《つきよみのみこと》、鼻を洗って現れたのが須佐之男命《すさのおのみこと》です。伊邪那岐命はこの三神がお生まれになった時大変喜ばれて、私はことにすばらしい三柱の尊い子を持つことができた、とおっしゃって、ご自分の首飾りを最初の子供天照大神の手に渡して「お前は高天が原《たかまはら》を支配せよ」とおっしゃいました。そして月読命には「お前は夜の国を支配せよ」とお命じになり、須佐之男命には「お前は海原を支配せよ」とおっしゃってそれぞれの支配権をお任せになりました。

ところが三番目の須佐之男命は力は、大変お強いのですが少々乱暴な方で、真黒なあごひげは胸にまでのび、姉上にあまえてひどい所業をしておられました。ある時天照大神が神々にささげるきれいな布を織姫達と作っておられる時、天上の板をけり破って皮をむいた血だらけの馬を織部のど真中に投げ入れられました。織姫がおどろいて飛び上がったひょうしに織機の梭《ひ》がとんでその織姫の女陰につきささり死んでしまったのです。目の前の出来事にさすがの天照大神も大変おいかりになり、天《あま》の岩屋戸《いわやど》にお入りになりその戸口をぴったりとお閉めになりました。

天の岩屋戸

天照大神《あまてらすおおみかみ》がこうしてお隠れになると、高天が原《たかまがはら》も芦原中国《あしはらのなかつくに》もすべて真暗になり、様々な悪い神々が出てきて、大変なわざわいが色々と起きてきました。ここで困った神々は集まってどうすればよいかと思案を重ね一計を案じます。まず国々から暁をつげる鶏をたくさん集め、次に天照大神がお現れになったときその姿を映す大きな鏡を作り、さらに踊りの上手な天宇受賣命《あまのうずめのみこと》に踊ってもらうことになりました。こうして準備がととのったので、力の一番強い天手力男命《あまのたぢからおのみこと》が天の岩屋戸の入口近く待機して待ちかまえるところで、合図と共に鶏がいっせいに鳴いて暁をつげます。天宇受賣命は天の香具山のヒカゲノカズラをたすきにかけ戸口にふせた桶の上に立ち、ツルマサキを頭にかぶり、手に持った笹の葉を打ち振りながら桶の上で踊りに踊ります。その踊りの面白いことこの世のものとは思えません。興に乗った天宇受賣命はそのうちに乳房をかき出し、裳の紐をゆるめてぐいと押し下げおへそを出して上下させとうとう下の黒いところまで見えてきたので集まった神々はどっとお笑いになります。天照大神は「私がここに隠れた以上天地は真暗になっているはずなのに暁をつげる鶏が鳴き、神々は大声で笑ってる。一体どうなったのだろう」と不思議に思われて岩戸の扉をそっとあけて外をおのぞきになりました。時をはずさず天手力男命がぐいと扉を引き開けられたので天照大神が思わず一歩外へ出て見るとそこにすばらしい神の御姿が映っているではありませんか。天照大神《あまてらすおおみかみ》はますます不思議に思われ更に一歩外に出た時、二人の女官が祝詞をとなえながら注連縄を戸口にかけて、「これから内へはもう帰ることはできません」と申し上げました。こうして天地は再び明るく喜びに満ちた所となりました。

八俣《やまた》の大蛇《おろち》

神々は須佐之男命《すさのおのみこと》に罰を下され、その手足の爪を抜いて追放なされました。須佐之男命が遠く出雲の国の斐伊川の鳥髪という所まで落ちてこられた時、泣いている老人老女と娘にお会いになり「どうして泣いているのか」とお尋ねになりました。老人は「私は国津神（その頃はそれぞれの国に土着の神々が存在しました）の大山津見神の子で足名椎《あしなづち》といいこの妻は手名椎《てなづち》といい、娘は櫛《くし》名田比売《なだひめ》といいます。私には八人の娘がいたのですが七人まで八俣《やまた》の大蛇《おろち》に食べられてしまいこの子一人が残りました。もうそろそろ大蛇の出る頃なので悲しくなって泣いているのです」と答えました。須佐之男命がつくづく見ると娘は非常に美しい女性でありました。そこで命は両親に向かって「よろしい私がその大蛇を退治して救ってあげよう。そのかわりその娘を私にくれないか。私はあやしい者ではなく天照大神の弟であり、今、高天《たかま》が原《はら》から降りてきたところである」とおっしゃいました。もうすでに天照大神の名を知らない者はいません。両親は恐れ奉り娘を差し出しました。須佐之男命はこの少女を櫛に変身させ御自身の角髪《みずら》にさして、直ちに家の廻りに八つの門を作らせそれぞれの戸口になみなみと酒をたくわえた八つのかめを置かせ大蛇の来るのを待ち受けました。

やがて大蛇が姿を見せます。それは八つの頭を持ち八つの尾を持ち目はらんらんとかがやいて身には苔と檜と杉が生え八つの谷と八つの峰にもまたがる世にも恐ろしい大蛇でしたが八つの酒樽を見るとそれぞれ八つの首を突っ込んで音を立ててごくごくと飲み干し、やがてごろりと横になって寝てしまいました。須佐之男命《すさのおのみこと》はここぞとばかり十握《とつか》の剣を抜いて大蛇をばらばらに切ってしまわれます。そして最後に真中の尾を切られたとき、かちっと音がして十握《とつか》の名刀が二つに折れてしまったのです。「この名刀が切れぬものがあるのか」と驚かれた命が、その先の尾を見るとピカリと光るものがあります。取り出して見ると見事な太刀でした。これはただものの刀ではないと思われた命《みこと》は、この太刀をていねいに洗って天照大神に献上されました。これが天皇家に今もつたわる草薙《くさなぎ》の太刀であります。この草薙の名は後につけられたのですがそのいきさつはのちほどふれます。須佐之男命がここに宮殿を建て櫛名田比売《くしなだひめ》と結婚されたとき、四方に雲がわき上がり、まるで夫婦の営みを祝賀するかのように宮殿をつつみました。そこで命は歌を詠みます。

八雲立つ　出雲八重垣　妻籠《つまご》みに　八重垣作る　その八重垣を

これは有名な歌です。八方から雲が沸き上がり　私と妻を守ってくれている　その雲の頂のすばらしいことよ　あゝ雲垣よ！　といった意味です。すでに五七五七七の調子も完成され、神様の作ったすばらしい感動的な力強い歌です。

さて、日本人はいつの頃から詩歌でもって意思を表わしまた意思を伝える習慣を身につけたのでしょう。須佐之男命《すさのおのみこと》は神代に属する方ですから随分と古い時代からですが、今、『古事記』を読んでいきますともうその頃から神々だけでなく一般の人々が歌を意思疎通の手段としていたことがわかってきます。

須佐之男命についてはこのあと色々な面白い話がありますが一つひとつ書いていくとそれだけで一冊の本になってしまいますから少しとばします。興味のおありの方は是非とも『古事記』を読んでみて下さい。色々な解説書が出ていますが、梅原猛氏の『古事記』（学研M文庫）が読みやすくまとまっています。本著も『古事記』については主として梅原氏の著作にたよっています。

大国主之命

こうして須佐之男命と櫛名田比売《くしなだひめ》との間にできた神様は八島士奴美神《やじまじぬみのかみ》といいこの方と木花知流比売《このはなちるひめ》との間に生まれた神々の中から現れたのが大国主命《おおくにぬしのみこと》です。この大国主命は一度死んで生まれかわったり、色々な仕事をなされたのでその度に呼び名がかわります。すなわち大穴牟遅神《おおたむちのかみ》、葦原色許男神《あしはらしこおのかみ》、八千矛神《やちほこのかみ》、宇都志国玉神《うつくしくにおのかみ》と五つの名をもって呼ばれています。

大国主命についてはたくさんの話が残っています。ここではその一部分だけをお伝えします。先

大国主神の系譜

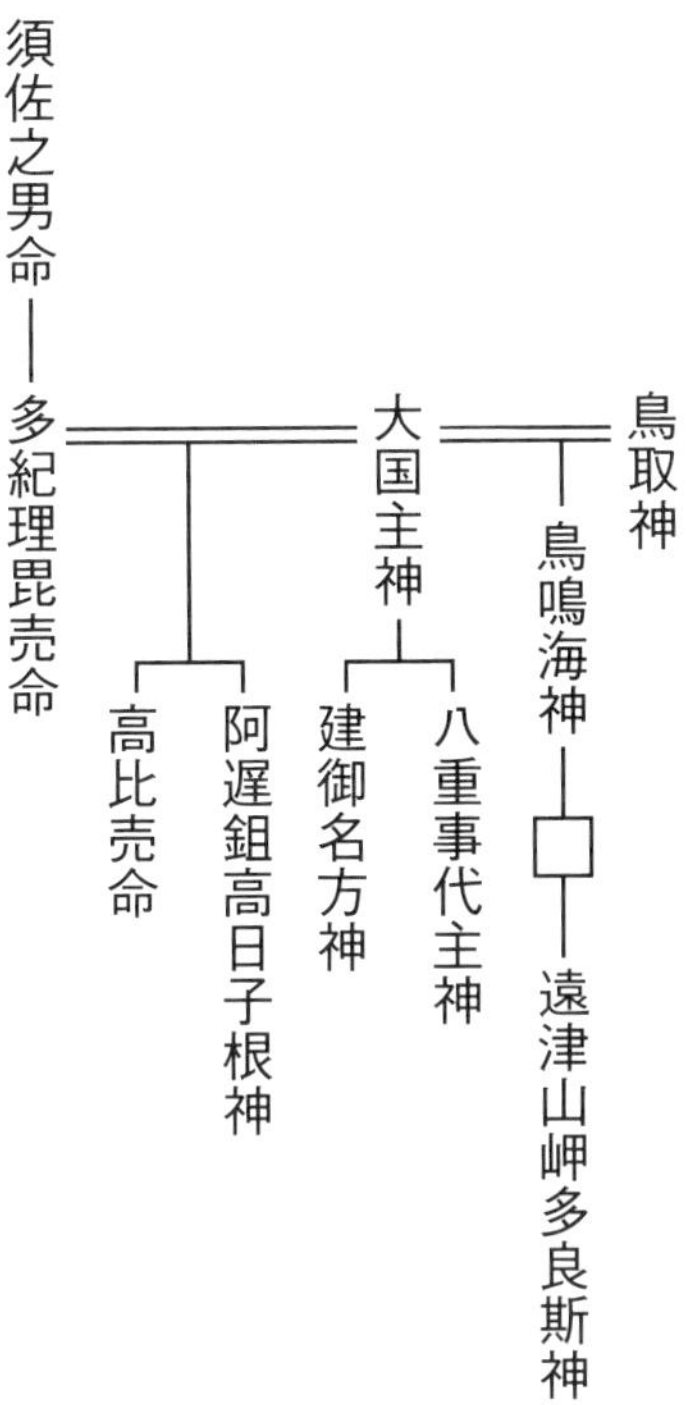

須佐之男命の系譜

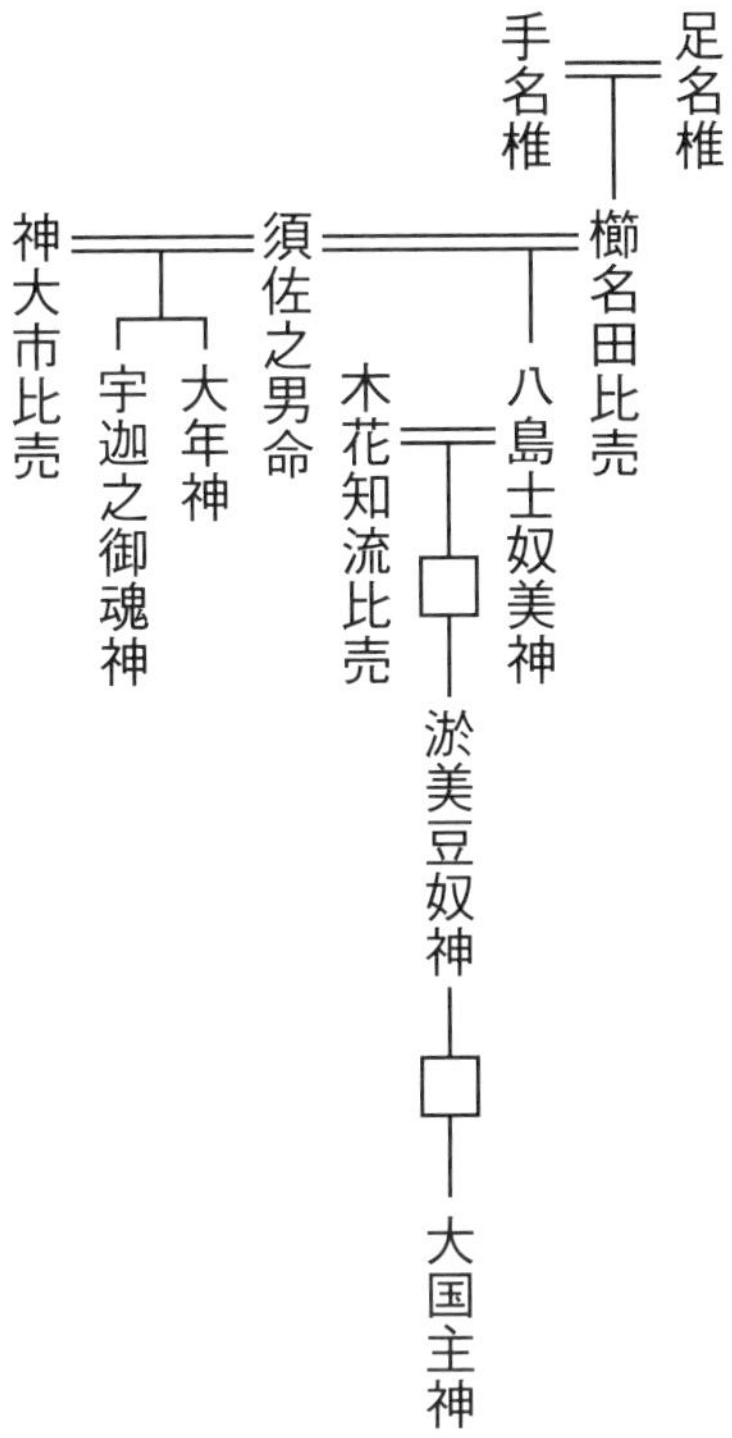

ずは有名な因幡《いなば》の素兎《しろ》です。大国主命《おおくにぬしのみこと》は大勢の兄弟の一番の末弟でした。兄達の神々は因幡の国の美人、八上比売《やがみひめ》を得たいと思って大穴牟遅神《おおたむらのかみ》と呼ばれていた大国主命をうしろに引きつれて因幡の国に向かい出発されました。ちょうど気多の岬まで来た時、鮫に皮をひんむかれた素兎《しろうさぎ》が苦しんでいるのに出合います。この話は皆様ご存知でしょう。そこで兄達の神々は兎に塩水を浴びて風に吹かれておれば良くなると意地悪なことを教えました。鮫をだまして海を渡るいたずらをしたからです。このためますますひどくなった傷口を押さえて泣き悲しんでいる素兎をあとから来た大国主命が見付けて「これは川のきれいな水でよく洗い、蒲《がま》の花粉をふりかければ元どおりになるよ」と教えます。助けられた素兎はお礼を申し上げてこういいます。「あなた方が求めておられる八上比売は他の兄達の元には行きますまい。あなた様がきっと八上比売を得ることになるでしょう」。さて、兄達の神々様が八上比売のところまで行って求婚したところ、八上比売は素兎の予言した通り「私はあなた方のどなたともつれ合う気はありません。私が結婚するのは大穴牟遅神唯一人です」とお答えになりました。おこった神々は大国主命をだまして真っ赤に焼いた石で殺してしまいました。これを悲しんだお母様の刺国若比売《さしくにわかひめ》は早速高天《たかま》が原《はら》に飛んで行き神産巣日神《かみむすびのかみ》にお願いして真っ赤に焼けて死んだ大国主命の命を救われます。これを見た兄達の神々は今度は二つにさいた大木の中にうまくいいつくろって大国主命を入らせ引き綱を切ってはさみこみ、殺してしまいました。お母様の刺国若比売《さしくにわかひめ》は皆がいなくなるのを見過ごして大急ぎで木を開いて再びこの子を助けます。

そして「お前はここにいてはあぶない。遠くのほうに逃げなさい」とおっしゃいました。ところが兄達の神々はこれを知って紀の国まで追いかけようとしたので、お母様は「大穴牟遅神《おおたむちのかみ》よ、お前はこのままではあぶない。この上は大じの須佐之男命《すさのおのみこと》に会っておすがりするよりない」とおっしゃいました。大国主命《おおくにぬしのみこと》がその通り須佐之男命のところにまで行ったとき、思わぬ幸運にめぐり合います。大国主命は大変姿の美しい神様でありましたので門前に立っていた須佐之男命の娘の須勢理比売《すせりひめ》が一目ぼれしてしまったのです。二人はその場でむすばれましてはればれとした顔で父の須佐之男命に報告します。ところが須佐之男命は愛しい娘を取られたと思い大国主命を葦原色許男神《あしはらしこおのかみ》と呼び、色々な難題をあたえます。蛇のうじゃうじゃ住んでいる蛇室に入れたり、蜈《ムカデ》と蜂の室に閉じ込めたり、草のしげった野原に立たせ四方から火を付けたりされます。大国主命は須勢理比売の知恵のおかげでうまく逃げのびることができました。それでも須佐之男命はどんどん追いかけて黄泉の国と芦原中国の間を結ぶ急な坂まできましたが、大国主命の足が速く追いつけそうにないので大きな声でおっしゃいました。「お前は私のやかたから持ち出したその太刀と弓矢でお前の兄弟を追い払うがよい。そしてこの芦原中国《あしはらのなかつくに》を支配する大国主命となり、また宇都志国玉神《うつくしくにおのかみ》となり、私の娘を正妻とし宇賀の山麓に御殿をかまえ住むがよい。このバカ男め」。

――こうして正式に大国主命と須勢理比売は結ばれたのです。

さて、大国主命はこの時八千矛神《やちほこのかみ》と申されましたが越の国一の美人と呼ばれた沼河比売《ぬなかわひめ》を彼女にしようとしてその家の戸口迄来てこう歌われます。

八千矛《やちほこ》の　神の命《みこと》は　八島国　遠し遠し　この高志の国に
さかし女　ありと聞き及び　美人《くわしめ》　有りと聞き及び
通い通いて　板戸押し　通い通いて　板戸引き
我が立ちすわば　青山に　ぬえ鳴きつらむ　雉も鳴く
朝来たらむか　この鳥を　打ち止めせなん
海人馳佚《あまはせずか》　の　語りし事よ

この歌を聞いた沼河比売は、戸の内から次のように歌われました。

八千矛の　神の命よ　我こそは　ぬえくさの女　我が心　入り江の小鳥
青山に日が隠れなば　ぬばたまの　夜ぞ出でなむ　朝になり　日の出づる時
予かき白き細腕　あわ雪の　若やる胸を　愛し給ひ
玉手もて　差し枕に　安らかに　寝はなさむを　恋しきや
八千矛の　神の命よ　（著者意訳）

と歌を返されまして、こうしてお二人は次の日に結ばれます。
自分の心を歌に詠んで相手に知らせる。これに対して歌を返して応える（返歌といいます）習慣はこの時代はまだ神代の時代ですが、その頃からすでに始まっていたのです。

神代の時代はそろそろこの辺で終わりをつげ、やがて天孫降臨《てんそんこうりん》となり、人間が大八島《おおやしま》の国を支配する時が来ます。

天照大神《あまてらすおおみかみ》はこの頃になってそろそろ天の使を地上に降臨さすべき時期であるとお考えになり「豊かなこの葦原は、永遠に安泰である水穂の国は、我が子孫が支配すべき国である」とおっしゃって先ず天忍穂耳命《あまのおしほのかみ》を始め次々と神々を地上に送られましたがどうもうまく行きません。そこで多くの神々を集めて相談させたところ建御雷之男神《たけみかづちのおのかみ》が良いだろうということになりましたが、建御雷之男神は「それならば私の子の建御雷神《たけみかづちのかみ》が適任と思います」と申し上げて我が子を天照大神にさし出されました。ここで建御雷神は天鳥船神《あまのとりふねのかみ》を従え芦原中国の出雲の国の伊耶佐《いざさ》の浜にお降りになりました。そこで以前から君臨していた大国主命《おおくにぬしのみこと》に「私たちは天照大神の命によりこの国を支配するためにやって来た。お前はこの国の長《おさ》として君臨しているが大神のおおせの通りこの国を譲る気持ちはあるか」とお尋ねになった。すると大国主之命の息子の八重事代主神《やえことしろぬしのみこと》は、「恐れ多いことです。ご命令通りこの国を天照大神の御子孫に差し上げましょう」と申したのですが、もう一人の勇猛で知られていた建御名方神《たけみなかたのかみ》は十人引きの岩を手の先にひょいとかかげて「それならばまず、力競《く》べをして決めようではないか」と言うなりぐいと建御雷神の手をつかみました。ところがその手はたちまちに氷柱のように固くなりあっという間に剣の刃に変わったので、建御名方神がよろめき、今度は建御雷神《たけみかづちのかみ》が相手の手をぐいとつかまれたところ、その手は柔らかい葦のようになり、ぐにゃぐにゃとつぶれてしまいました。そこで驚いた建御名方神《たけみなかたのかみ》は「私はまことに申し訳ないことをしてしまいました。私は大国主命《おおくにぬしのみこと》や八重事代主神と同様この芦原中国を御命令通り差し上げましょう」と言いました。天照大神はこの報告をお受けになって、それではと天忍穂耳命《あめのおしほみみのみこと》と萬幡豊秋津師比売命《よろづはたとよあきつひめのみこと》の間に生まれた邇々芸命《ににぎのみこと》に「芦原中国《あしはらのなかつくに》はやっと治まった。これによりお前は天孫として降臨し末永くこの国を治めよ」と申され、「この鏡は私の魂として私を拝するように祭るがよい」と言われました。これが今天皇家に伝わる三種の神器の一つ八咫鏡《やたのかがみ》です。

この邇々芸命が笠沙の岬で美しい木花之佐久夜毘売《このはなのさくやひめ》に一目ぼれして一夜のちぎりで産んだのが三人の息子達で一番あとで生まれたのが火遠理命《ほおりのみこと》でした。この方があるとき、兄の火照命《ひでりのみこと》の釣針を失って大変責められ竹で編んだ船に乗り、捜していて大きな宮殿に行き当たります。海の神綿津見神《わたつみのかみ》の宮殿です。ここの娘豊玉比売《とよたまひめ》は火遠理命を見て忽ちすきになり一夜のちぎりを結ばれます。

さて、豊玉比売命は海の宮殿に帰られてから自分の妹の玉依比売《たまよりひめ》を自分の身替りとして夫の下《もと》に送られ次のような美しい歌をたくさされました。

赤玉は　緒さえ光れど　白玉の　君が姿の　貴くありけり

これに対して火遠理命は次のように妻を思って返歌をおくられます。

沖つ鳥 鴨着く島に 我がい寝し 妹は忘れじ 世の終わるとも

神武東征

火遠理命《ほおりのみこと》と豊玉比売命《とよたまひめ》の間に生まれた鵜葺草葺不合命《うがやぶきあえずのみこと》と豊玉比売命の妹玉依比売がのちに結婚されお産みになった四人の男子の、一番末の子が最初に天皇の名を頂く神武天皇です。

さて神武天皇は「この国は未ださわがしい。これより東にある賊共を征服させよう」と言われ、日向を出て浪速に着きました。那賀須泥比古《ながすねびこ》という強い地方軍がいて天皇の軍と戦い一歩も前進ができません。そこで天皇は「私は日の神の子孫であるのにいま、日の昇る東に向って戦っている。これでは勝つわけはない」とおっしゃって遠く紀の国の南を廻って今度は太陽を背にして進軍しました。

このとき天の神からのお告げがあり。「今天から八咫烏《やたがらす》を遣わす。この者がお前達の道案内をするであろう」と聞こえました。この八咫烏の案内により、天皇はどんどんと兵を進められ忍坂《おつさか》迄お着きになったとき、そこには土雲《つちぐも》と呼ばれる大勢の乱暴者が大きな洞穴にいて待ち構えていました。

そこで天皇は歌を作って兵士を励ましました。

忍坂《おつさか》の　大洞穴に人多く　来たり入り居り　人多く　入りて待つとも　みつみつし　久米の子らが剣持ち　石づつ持って　撃ちてし止まむ　みつみつし　久米の子らが今こそぞ　撃たばよからむ

この歌が久米歌と呼ばれ、戦時中の中学校の受験問題にはかならず出るといわれ暗記させせられたものです。この時天皇は更に三題、久米の子等を勢いづける歌を歌っておられます。

こうして天皇は荒れる地族の神々をすっかり平定され畝傍《うねび》の白檮原宮《かしはらのみや》で天下を治めることになりました。この戦の前天皇が日向におられたときに、美しい七人姉妹の長女伊須気余理比売《いすけよりひめ》を見とめられ、

兎《と》にかくも　いや先を行く　姉をして　枕せむかも

という歌を作って手渡したところ、姫は直ちに「喜んで天皇におつかえします」とおっしゃいました。そこで一夜を共にされた天皇は、

葦原の　くけしき小屋に　菅を敷き　心豊かに　我が二人寝し

と歌を詠まれます。こうしてできた子供達の内、神沼河耳命《かんぬまかわみみのみこと》が神武天皇御崩御のあと王位をおつぎになり、綏靖《すいぜい》天皇となります。

このあと天皇は安寧、懿徳《いとく》、孝昭《こうしょう》、孝安、孝霊《こうれい》、孝元、開化《かいか》といった順で天下を治めていきました。『古事記』は神武天皇につづく歴代天皇につきその主だった功績の数々について語り部の話をつづけます。その中で有名なのは第十二代景行天皇の小碓命《おうすのみこと》の熊襲《くまそ》の征伐、草薙剣《くさなぎのつるぎ》の話です。

天皇の命令で熊襲征伐に向かわれた小碓命は十五・六才の美少年でしたが女性に化けて見事、熊襲兄弟を倒します。この時弟熊襲建《たける》は苦しい息の中から「あなた程強い方は見たことがありません。どうぞ今より御名を倭健命《やまとたけるのみこと》と呼ばれますよう」と申し上げ　それより小碓命を倭健命とお呼びするようになりました。

景行天皇は更に倭健命に東国のあらぶる者たちを征服せよとお命じになり、倭健命は身を休める間もなく東国に向かいます。この時、命は先ず伊勢神宮に参られ戦勝を祈り、叔母の倭姫命にごあいさつに参上されます。叔母様は、「では私はお前に神の名剣をあげよう。困った事が起こったらこの袋を開けなさい」とおっしゃいました。ある時相模国の国造《くにのみやつこ》の言葉に従い広い野原に入られた時、国造は四方から火を放ちます。火は燃え盛り倭健命の髪の毛までじりじりと焼けてきました。そこで叔母様に頂いた剣を抜き、廻りの草をなぎ払いその草たばに火をつけたところ、今度は火はたちまち反対方向に燃え上がり、国造達を散々に追い立てました。この剣こそかつて須佐之男命《すさのおのみこと》が天照大神《あまてらすおおみかみ》に献上した使った剣であり、このときから草薙剣と呼ばれることになります。この東征には倭健命《やまとたけるのみこと》の愛妻弟橘比売命《おとたちばなひめのみこと》が従行しておられましたが船で走水海《はしりみずおうみ》を渡ろうとなさったとき、海が荒れて船が沈もうとします。

そこで弟橘比売命は「私がこの海に入り波をしずめましょう」と言って、入水されたところたちまち海は静かになりました。このとき姫は次のように歌います。

さねさし　相武の小野に　燃ゆる火の　火中に立ちて　問ひし君はも

あの燃ゆる火の中で私に名を呼んで下さったあなたですもの、あなたのために死ぬのはなんのためらいもありませんという意味です。考えてみると、その頃から日本女性は強かったのですね。

ところで、倭健命がそこから進んで甲斐国に行ったとき、次のように歌を歌われました。

新治筑波《にいばりつくば》を過ぎて幾夜か寝つる

これを聞いてそこで篝火をたいていた地元の老人が、この歌の後歌をつづけました。

日々並べて　夜には九夜　日には十日を

日本人はこのように地方の、一般庶民の老人でも歌を作ったのです。倭健命《やまとたけるのみこと》は第十一代垂仁天皇の娘布多遅能伊理比売命《ふたじのいりひめのみこと》を妻とし産まれたのが後の仲哀《ちゅうあい》天皇であります。その皇后が新羅《しらぎ》遠征をなした神功《じんぐう》皇后です。

応神天皇の御世に百済から阿知吉師《あちきし》がやってきて、またその後に和邇吉師《わにきし》が『論語』十巻、千字文一巻を日本に持ってきました。それにつづいて朝鮮の鍛冶や呉の国の機械または酒の醸造の技術を持つ須々許理《すすこり》などがやって来て日本に帰化しました。

このあとを継いだ仁徳《にんとく》天皇はある日高い所に立って四方を眺めておっしゃいました。「こうして見ると民の竈から一つも煙が上がっていない。さぞかし人民は生活に困っているのであろう。これより三年間は税をすべて取らないようにせよ」とおっしゃいました。税が入らぬので天皇の御殿も破れ崩れて雨も天井から漏ってくるのですが、木の箱でこれを受け、ご自分は質素に暮らされました。これに人民は感激して仁徳天皇の世を聖《ひじり》の帝の御世と呼びました。

仁徳天皇はこのように人民に対して非常にやさしい方でしたが、また一方で、女性にも大変おやさしい方でありました。ところが皇后はとてつもなく嫉妬深い方で、天皇を慕う女性達にはきつく当たられました。

その中の一人の吉備の黒比売《くろひめ》は大変美しい女性でしたが、あまりにも激しい皇后の嫉妬を恐れて故郷の吉備の国に逃げ帰ります。天皇は吉備に向けて帰ろうとする船をはるかに見て次のように歌われました。

沖辺《おきのべ》には　小船《おぶね》連ねて　黒比売の　恋しき我妹《わぎも》　国へ下らす

天皇はこの黒比売を忘れがたく、ちょっと瀬戸内海の淡路島を見てくると皇后に言っておいて沖に出てとうとう吉備の国迄行かれます。黒比売が天皇のおいでになるのを知り畑の青菜を摘んでおひたしを作ろうとしていましたが、それを見た天皇は次のように歌います。

山縣に　蒔《ま》ける青菜も、吉備人と　共にし摘めば、楽しくもあるか

そして日がたち、いよいよ天皇が難波にお帰りになると知った黒比売は、次のような歌を作ります。

大和えに　西風吹き上げて、雲離れ　遠く居るとも、我忘れめや

大変美しい恋歌です。また、天皇は美しいと評判の八田若郎女《やたのわきのいらつめ》にも恋心を持たれました。天皇はこのことがばれないよう随分注意していたのですが、ある付人が皇后にこっそり教えたため、旅の途中だった皇后は怒って方向をかえて宮殿に戻らず山城の方に行ってしまいました。天皇はお后が帰ってこないので大変心配になり、鳥山という付け人にたくして皇后に歌をお送りになります。

山代に　い及《そ》げ鳥山　い及《そ》げい及《そ》げ　吾が愛妻に　い及げ遇はむかも

天皇はさらに三つの歌を作られ、今度は和邇臣口子《わにのおみくちこ》という付人に託して、皇后に送ります。ところが皇后はどうせ天皇がくだらない歌を持って来さしたのだろうと考え会おうとしません。口子臣《くちこおみ》ははげしく降る雨の中に平伏したままお許しの出るのを待って動きません。とうとう首から下がった赤い紐の色のしずくがたれて、着ていた青い着物が全部赤くなってしまいました。ところが幸いなことに皇后の付け人に口比売《くちひめ》という女がおり、それが口子臣の妹だったのです。妹は兄をなんとか助けたいと思い、一首を作って皇后に捧げます。

山代の　筒木《つつき》の宮に　物申す　我が兄《せ》の君は　涙ぐましも

この歌を見て皇后様もやっと気を直されます。そこで天皇は皇后のごきげんの直ったことを知り喜んで皇后の家の前まで行かれて次のように歌います。

美しき　山代女《め》の　木鍬持ち　打ちし大根《おおね》　さわさわに
汝が言へせこそ　大勢の　人つながりて　来入り参らす

こうして皇后は気持ちを持ち直しました。

このときに天皇と皇后は六首の歌を歌われましたが、これは志都歌の返し歌として知られています。

さて時が移って、允恭《いんぎょう》天皇の皇太子木梨軽皇子《きなしのかるこのみこ》は皇位をお継ぎになる予定でしたが同母妹の軽大娘皇女《かるのおおいらつめ》に恋をされ、同母妹に恋することは不謹慎であると多くの人々の不興を買って、穴穂御子《あなほのみこ》の軍隊に捕らえられ伊予の国に流されることになり、こう歌われました。

おおきみを 嶋に流さば 迎船満ちて いざ帰り来るべし
　我が畳ゆめ言葉でこそ 床といえぞ　我が妻よ、よって待つべし

これを受けて軽大娘皇女は次のように歌を返します。

夏草の　相寝の浜の　蠣貝《かきがい》　足ふみ給うな　心《あか》して通らせ

このあと、軽大娘皇女《かるのおおいらつめ》は思い余って伊予の国まで軽皇子《かるのみこ》を追い、そこでお二人は手を取り合って死んでしまいます。

やがて大長谷王子《おおはつせのみこ》が第二十一代雄略天皇となり世を治められます。

あるとき天皇は三輪川という所に行幸し、川のほとりで洗濯をしている可愛い女に会います。その女性が余りにも可愛く美しいので天皇は伴の者を通じて「おまえは嫁に行くな。大きくなったらきっと宮中に呼んでやるからな」とおっしゃいました。ところが宮中からは一向にお呼びがなく、ひたすらお話を待っていた女は、とうとう年寄った老婆姿になってしまいました。そこで赤猪子《あかいこ》という その女は思い切って宮中を尋ね、「私は天皇のお言葉をたよりに今迄待っていましたがもうこんな姿になってしまいました。これは心をこめて集めた結婚祝のしるしものです」といって天皇に捧げました。天皇は大変驚かれた「申し訳ない。かわりに一首を送ろう」とおっしゃって次の歌を歌われました。

三室山の　神なる盾の美しく　近寄り難き　かしはらの女よ

さらに次のように歌います。

引田なる　若栗の原　若くして　相寝しものを　老いにけるかも

これを聞いて赤猪子《あかいこ》は涙を流しながら次の如く歌います。

三室山に　築く玉垣築き過し　誰にかたよらぬ　神の宮人

さらにもう一首歌いましたが、天皇はこれを聞いてあわれと思い、たくさんの品物を赤猪子に与えました。

このように日本人は古代のその当時から宮中人のみならず一般の者達も歌を使って自分の気持ちを他に伝えていたのです。

雄略天皇の皇子は皇位について清寧《せいねい》天皇となりましたが、子がなかったため皇位を継ぐ方を探していたところ、ある日、播磨国の地方長官の家で新築の祝の宴が開かれることになりました。お酒が十分に廻って皆で踊ろうということで、長官は貧しい衣類を着た火焼きの少年二人が非常に高貴な顔をしているように見えたのでお前も踊れと命じました。

まず、兄が舞い次に弟が自作の歌を歌いながら舞いました。

武士でこそあれ　我がせ子が　取りたる太刀の柄にこそ　赤き絵のあり　その緒には　赤幡《はた》を巻き幡を立て　見れば隠れる山の峰の屋の竹をかき苅り　末なびかして　八弦の琴をかきならすごと　天の下　治めたまいし、伊耶本和気《いなほわき》の天皇のすめらみことの御子　市辺の押歯《おしば》の王《おおきみ》の　子供

たり我らは

これを聞いて長官の小盾《おだて》の連《むらじ》は驚いて床から転げ落ち、二人を仮宮にお連れして三拝しました。この話が都に伝わり、叔母である飯豊王《いいとよのみこ》はさっそく二人を宮中に招いた結果、弟の袁祁王《をけのみこ》が皇位を継ぐことになりました。すなわち、顕宗《けんぞう》天皇であります。この顕宗天皇が亡くなられたあとは兄の袁祁王《をけのみこ》が仁賢天皇として皇位を継ぎました。その後武烈天皇が皇位につきますが皇子がなく、応仁天皇の五世の孫である継体天皇があとを継ぎ、古事記は、「それ以後、安閑、宣化、欽明、敏達、用明、崇峻、推古とつづかれて現在に至っている」として記述を終えています。

さて、ここまで大急ぎで古事記に書かれていることをお伝えしてきましたが、まだたくさんの話や歌が書かれています。その中でも一大叙事詩だといわれているのが、先ほどふれた軽皇子《かるのみこ》（軽王）と軽大娘皇女《かるのおおいらつめ》（軽大郎女）との恋の物語です。愛してはならない同母妹を皇位を捨ててまで愛しつづけ遂に弟穴穗御子に追われるまま島に流され、その愛しき夫を追う軽大郎女がそのあとを追うという情景が、ほとんどこの二人が交換する歌によって作られているというすばらしい内容です。

このように古事記は単に昔話を書きつづったものではなく、その中に日本人の心、古代から今に伝わる日本人の生き方が、しかも歌によって表現されています。このことは、歌はただ宮中の上流階級によってのみ使われたのではなく、ごく一般の日本人が歌によって生活していたという驚くべき事実を指し示しています。

この古事記ができてしばらくして万葉集が編纂されますが、ここでは一般民衆が力いっぱい歌を作っています。これはあと廻しにして、それでは日本以外の国々の神話というものはどうなっているのでしょうか。参考のため今度はもっと大雑把に世界の神話を見て日本の神話と比べてみましょう。

日本人の心は、自然の中に「神」を感じる

2　西欧とアジアの神話

ヨーロッパの神話物語（ギリシャ・ローマ神話）

世界の神話といってもそんなにたくさんあるわけではありません。昔栄えた国々の多くは絶滅して現在に残ってはいません。

まあ神話といえばやはりギリシャ・ローマ神話であることは皆様もご存知でしょう。今回はそのほかに、お隣の国々、中国・韓国の神話についても書いてみましょう。

ギリシャの神話について伝えるものとして、紀元前八世紀の後半に偉大な詩人ホメロスによって書かれた『イリアス』『オデュッセイア』という二大叙事詩が最も有名です。これは十年間にわたって戦われた『トロイ戦争』の話が主体でそこで数ある英雄達の活躍、あるいは戦死した息子をいたむトロヤ王のなげきなど、たくさんの話が書かれています。これについてはまたあとで少し書いてみます。

ギリシャ神話の天地創造、神々の出現についてはホメロスの少し後、前八世紀から前七世紀の間に書かれたヘシオドスの『神統記《しんとうき》』が最も詳しいとされています。では、この書によって天地がどうして始まったか、神とは何者か、また人間はどうして生まれたか、を見ていきましょう。

天地創造

この世の始まりは天地を一つにした混沌とした渦《うず》でありました。この時代は長く続いていましたがやがて渦がおさまり、そしてまず最初に大地の神ガイヤが姿を現しました。ガイヤはすべての神の元となる女神です。

次に姿を現したのが愛の神エロスです。それから暗闇《くらやみ》の男神エレポスと夜の女神ニユクスが現れこの二人の間に天上の男神アイテルと光の女神へメラという二人の子供が生まれました。男女の営みによって生まれた最初の誕生です。これ等の神々が生まれたことによって世の中は大地と天空・昼と夜とがはっきりと別れました。女神ガイヤは自力でウラノス、ポントスを生みこの二神により山と平地、海と陸の区別がつきました。

やがてガイヤは自分の生んだ子のウラノスと結ばれ（母子結婚）たくさんの子供を生みます。テイタンと呼ばれる十二人の神々、一つ目の巨人キュクロプス達三人。五十の頭と百本の腕を持つ怪力の巨人を三人、ところがこれを見てウラノスは驚いて、こんなものが生まれてきてはこまる、やがて天下をねらうであろうといってこの怪人達を母親ガイヤのお腹の中に封じ込めてしまいます。この時神々の王はウラノスです。ギリシャ神話では神々の王はすべて男神でなければいけません。しかしガイヤはこのウラノスの行為に怒りを発して最初に生まれた十二の神々を呼んで誰かこのウラノスを傷つけるものはいないかと言ってするどい鎌を与え、これに成功したものはこの世界の王になると申しました。ところで、この十二神の末っ子のクロノスは兄弟の中で一番力が強く勇敢であり、私がやりましょうと名乗り出て母ガイヤからその鎌を受け取ります。クロノスは母に教えられた通り、ウラノスが天上から舞い降りて正にガイヤに接しようとした瞬間、岩かげからとび出してウラノスの勃起した一物を左手でしっかり握り、右手の鎌で見事切り取り、遠く海の彼方に投げ捨てました。こうして父を倒したクロノスは神々の王となります。

一方海に浮かんだ肉塊は東へ東へと流れて行きキプロス島に漂着します。途中波の中でこの肉塊は白い泡となり、吹きだしその泡の中から世にも美しい女の子が出現します。この女の子こそ絶世の美女として謳われる女神アフロディテであります。アフロディテがやがてキプロスの砂浜にたどりつくと、その廻りには美しい花が咲き乱れ小鳥が嬉しそうに鳴き飛びました。島の女神達（ホラ）は集まって来てこの美しいアフロディテを見て「なんと美しい神様なんでしょう。この方こそ私達の主人となる方なんだわ」とさけびました。その時、アフロディテは一糸まとわぬ裸身だったのであわてて美しい花をぬって衣服を作りアフロディテを飾りました。その様子を中世の画家達はたくさん描いています。この噂を聞いたエロスはさっそくキプロスに舞い降り、アフロディテを天上に案内します。

ここからこのアフロディテの美しさに魅せられた天上の男神達のこの美神の争奪戦が始まるのですが、これは後の話として、父ウラノスを倒したクロノスは天界の王となり、自分の姉レイアと近親結婚して何人もの子供が生まれるのです。ところがクロノスは「父を倒したお前も、その子によって倒される」という予言を聞いて生まれた子供をつぎつぎと飲み込んでしまいます。妻レイアは六人の子供を生みましたが最後に生まれた男児（ゼウス）だけはなんとか守ろうと思い産衣に石を包んで「ハイ産まれましたよ」と言いながらクロノスに差し出したところ　クロノスは「よしよし」といいながらこれを一気に飲み込みました。やっと助かったゼウスはクラタ島の岩穴の中ですくすくと成長します。この男児こそ後に神々の王として君臨する偉大な雷神ゼウスその人です。大地の神ガイヤははかりごとをめぐらせてクロノスに吐き薬を与えました。

クロノスは飲み込んだ子供たちを今度は次々に吐き出します。最初に出てきましたのは後に海の支配者となるポセイドン、次は冥土の王ハデス、次に女神ヘラ、次に農業の神デメテル、次はかまどの神ヘスティアです。

ゼウスは兄弟達と力を合わせてクロノスに戦をいどみます。この時集まった場所がギリシャの北にあるテッサリアにそびえる高峰オリュンポス山の頂上でした。

このときからオリュンポスが神々の住家となります。戦いはなかなか決着が付かず激しさを増してきましたが、ここで大地の神ガイヤは地下に眠っていたウラノスの子供達の封印を解いて再生させゼウスの軍勢に味方させます。その中の一人キュクロプスは武器作りの名手で　ゼウスに雷を、ポセイドンには三つまたの戟、ハデスには姿をかくす兜を作りました。これらの武器を使いゼウスは遂に戦に勝ちます。こうしてゼウスは神々の王として世界に君臨することになります。

神々の王となったゼウスは、自分の姉ヘラと結婚（近親結婚）しますが、その前に智恵の女神メティスと夫婦関係になりメティスはやがて妊娠します。もし男が生まれて来ればやがてその子供にねらわれるだろうと心配したゼウスは、母親になるメティスをぐっとお腹に飲み込んでしまいます。しかしメティスは神様ですからゼウスのお腹の中で女の子を分娩します。ある日ゼウスは頭が破れる程痛いので思い切り頭をなぐった所、なんと頭のてっぺんから黄金の武具に身を固めた女神アテナが飛び出してきました。このアテナは武勇と戦争の神であると同時に、技術の神であり機織りの神でもありました。このアテナについては腕比べして破れクモにされた機織りの天才少女アラクネの話があります。神は神を恐れぬ人間の傲慢さは絶対に許さないということなのです。アテネにある観光の名所パルテノン神殿はもともとは「アテナ　パルテノス」と呼ばれこのアテナを祭るため建てられた神殿です。

ゼウスが次に結婚した相手は「掟の女神」テミスです。そこで三人の娘が生まれます。テウノミア、ディケ、エレネです。この三人はさらにもう三人の娘を生みます。

ゼウスは今度はまた美しい水の女神エウリュノメを彼女にして、三人の美しい「美の女神」を生みます。それからゼウスは自分の正妻であるヘラの妹「農業の女神」デメテルも愛人にしてベルセポスという美しい娘を生み、その美しい娘を自分の兄弟である死者の国の王ハデスの妃にしようと考えましたが、母のデメテルは娘をしっかり抱えて放しません。そこでゼウスはハデスをそそのかして「この娘はとても美しくてしかもいい肉体をしている。こうなっては仕方がない、暴力でこの娘を奪ってしまえ」とたきつけました。ある時の昼下がり、美しいベルセポスが野摘みを終えて水浴びをしようと衣服を脱いだそのとき突然ハデスが地の割れ目から姿を現し美しい裸のベルセポスを小脇に抱えるや、そのまま暗黒の冥府へつれ去ります。娘の泣き叫ぶ声を耳にした母のデメテルは娘が誘拐されたことを知り不眠不休で世界中を駆け廻って探しますが見つかりません。以来デメテルは「神々の集い」に参加することを止め、人間の姿に身をやつし、娘をさがしてあちこちと放浪します。農業の神であるデメテルがこうしている間全国の農業はすたれ花は実を結ばず、木は果物を作らず人々が困っているのを見てゼウスは何とかデメルテを再び神の座にもどるよう手を尽くしましたがデメルテは一切耳をかたむけません。とうとうゼウスはハデスに娘を母の元に返してやれとたのみました。ハデスは一計を案じて、母の元に帰れると喜んでいるベルセポスの口にざくろの実を一粒放りこみました。死者の国の食べ物を口にした者は死者の国との縁を切ることはできないという定めがあるためです。このためベルセポスは一年のうち4ヶ月のみ冥府に返り、八ヶ月は母と地上で暮らすことができるようになったのです。

ゼウスはまた伯母の一人ムネモシュネを愛人にしてオリュンポスの山麓のピエリアで九日間愛し続け、九人の姉妹を作ります。彼女たちはすばらしい詩作の才能を持って生まれて来たので、その一人長女カリオペと人間のトロキアの王オイアグロスとの間に生まれたオルペウスは音楽の天才で人間で一番最初の詩人となりました。オルペウスは竪琴を最初に作った人間です。

さてゼウスはまたレトという女神を愛人にしました。もうその頃はヘラはゼウスの正妻となり神の国の女王として君臨しておりましたが、ヘラはとにかく大変嫉妬深い性格でした。これは当然かも知れません。なんといっても夫君のゼウスが次々と浮気するものですから。しかしヘラの嫉妬は夫君ゼウスに対するものだけでなくその愛人達にもようしゃなく復讐するというすさまじいものでした。

レトもその犠牲者の一人でした。レトのお腹には二人の子供ができていました。しかし、神の国ではこの二人がアポロンという男子とアルテニスという女神であることがすぐにわかりました。この二人は神々の中でも特にすぐれた神様です。そこでヘラはこの二人を絶対に生めないよう世界中の土地の神に、レトの出産地となることを禁じました。レトはどこへ行っても生む場所がありません。そのときレトはふと妹のアステリアを思い出しました。以前ゼウスはアステリアを愛人にしようとしましたがアステリアは逃げ廻ってゼウスを避けます。怒ったゼウスはとうとうアステリアを永遠に海を漂う岩にしてしまったのです。

アポロンの誕生

「そうだ、あの岩の上ならゼウスに従う土地の神も手が届かない！」。そう考えてこの岩の上でレトが最初に生んだのはアルテミスという女神、次に男子アポロンが生まれました。

アポロンは他の神々の持っていないすばらしい能力を持っていましたので「生まれたものはしよ

うがない」とゼウスはアポロンに神託の主となる力を与え、また竪琴と神の弓矢を与え大切にします。その頃人間の世界で、アルミュアスという笛の名人が「私にかなう者はこの世では誰もいない。アポロンの神の竪琴さえ私の笛には及ばない」といいふらしていました。これを聞いたアポロンは腹を立ててアルミュアスに勝負をせまります。二人は争いましたがその二人の出す音の美しさに皆うっとりと聞き入って勝負がつきません。そこでアポロンは突然竪琴をひっくり返して弾き出しました。これがまた、えも言われぬすばらしい音だったのです。そこでアポロンは「お前もその笛をひっくり返して吹いて見よ」と申しました。笛は反対の穴から吹いても音は出ません。アルミュアスは笛を投げ出して頭を下げてアポロンに許しを乞います。しかしアポロンは許しません。たちまちアルミュアスをつかまえるがいなや裸にして木に吊るして生きたまま皮を剥いで殺します。このようにギリシャの神は、神をないがしろにする思い上がった人間を許しません。人々は殺されたアルミュアスのため、涙を流しました。その涙は大きな流れになり今もアルミュアス川としてフリュギア地方を流れています。その頃ラリッサと呼ばれる土地にコロニスという人間の絶世の美人がいました。アポロンはこのコロニスを愛人にしましたが、このコロニスが余りにも美しい女だったので人間の男共がほっておきません。コロニスもとうとうその中の一人と密通してしまいます。これを知ったアポロンは「念じて放てば必ず当たる」という神の矢をつかって天上からひょいと放ってコロニスを射殺してしまいました。しかしアポロンは町の中で美しく可愛いコロニスがいよいよ火葬されようとしたとき、「しまった。早まったか」と後悔して天上から火葬場に飛び降りましたがもう火は燃え上がって手も付けられません。その時アポロンはその火の中のコロニスのお腹に自分の子供がいるのを見つけ手を突っ込んで引き出しました。ここで生まれたのが後の名医となるアスクレピヌスです。

この幼児はすくすくと成長しすばらしい名医となりました。彼はどんな重病でも治し、遂に死んだ人間迄生き返らせて人々の喝采を受けました。ところがです。これを知ったゼウスは「死んだ人間を神なればともかく、人間が生き返らすのを許すわけにはいかない。これを許せば世界の秩序が乱れる」と言って、雷を投げつけてアスクレピヌスを殺してしまいました。アポロンはこの仕返しにゼウスにこの雷という武器を渡した鍛治の名手キュクロプス達を神の矢を放ってことごとく殺してしまいました。ゼウスは怒ってアポロンを一年間神の座から追放し、人間の世界のしもべとして生きるよう命令します。しかしゼウスはさすがにアポロンを可哀そうと思って、後になってこのアスクレピヌスを冥府から拾い上げ天上において神々の座に参加させました。このあとアスクレピヌスは医術の神として今でも人間の病を救います。

女神の王ヘラはゼウスがあちこちで女を愛して子供を作るのですっかり頭に来て「よし、私はゼウスがいなくても子供が生めるという事を見せつけてやる」と言って一人で子供を作りました。それがヘパイストスです。ところがこの子は醜い顔をしたびっこの背の低い神でした。ヘラはがっかりしましたが可愛がって育てます。ところがこのヘパイストスが何とあの泡から生まれた絶世の美女アフロディテに気に入られて結婚したのです。しかしオリンポスの神々はあこがれの的であるアフロディテにその後もたえまなく誘惑の手を延ばします。とうとうその中の一人「軍事の神」アレスとアフロディテは密通を始めて二人の男神「ポボス」「デイモス」、一人の女神「ハルモニア」を産みます。あの愛の神エロスもこの間に生まれた子供だといわれています。

さてアフロディテの一子エロスはその頃美女で名高い人間の娘を愛していました。プシュケです。プシュケの美貌は完璧で「美の女神の再来だ」と人々はプシュケのそばに来て崇め奉るようになりました。もちろん美の女神アフロディテが心よく思うはずがありません。「あの小娘に恋の矢を放ち世界一のぶ男に恋するようにしてあげなさい」とアフロディテはアポロンに命じます。ところがアポロンはプシュケに見とれている間に間違って矢で自分の胸を突きプシュケを命がけで愛するようになります。一方娘の様子に気づいた女親はアポロンの神殿に参りどうしたものでしょうかと神託を受けます。ところがその神託は恐ろしいものでした。神託は言いました。「直ちにこの娘に薄絹を着せ高い岩角の上に置き去りにせよ」。しかしこれはエロスの罠でした。プシュケが岩角でわなわな震えていると突然西風が吹いて来てプシュケをやわらかく包むとこの世のものとは思えない美しい宮殿につれて行きました。この宮殿は宝石で固められ、その食卓には贅沢な食事が用意されていて姿を見せない召使が最高の奉仕をします。やがて柔らかいベッドの中にうずくまりついうとうとしていると、誰かがベッドの中にそっと入って来て優しい抱擁のあと愛の行為をしました。プシュケはすっかり安心し、朝、目がさめて見るともうその男の人の姿はありません。毎夜の如くエロスの愛を楽しんでいるうちにプシュケは二人の姉にそそのかされてどうしてもその男の顔が見たくなりました。

プシュケは「どんな事があっても私の顔を見てはいけないよ」とエロスに言われていたのに拘わらず或る夜プシュケは、エロスが寝入ったのを見はからってランプに火を付けます。ところがそこに眠っているのは美しくも神々しいエロスの神でありました。プシュケはあっと呼んで思わず立ち上がったはずみで一瞬ランプの油がエロスの肩にこぼれ、エロスは大火傷を負います。眼の覚めたエロスは「お前は誓いを破った！」と一声さけんで天上に飛び上がりました。エロスに捨てられて絶望したプシュケは川に身を投げて死んでしまおうとします。しかし幸いにも「牧羊の神」パンに助けられ命を取り止めます。一方エロスはアフロディテの神殿の中で一室にとじこもって傷の手当てをしていました。プシュケはどうしてもエロスに会って許しを乞いたいと諸国を廻りましたがとうとう最後に「エロス様はきっとアフロディテの神殿にいるに違いない。この上はアフロディテの神に直接会って　女神が与えようとしている罰を受けて許しを願おう」と神殿の門に自ら出頭しました。アフロディテの神はプシュケを見ると「私の大切な息子に傷を負わせたこの愚か者め！」と怒り狂いプシュケの衣服を引き破り、裸にして頭の毛をむしり取り大変な力で殴りつけた上、召使を呼んで鞭でさんざん打たせます。それでも気が済まず女神はかずかずの難題をプシュケに与えました。とうとうしまいには小箱を持って地下の冥府にいるペルセポネから、その小箱に美容の化粧水を入れてもらって来いと命じました。プシュケはもうこうなっては死ぬしかないと思いを定めて高い塔の上から飛び降りようとしました。ところが塔の神はプシュケがエロスの愛人だったということを知っていて色々な助言を与えたので、無事ペルセポネから化粧水をもらって地上に戻って来ます。

ところが人間の女のかなしさ、絶対に小箱を開けて中をみてはいけないと塔の神にいわれていたのにプシュケは「私は長い間の苦労からきっとやつれて見る影もなくなっているだろう。このままの姿ではたとえエロス様に会ってもきっと嫌われてしまうだろう。それなら死んだ方がましだわ。この化粧水を少しだけ頂いて美しくなってやろう」と思い小箱を開けます。しかし中から出て来たものは化粧水と思いきや、なんと眠りの煙だったのです。プシュケはばったり倒れ動かなくなりました。ちょうどその時、エロスは肩も傷も直り、宮殿の窓から飛び出してプシュケを見つけました。プシュケのそばに舞い降りたエロスは眠りの煙を集めて小箱におさめ、眼のさめたプシュケに「お前の私をそんなに愛している心はわかった。なんとかうまくいくように取り計らってやろう」と言ってまた天上に飛んで行きました。エロスは神ゼウスに直訴したのです。自分の母親アフロディテの怒りを押さえる者はこのゼウスしかおりません。ゼウスはエロスを大変可愛がっていましたのでエロスの願いを聞き入れ　オリンポスの神々を呼び集めエロスとプシュケの結婚を認めると宣言しました。これにはさすがのアフロディテの神も反対できません。さらにゼウスはプシュケに神々の一人となることを許しました。長い長い間の苦労の末、自分の愛をあくまで捨てず努力したプシュケはとうとう神の座に迄引き上げられたのです。愛は強しということの証明です。

オリンポスの十二神

さてゼウスはこの後アルカディアのキュレネ山の洞窟に一人ひっそりと住む美女神マイアと気を通じヘルメスという泥棒と嘘つきの天才を作ります。ここでこのヘルメスを加えてオリンポスの十二神が出揃ったわけです。この十二神こそは、

ゼウス（ユピテル）《ジュピター》
ヘラ（ユノ）《ジューノー》
ポセイドン（ネプトゥーヌス）《ネプチューン》
ヘスティア（ウエスタ）《ヴエスタ》
デメテル（ケレス）《デメター》
アテナ（ミネルヴァ）《ミネルバ》
アポロン（アポロ）《アポロ》
アルテミス（ディアナ）《ダイアナ》
アレス（ヌルス）《マース》
ヘパイストス（ウルカヌス）《ヴァルカン》
アフロディテ（ウエヌス）《ヴィーナス》

ヘルメス（メルクリウス）《マーキュリー》です。
（　）はラテン語、《　》は英語読みです。

十二神が出揃ったところでギリシャ神話の神々の話は一応終わりです。しかしこの他にぜひ知っておきたい神々がいます。順次簡単にご紹介します。

ゼウスはこのあと二人の人間の女と交わり、子供を作ります。その頃ゼウスは美男子の人間の男に変身してセメレと密通していたのですが、これを知ったヘレの策略に乗せられてセメレはゼウスに冥府にある「ステュクスの水」に誓わせた後、あなたの神としての正体を見せて下さいと頼みました。ゼウスは驚いて「美しく可愛いセメレよ、それだけはだめなんだ。そんな事をするとお前あっという間に焼け死んでしまうよ」といいましたがセメレはいうことを聞きません。ゼウスは誓いを立てた以上しかたなく、手に燃え盛る雷を握って神の正体を現します。セメレは一瞬のうちに真黒に焼けて死んでしまいました。しかしそのお腹の中に赤ちゃんが生まれていたのです。ゼウスはあわててセメレの燃え残った体内から胎児を取り出し自分の太腿の中にかくしました。ヘレに見つからぬようにです。こうしてゼウスの太腿から生まれたのがヂオニソス（別名バッカス）です。ヂオニソスは酒作りの名人で自分も大酒のみだが人間共にも酒の作り方を教えどんどん飲ませました。そのうちに女共がヂオニソスの元にぞろぞろとやって来てお酒を飲んでバッカスの祭といわれる乱痴稚気踊りに狂います。踊りが佳境に達すると女共は次々と衣服を脱ぎ捨て裸になって飛びはねます。なかなかの絶景です。村の男達はこの踊りを見に来て、中には淫らな行為に移る者もあります。とにかくバッカス信仰はどんどんと広がりました。後にバッカスはゼウスに呼ばれて天上に登り、神の一座に加わります。

ゼウスが人間の女に産ませたもう一人の息子は世に名高い英雄となるヘラクレスです。ヘラクレスの母はミュケネ王エレクトリュオンの娘アルクネメですがこの女性もまた眼も覚めるような美女でした。ゼウスはこの女を絶対に自分のものにしようと思います。ところがアルクネメにはアンピトリュオンという一人の恋人がいて戦争が終わったら結婚しようと固い約束をしておりました。ところがアンピトリュオンがもう戦争から帰ってくると聞いてゼウスは「これは急がねばチャンスがなくなる」と思いまして、太陽に三日間天空に昇るのを止めるよう命じます。こうして昼が夜になり地上は真暗になりました。この時ゼウスはアルクネメの恋人アンピトリュオンに変装して「今戦争から帰って来たよ、敵との戦はああだったこうだった」と話をしながらアルクネメに近づきます。そして三日間の長い夜を利用してゼウスはアルクネメとの交わりを思う存分に行い、とうとう妊娠さしてしまいました。こうして生まれたヘラクレスは体も大きく力も強い神の子としてあがめられる立派な青年に成長します。ところがまたヘラの嫉妬が頭をもたげます。ヘラはゼウスがまたもや人間の女に手を付けおまけに英雄ヘラクレスが生まれたと知ると、このヘラクレスを発狂させます。発狂したヘラクレスは五十人の女に自分が生ませた五十人の子供達を敵と思い込んで、皆射殺してしまいました。殺し終わった時にヘラクレスはふと正気に戻りデルポイにあるアポロンの神殿にぬかづき、この罪を償う方法を尋ねます。アポロンは「ヘラクレスよ、お前は今すぐテイリュンスに向かいその地の王エウリュステウスの命に従い十二の難業を遂行せよ、若しこれに成功すれば天上の神々の座につくことができる」といいました。これが有名なヘラクレスの十二の難業です。一、どんな刃物でも傷がつかない不死身のライオンを殺してその舌を持ってくること。二、九つの頭を持つヒュドラを退治すること。その他数々の難業の話はとても面白くて、ギリシャ神話の主題の一つになっていますが、ここではそのすべてをお話しする時間がありません。それではその中の一つ第十一番目の未知の楽園にある黄金のリンゴを取ってこいという難題をヘラクレスはどうして解決したかを見てみます。

昔ゼウスとタイタン族が地球の支配権を争って戦った時、ゼウスは負けたタイタン族をタルタロスに閉じ込めてしまいましたが、その中にアトラスというひときわ目立つ怪力男がいました。ゼウスは彼に「世界の西の果てに立って両手で天空を支え続ける仕事をせよ」と命じました。一方ヘラクレスは楽園のリンゴの実を取ってこようとしますが人間の力ではどうしても楽園には近づけません。これは地の果てにいる神の一人にたのむ以外はないと知ったヘラクレスは、アトラスのところへ行き「アトラス様ずっと天空を支え続けられてさぞかしお疲れでしょう。私がしばらくの間あなたに替わって天空を支えますので、その間にあの楽園に行って黄金のリンゴの実を取って来て下さい」とたのみました。アトラスはびっくりして「なんだとこの天空を人間であるお前が支えられると思っているのか。できるのならやってみろ」とひょいっと力を抜いて天空をヘラクレスの背にほ

日本と西洋は神話の作り方が違う

おり投げました。

ところが何とヘラクレスはそれを両手で受け取ると軽々とさし上げました。こうなっては仕方がありません。アトラスは楽園に飛んで行って黄金の実を三ヶも取って返ってきました。やっと手に入れたリンゴを持ってヘラクレスは意気揚々と帰って来ます。これが第十一の難業でした。

さてこの勇者ヘラクレスが死に、それからどうして神々の座につくことができたのでしょう。ヘラクレスはかつて冥府であった英雄の誉れ高いメレアグロスの妹デイアネイラと冥府での約束をたがえず結婚します。しかしヘラクレスはもう一人以前から機会があればと思っていたエウリュトス王の姫イオレを力づくで奪って愛人にします。ヘラクレスはこの愛人の美しいのにすっかり満足して楽しい日々を送ります。しかしこの噂を聞いたデイアネイラは猛毒の血でぬり固められた下着をヘラクレスに送ります。これはヘラクレスを殺すためではなくこの下着をつけるとヘラクレスは昔の恋を思い出しデイアネイラの元に戻ってくると教えられていたからです。この血には以前のヘラクレスに殺されたネツソスがうらみを込めてぬった水蛇ヒユドラの猛毒が含まれていたのです。

下着をつけたヘラクレスは猛毒に冒され苦しみます。運命をさとったヘラクレスはオクタ山の頂上にたどりつき薪の上に横たわり火をつけます。母のアトラスから受けた体は火の中に焼き尽かれますが、父ゼウスから受けた不死の魂には火の力も及びません。ヘラクレスはこの時天空から降って来た雲に包まれ、雷鳴と共に天に昇ります。ゼウスはこうしてヘラクレスを救い神の一員に加えました。そしてヘラクレスの数々の苦業に同情し　自分の娘、「青春の女神」へべと結婚させまして仲直りをします。

さてギリシャ神話では、こうして神々がオリンポスの山頂に住んでいるころ、すでに人類は存在し黄金の種族と呼ばれて優雅な生活を楽しんでいました。しかしこの種族はやがて死に絶えます。この後に「銀の種族」と呼ばれる人間社会が発生します。しかしなぜかゼウスに嫌われて絶滅します。その後に「青銅の種族」が発生しましたが、気が粗く毎日戦争をして暮らしていました。ゼウスはこの人間共にあいそをつかして罰を与えます。それは人間は苦労して働かなければ生活ができないという罰と、人間は火を使ってはいけないという罰です。ゼウスは火を人類からとり上げ天上にかくしてしまいました。突然火を奪われた人間は絶望の闇の中に苦しみます。この時現れたのがプロメテウスです。

プロメテウスはあの天空を支えている怪力の巨人アトラスとは父を同じくする兄弟です。プロメテウスは天上にある火をまんまと盗み出し人間に返してやりました。これを知ったゼウスは怒り心頭に発して「よし人間共は私が取り上げた火を得て喜び狂っている。こんどは何かを取り上げるかわりにひどい炎を与えるようにしてやる」と大声で叫んで、神々を集めて可愛らしい女の体を作らせ、その娘に花嫁の衣装を着せその名をパンドラと名付けました。パンとは「すべて」、ドラとは「贈り物」という意味です。そしてゼウスはパンドラをプロメテウスの弟のエビメラウスの元に送り付けました。パンドラを一目見たエビメラウスはその美しさにすっかり喜んで、さっそく自分の妻にして愛します。しかしパンドラはこの家の真中に大切そうに置かれていた箱を見て、開けてはならないと言われていたのに蓋の中を見たさに開けてしまいます。ところがこの箱から飛び出して来たものは、何と人間の「苦しさ」「死の原因となる癌やその他色々な災い」といったものでした。この時から人間はこの災いに苦しめられながら生きて行かなくてはならない運命を背負ってしまったのです。パンドラが慌てて蓋を閉めようとしたとき、奥の奥の方に何か白い物が見えました。パンドラが取り出して見るとなんとそれは神々が与えた唯一の救い「希望」でありました。ゼウスは更にプロメテウスに罰を与えます。高い絶壁の窪《くぼみ》に彼を身動きできないよう鎖で硬く結び付け、何とその肝臓を毎日大鷲につつかせたのです。その痛さとくれば並々のことではありません。夕陽の落ちる頃大鷲はすっかり肝臓を食べ尽くして寝座に帰ります。やれやれと眠りについたプロメテウスが朝、眼が覚めると何と肝臓は元の姿に回復しているのです。こうして毎日毎日この苦しみが続きます。しかしこのプロメテウスの苦悩を救ったのはかの英雄ヘラクレスでした。ヘラクレスはこの岩の下を通りかかったところ肝臓をつついている大鷲を見つけ矢を放って一撃の下に殺してしまいました。ヘラクレスはプロメテウスを連れてゼウスの所に参り、プロメテウスはこれまでの功績を述べてゼウスの許しを乞い、ここでプロメテウスは許されて神々の一座に加わります。ところでこのプロメテウスの弟のエピメテウスと例のパンドラの間にピュラという娘が生まれました。ピュラはプロメテウスの息子のデウカリオンと結婚しました。この二人は品行方正で神を敬う心が眞実だったのでゼウスはこの二人の人間から新しい人類を誕生させることにしました。その頃はまだ「青銅の種族」の時代で彼等は荒々しい戦いに日をすごしていましたのでゼウスは大地震を起こして陸地をすっかり水の底に沈めてしまいました。但し、デウカリオンとピュラは事前に知らされていたので箱舟に乗ってこの難を避け、遂にパルナッソスの山腹に漂着して助かります。こうしてその後に生まれた人間は、皆この二人から生まれた子供達でこれが今の人類の先祖とされています。

この辺でギリシャ神話もそろそろ終わりです。この後、十年も続くトロヤ戦争があり、この話はホメロスの詩『イリアス　オディセイズ』に詳しく語られています。これを書く時間は到底ありません。続きを読んでみたいと思われる方々は是非相応の書物をお求め下さい。

トロヤ戦争というのは簡単に申しますと、王妃ヘレネの争奪戦で、トロヤの木馬の話とか、ギリシャの英雄のアキレウスとトロヤの英雄ヘクトールの戦い、そしてヘクトールの死、その老父王のなげきとかすばらしい話がいっぱいですが、結局はギリシャ人が勝ち、英雄達の多くは戦死し、その後に「鉄の種族」と呼ばれる五代目の人類が生まれたということです。

皆様はこのギリシャ神話を概読してどう感じられましたか。古事記に対比してその違いに驚かれませんでしたか。一番大きな違いは神と人間との関係です。ギリシャの神々は人間はあまり好きではなかったようです。もちろん人間でも美しい女は愛人にし子供を作ります。神に従わぬ女は容赦なく略奪してしまいます。ゼウスが当時一番の美少年といわれていた少年ニュメデスを略奪して天上に連れて行き、ゼウスの酒を注ぐ役をさせたという図は中世の名ある画家達によって絵になっています。

人間で神をないがしろにした者達には男女を問わずひどい罰を与えます。ゼウスはとうとう最後には二人の人間を残しそれ以外のすべての人間を洪水の下に沈めて殺してしまいました。大体において西欧の戦争においては負けた部族は皆殺しにするか、美しい女は奴隷にしてかしづかせるか、力の強い男がいれば奴隷にしてこき使うかしたのです。唯一日本では敵の王が降伏すれば残った民衆は全部家来にしたのです。

しかし、これには本質的な理由がありそうです。

西欧では民族はそれぞれ他国の言葉が通じません。一方日本ではすべての人が日本語を話し意思が通じます。意思を通じる方法として歌を作りできた歌がよければ敵を許すことさえありました。もう一つの理由は狩猟民族と農耕民族との差であります。狩猟民族では一地方を占領すると人間はいりません。広い森林と草原があれば住む動物が資源です。人間は少ない程自分達の取り分は増えるのです。一方農耕民族日本では一地方を占領してもそこにある田畑が第一です。そしてそれを耕す人間が必要なのです。農民は大切な資源なのです。ギリシャの神々は結局人間の信頼を失い、神話の話の終わりと共に人間の心の中からも消えてしまい、今は石垣の崩れたしかしすばらしい神殿のあとが残されているだけで、観光の名所として名を残すばかりとなってしまいました。民族の信仰もまた消えてしまいました。日本の天皇は民が栄えれば自分達も栄えるということで人民を大切にしました。唯大切にするだけでなく、たとえば万葉集にある如く天皇も兵士も人民も皆一つの本の中にその歌を載せて読むという、平等な関係を続けられたのです。ギリシャ神話の他にどんな神話があるのか世界の神話事典の中から隣国の国々である中国と韓国の神話を見てみましょう。

中国の神話

中国は五十数種の民族がいる多民族国家ですが漢民族がその九十三%位を占めており残り六%がチワン族、モンゴル族、ウイグル族などです。従って中国の神話といえば漢民族の古神話が主体となりますが、日本の古事記のように天皇の命を受けて一人の人間が諸々《もろもろ》の言い伝えを大集合して作り上げ、その時期も何年何月何日とはっきりしているようなものはありません。『楚辞』『山海経《さんがいきょう》』『列子』『准南子《えなんじ》』または『書経』などの中に断片的に記述されているのが残っているだけなのでそれをまとめて整理するのは難しいのですが、天地創造については、まずはじめに混沌（カオス）がありその中から巨人盤古が出て来て、その成長に従って天地も徐々に形が別れ、盤古が死ぬとその死体から、日月星や風、雨、山、川、草、木など森羅万象が発生したとあります。また人類の起源については、最初は人間はおらず、人頭蛇身の女媧《じょか》という怪物と、おなじく人頭蛇身の伏羲《ふつぎ》という者がおり、この二人が交わって人間を作ったとなっています。漢代の壁画の中にはこの二人の交尾の姿が描かれています。

韓国の神話

それでは隣国韓国の神話の話をしましょう。昔ある韓国人の友人から韓国の先祖は熊ということになっている、と聞いてびっくりしたのですが、どうもその事が気にかかり最近になって、ある在日朝鮮人の歴史学者の友人が遊びに来た時、「韓国の先祖は熊だって聞いたんだが　ほんとか?」と尋ねたところ、「そうだよ　だって韓国の小学校の国定教科書に確かにそう書いてあったと思うから」と答えてくれました。

古朝鮮は紀元前二三三三年に始祖タングンによって建国されたとなっています。さてその前天帝ワニン（恒因）の子ワヌン（恒雄）がテベクサン（太白山）に降り、天下を治めようとした時、熊と虎がやって来て「私達をどうか人間にして下さい」と願い出ました。そこでワヌンはそれぞれによもぎとニンニク二十個を渡して「人間になるには辛抱の心を知らねばならない、お前達はこれを持って穴にもぐり百日間太陽の光を見てはならぬぞ」と申しつけました。虎は辛抱しきれず逃げ出しましたが熊はがんばって遂に女の姿に変わりました。ワヌンは熊に「フームよくやった、ではご褒美にお前と結婚してやろう」と言って生まれたのがこの人間の始祖タングンであったのです。現在の日本小中学校の教科書には日本の神話についてはなぜかほとんど書かれていませんので、イザナギ、イザナミの命《みこと》の名を知らない若者がたくさんいますが、戦前の教科書を使った者は日本の神話についてはほぼ知っています。韓国ではこうして始祖タングンは生まれたのですが、韓国の高校の教科書では、「熊を崇拝する部族はワヌン部族と連合し、虎を崇拝する部族は排除され、ワヌン部族と熊部族の連合からタングンが出現した」となっているようです。韓国の国おこしの神話はこの程度であとは各部族、高句麗、百済、新羅等の国の歴史が書かれています。

世界の神話についてはこのくらいにして　このあと世界の文学はどのように進んでいったのでしょうか。不思議なことに世界各国にははっきりとした文学発祥の記録がありません。

しかし先祖の記録を残すことにまじめな日本人はしっかりと記録してわれわれに伝えてくれました。それが『万葉集』です。

3　万葉集の世界へ

古代～平安の豊かな日本

『万葉集』

歌から生まれた日本の国と申しました以上、あの古代において全二十巻四千五百余首の歌を集めて世に伝えた『万葉集』のことにふれないわけにはいきません。

世界史上にももちろんこれよりずっと古い時代の詩篇、たとえばギリシャ神話のホメロスの『イリアス』『オディセイズ』のような巨大叙事詩的なものはあります。しかしこれ等はみんな一人もしくは数人の専門詩人によって作られたといわれるものばかりで、その存在もその子孫もその墓もどこにあるのかわかりません。しかし、『万葉集』はその時期も作者もその背景もはっきりとしており、その歌人の中には歌聖として祭られ子孫がその名を受けつぎ、代々に続いているというところもあります。日本人はなんと伝統を大切にする民族でしょう。こういうことからしても『万葉集』は正に世界一の歌集です。

しかもこの歌集の最後の第二十巻には防人《さきもり》の歌がたくさん含まれています。これは七五五年二月大伴家持《おおとものやかもち》が東国諸国から対馬・壱岐及び北九州の辺境に配置される防人の人達約千人から歌を提出させ、集まった一七六首の中から八四首を採録したもので、このように当時は東国の農民兵士でさえ皆歌を作っていたもので、あとで述べるようにすばらしい歌がたくさんあります。
それでは、『万葉集』はいつ頃作られたものでしょうか。これは一人の人間が古い歌をかき集めて集大成したものではありません。およそ百三十年にわたって積み重ね、積み重ね、いつの間にかでき上がったもので、それが全二十巻四千五百首の歌として歌集に残されたものでした。その最初の歌は『古事記』よりずっと古い仁徳天皇の時代の妃磐姫皇后《いわのひめのおおきさき》のあの歌を初めとして、舒明《じょめい》（即位六二九年）、皇極《こうぎょく》、孝徳、斉明《さいめい》（以上飛鳥朝）、天智、弘文（近江朝）、天武、持統、文武（藤原朝）、元明、元正、聖武、孝謙、淳仁《じゅんにん》迄、十四代にわたる期間の歌を主として、ほとんど正確に年代順に記録したものです。そして皆様ご存知の通り、この『万葉集』はすべて万葉仮名で書かれています。すなわち日本語の音を漢字にあてはめて書かれています。そのため非常に読みにくい。後の時代の国学者達は色々な学説をたてて解読しようと努力しました。たとえば、第三巻三九四番の歌を見てみましょう。

しめ結いて　わが定めてし住吉の浜の小松は　後もわが松

この歌を訳しますと「しめなわを結って　この中には　私が決めた住吉の浜のいとしい小松！のちのち迄も　私のいとしい小松よ」ということで、この小松とは可愛い少女のことです。こうすると意味が解けます。

松というのは古来青々として色の変わらぬ木とされて、ここでも松の如く私の恋の心も青々として変わらないということを重ねて歌っているのです。

さて、この歌を『万葉集』の万葉仮名で書くと、

印結而　我定義之　住吉乃　濱乃小松者　後毛吾松

となります。

ところでこの「我定義之」の義之を何と読むかについては長いこと論争がありました。江戸時代の学者契沖は江戸幕府の命により元禄三年（一六九〇）に『万葉代匠記』を書き上げ、その中で我定義之を「わがさざめこし」と訳しました。そのあと国学者賀茂真淵も義之をこしと訓読しましたがその理由を説明できず、たぶんこれは他の漢字と書き間違えたのでございましょうといってごまかしました。ところが真淵の弟子の本居宣長が遂に解読します。すなわち、義之といえば唯一人書道の達人王羲之を連想するしかありません。すなわち王羲之は偉大なる手師と呼ばれていたもので、義之すなわち手師である。従ってこれは「わが定めてし」と読むのだと見事に解明したのでした。このいきさつの説明は本居宣長の『万葉集玉の小琴《おごと》』に詳しくのべられているそうです。このように何世紀におよび国文学者達の努力によって今ではその訳もほぼ定まり、随分読みやすくなりました。

山や樹には神が宿り、詩歌に神の魂が宿る

『万葉集』の歌が人々に好まれるわけは、これが実に雄大でありかつ率直に歌われているすばらしい歌であるからです。千数百年の昔にたくさんの人々がこのように歌い、それを伝えたということは『万葉集』以外には世界中どこの国にもありません。ではどんな歌が歌われているのか、第一巻から二十巻迄ごく簡単に読んでいきましょう。ただし本書ではこれらの歌は読みやすいように適当に意訳しています。

巻第一

巻第一は、和銅三年（七一〇）より以前の歌が書かれており、巻第一の一番初の歌は雄略《ゆうりやく》天皇の歌が出ています。次には舒明天皇の歌と続きます。そのあとに続いて、額田王《ぬかたのおおきみ》の歌、これはよく歌われていますのでご存知かも知れません。

熟田津《にきたつ》に　舟《ふな》乗りせむと　月待てば　潮《しほ》もかなひぬ　今は漕ぎ出《い》でな（八）

熟田津は四国の道後温泉付近の港、六六一年斉明天皇は朝鮮半島の南端の国百済が唐、新羅に苦しめられているのを助けようと、軍をととのえて難波を出て途中熟田津に停泊、いよいよ出発しようとしている時、額田王が歌ったものです。この額田王とは舒明六年（六三四）頃に生まれ、歌の道に秀でられ、万葉集には長歌三首、短歌九首が乗せられており、初期万葉時代に出た最初の専門歌人であります。

天智天皇が蒲生の野に狩りをされたとき額田王は、

あかねさす　紫野《むらさきの》行き　標野《しめの》行き　野守《のもり》は見ずや　君が袖《そで》振る（二〇）

と歌っています。

持統天皇の御歌

春過ぎて　夏来《きた》るらし　白栲《しろたへ》の　衣《ころも》干したり　天《あめ》の香具山（二八）

この歌も有名で持統天皇は天智天皇の皇女、天武天皇の皇后で、天武天皇の崩御のあと草壁皇子が即位せず亡くなったので女帝となった方です。

次に柿本人麻呂《かきのもとのひとまろ》の歌。六九二年文武天皇が宇陀の山野で狩りをなされた時作られた長歌に対する

返歌

東の　野にかぎろひの立つ見えて　かえり見すれば　月傾きぬ

柿本人麻呂は歌の聖と称せられる万葉の大歌人で、長歌十八首を含む八十四首の歌が収められています。万葉時代を代表する一人です。

巻第二

巻第二は相聞（恋歌）と挽歌《ばんか》の二部からなっており、作られた時代は巻第一とほぼ同じ頃ですばらしい恋歌が載っています。

磐姫《いわのひめ》が夫、仁徳天皇を思って作られた歌

君が行き　日長《け》くなりぬ　山尋ね　迎へか行かむ　待ちにか待たむ（八五）

久しく帰らぬ天皇を思って作られた歌、ご自分の気持ちをまっすぐそのまま歌に作っておられます。

磐姫《いわのひめ》の作

ありつつも　君をば待たむ　うち靡《なび》く　我が黒髪に　霜の置くまでに（八七）

仁徳天皇は大変男前の方で良く浮気をなさったので、嫉妬深い磐姫がこれでもかと少し大げさに恋を表現された御歌です。

大津皇子《おおつのみこ》が石川郎女《いしかわのいらつめ》に送られた一首

あしひきの　山のしづくに　妹待つと我れ立ち濡れぬ　山のしづくに

大津皇子は天武天皇の第四皇子で文武共に優れていましたが、朱鳥六年（六八六）父天武天皇の亡くなられたときにあやまって謀反の罪をきせられて、その年十月二日に逮捕され翌三日に処刑された方であります。妹というのは愛人という意味です。

石川郎女《いしかわのいらつめ》がお返しした歌

吾を待つと　君が濡れけむ　あしひきの　山のしづくに　ならましものを

あなたがそのように私を愛して立ったまま濡れておられるなら私がそのしずくとなってあなたのおそばにおれたらよいのに、という愛の心を歌ったものです。

第二巻では続いて挽歌が歌われます。

孝徳天皇の皇子有間皇子《ありまのみこ》は謀反の罪ありと誤解されて捕えられ処刑のため紀州白浜の地に送られるとき南部町岩代村の浜辺を通り、今も海亀の産卵地として知られる千里が浜の松の枝を結び、

岩代《いはしろ》の　浜松が枝《え》を　引き結び　ま幸《さき》くあらば　また帰り見む（一四一）

と歌われました。この歌は有名で、有間皇子は再びこの結び松を見ることはなく十九歳の若さで処刑されますが、地元の人々が建てた「有間皇子結び松」の碑は今でも現地に残っています。

巻第三

巻第三には古くは聖徳太子の歌とされるものから万葉末期の大伴家持の歌まで幅広く集録されています。

「歌の聖」とまで称せられた万葉時代第一の歌人である柿本朝臣人麻呂は、いわゆる宮廷歌人で天皇をたたえる秀歌をたくさん作っていますがそのうちの一つ、

大君は　神にしませば　天雲の　雷の上に　廬りせるかも（二三五）

雷様よりえらい方だとほめたてまつっているわけです。

柿本人麻呂が一番とすれば　二番手として続くのは山部赤人《やまべのあかひと》です。『万葉集』には長歌十三集を含め五十集の歌が載っています。

田子の浦ゆ　打ち出て見れば　真白にぞ　富士の高嶺に　雪は降りける（三一八）

この歌は長歌「語り継ぎ、言い継いでゆかむ。富士の高嶺は」の反歌として歌われたのですが雄

大な歌です。

大伴旅人も『万葉集』の歌人として紹介しておかねばなりません　父は大伴安麻呂、母は、巨勢郎女《こせのいらつめ》という共に歌人の子として生まれ、歌の世界で育った歌人です。面白い歌を作っています。

あな醜賢《みにくさ》しらをすと　酒飲まぬ　人をよく見ば、猿にかも似む（三四四）

こんな歌は『万葉集』の中では珍らしい。酒も飲まずに聖人ぶっている人を歌っています。

巻第四

巻第四はすべて相聞《そうもん》歌です。いわゆる恋歌集です。『万葉集』にはよく妹という字が見えますが妹すなわち愛しい人ということです。

額田王が天智天皇をお慕いして作った歌

君待つと　我が恋ひをれば　我が宿の　簾動かし　秋の風吹く（四八八）

一人静かに男を待つ女の心を歌っています。

柿本人麻呂歌三首の内第二首

夏野ゆく　牡鹿の角の　束の間も　妹が心を　忘れて思へや（五〇二）

小鹿の角の間の短いようにひとときもお前のことを忘れてはいないよという　熱い思いを伝えています。

巻第五

巻第五には山上憶良《やまのうえのおくら》の歌が多く集録されています。憶良は若くして才能を認められ　遣唐使節として唐に渡った秀才です。任地大宰府で大伴旅人に会い大いに歌才をみがきます。憶良は宮廷人ではないので庶民的な歌がたくさんあります。

山上憶良の歌

銀も金も玉も　何せむに　まされる宝子にしかめやも　（八〇三）

天平二年（七三〇）正月一三日、大宰府の大伴旅人の自宅で宴会が開かれました。時に初春梅の香がただっよてきます。そこで旅人は客人達に「皆さん方、世に風流を愛することは人の道である。さあこの庭の梅花を題として、一つ短歌を作りましょう」ということになったそうです。集まったのは三十二人。

まず最初に歌ったのは当日第一の客人です。

正月《むつき》立ち　春の来《きた》らば　かくしこそ梅を招きつつ　楽しみ終へめ

山上憶良《やまのうえのおくら》は次の歌を歌います。

春されば　まづ咲く宿の　梅の花　ひとり見つつや　春日暮らさむ（八一八）

この時代天智二年（六六三）、朝鮮の百済救援のため軍を送り、中国・新羅連合軍との戦にやぶれ、連合軍はその勢いで日本に侵略して来そうな状況になりました。このとき日本防衛のため九州の築紫に兵を集め大宰府を守らんとして東国より防人の人達が多数集められますが、その大宰府の長官に大伴旅人がいたわけです。そして筑前国司として赴任した山上憶良と二人してこの地に文学の花を咲かせたとされています。

巻第六

この巻は大伴家持の記録を中心としたいわゆる雑歌と呼ばれる歌が聖武天皇の神亀元年七二四年から時代順に歌が並べられています。

聖武天皇が紀伊の国に行事された折、山部赤人の作った長歌

やすみしし　我ご大君の　常宮《とこみや》と　仕へ奉れる　雑賀野ゆ　そがひに見ゆる　沖つ島　清き渚に
風吹けば　白波騒き　潮干れば　玉藻刈りつつ　神代より　しかぞ貴き　玉津島山

山部赤人の作

若《わか》の浦に　潮満ち来れば　潟《かた》をなみ　葦辺をさして　鶴鳴き渡る（九一九）

これは現在の和歌山市和歌の浦の海岸を歌った秀作で和歌浦温泉の観光案内では潟をなみを片男波として歌われています。

大伴家持の三日月《みかづき》の歌

振り放けて　三日月見れば　一目見し
人の眉引き　思ほゆるかも

この時家持は十六才で、女の人の描き引き眉を思い出して作ったと思われますが、初恋の人ではないでしょうか。随分昔の人はませていたものです。

巻第七

『万葉集』には作者不詳の歌も多く、巻第七もその一つで作者がわからない歌が多く収録されています。では作者不詳の歌一首。

大和琴を詠む

琴取れば　嘆き先立つ　けだしくも
　琴の下樋に　妻や隠れる（一一二九）

妻がいつも弾いてくれたこの琴を手にすると琴の裏に妻がいるような気がすると、亡き妻をしのぶ美しい歌。「けだしくも」はひょっとしたら、または「きっと」という意味です。

巻第八

巻第八はずっと下がって奈良朝時代の歌が多く載せられています。

志貴皇子の歌一首

石《いわ》ばしる垂水の上の早蕨《さわらび》の萌え出づる春になりにけるかも（一四一八）

山部赤人の作

春の野にすみれ摘みにと来し我ぞ　野をなつかしみ一夜寝にける

のんびりした優雅な時代です。

欽明天皇の歌一首

夕されば　小倉の山に伏す鹿の　今夜《こよい》は鳴かず　い寝にけらしも（一五一一）

この鹿は一体どんな鹿だったのでしょう。

次は大伴旅人が大宰府にあって奈良の都を思って作った一首

淡雪《あわゆき》の　ほどろほどろに　降り敷けば　奈良の都し　思ほゆるかも（一六三九）

このほどろほどろにとは何というすばらしい表現方法でしょう。日本語の日本語仮名文字あってこその表現です。西欧言語にはぴったりしたものがありません。我が家に七年間ホームステイしたパリ生まれのアメリカ人ジェニファーさんは、ことこと、どんどん、しとしと、にこにこ、バリバリ、がやがや式の日本語の表現が大好きで上手に使います。

巻第九

巻第九は、雑歌《ぞうか》、相聞《そうもん》、挽歌《ばんか》の三部立てを載せる歌集ですが、ここでは天平五年（七三三）遣唐使の船が難波を出るとき、女親の一人が我が子に贈った歌一首（長歌）とその返歌をとり上げます。

ある遣唐使の母の作

秋萩を　妻問ふ鹿こそ独り子を　持たりと言へ
鹿子《かこ》じもの　吾が独り子の　草枕　旅にし行けば
竹玉を　繁に貫き垂り　斎瓮《いはひへ》に　木綿取り垂《し》でて
斎《いは》ひつつ　吾が思ふ吾子《あご》　ま幸くありこそ

この長歌に対して返歌一首

旅人の宿りせむ野に霜降らば吾が子羽ぐくめ天の鶴群《たづむら》（一七九一）

羽ぐくめは羽で守っておくれの意味。今も昔も子を思う母の気持ちは変わりません。

巻第十

この巻では季節を分けて、春夏秋冬が歌われています。では春から始めます。

春。作者不詳

ももしきの　大宮人は　暇《いとま》あれや　梅をかざして　ここに集《つど》える（一八八三）

のんびりと梅見に興ずる大宮人、どんな歌を作ろうかと心はどきどき。

次は夏

ほととぎす来鳴《きてな》く五月の短夜《みじかよ》も　ひとりし寝《ぬ》れば明かしかねつも（一九八一）

一人ではとても寝ちゃおれんといいたいところ。

秋の山の風景。作者不詳

春は萌え　夏は緑に　紅《くれない》の　まだらに見ゆる　秋の山かも（二一七七）

見事に綾なす秋山の風景を歌っています。まだらに見える秋の山とは全くそのとおりです。

巻第十一・第十二

この二巻は古今相聞往来の上と下とをされていて一対のものとなっています。

柿本人麻呂歌集より

恋すれば　死にするものと　あらませば
我が身は千度　死に反《かえ》らまし（二三九〇）

恋に対するものすごい思いの込め方です。この調子の表現が後の世の与謝野鉄幹・晶子の歌に続いて行くのかと思われます。

次は作者不詳

朝寝髪　吾《あれ》は梳らじ　愛《うつく》しき
君が手枕　触りてしものを（二五七八）

朝寝髪はみだれ髪です。昨夜君の手にふれたみだれ髪を櫛で直すことはするまいという女の心。少しばかり恐ろしい気がします。晶子の情熱に通じるものがあります。晶子の『みだれ髪』を思い出します。

巻第十三

この巻はすべて長歌と返歌で構成されています。雑歌、相聞歌、問答歌、譬喩《ひゆ》歌、挽歌が収められています。

柿本人麻呂歌集より

葦原《あしはら》の　瑞穂《みずほ》の国は　神《かむ》ながら　言挙《ことあ》げせぬ国（三二五三）

この長歌に対する返歌

磯城島の大和の国は言霊《ことたま》の佐《たす》くる国ぞ真福《まさき》くありこそ（三二五四）

大和の国は大きく和する国です。すなわち日本の国は言霊の助ける国、言葉には神の魂が住んでいると考えられていました。大声でことさらな議論をする必要はないのです。外国人は日本人と議論してもただあいまいに笑っているだけで、一向に反論してこない。たよりない国民だとよくいいますが、我々にして見れば、言葉そのものに宿る霊力（必然の力）を信じて従えば、自然にことはうまく行くと考えているわけです。

巻第十四

巻第十四は東歌で満ちています。東国というと信濃、遠江以東の国ですのでその地方の方言もまざっています。日本全国数々ある中でなぜ東国の歌が集まっているかというと、やはり将来の江戸を含む東国はその頃から西国の宮廷文化を勉びそのすばらしさを見習っていたからでしょう。一首見てみます。

作者不詳

稲搗けば　痛む我が手を　今夜もか
　殿の若子が　取りて嘆かむ（一部意訳）（三四五九）

殿中の子息に愛された農家の少女が歌ったものかと推測されていますが、こうしてはるか東国の女の子でも上手に歌を作るのです。

巻第十五

当時我が国と朝鮮の新羅《しらぎ》の国とはそんなに仲が良かったわけではありません。そのため天皇の命令で新羅に使いをする「遣新羅使人」は命がけでした。

その遣新羅使人の歌一首

大君の　命恐み　大船の
行きのまにまに　宿りするかも　（三六四四）

作者の雪宅麻呂は途中遭難して壱岐の島にたどりつき病死します。

その頃天平十二年（七四〇）流刑になった中臣宅守を思い帰りを待つ狭野弟上妃女《さ さのおとがみのおとめ》の二首

命あらば　逢ふこともあらむ　我がゆゑに（私のために）
あだな思ひそ　命だにあらば（一部意訳）（三七四五）

命さえあれば私のことなどくよくよ思いなさんなと言っています。

我が君の　帰り来まさむ　時のため
　命残さむ　忘れたまふな（一部意訳）（三七七四）

狭野弟上娘子《さきのおとがみのおとめ》は多分病を得て息もたえだえであったのではないでしょうか。しかしあなたが帰ってくる迄は必ず生きておりますと歌っているのです。女は強し、きっと生きていてくれますよう。

巻第十六・第十七・第十八・第十九

巻第十六は雑歌の巻とされ色々な雑歌が出ています。

巻第十七から巻第十九迄は万葉集第二部とされて大伴家持の歌を中心にできています。時代は天平二年（七三〇）から天平宝字三年（七五九）迄の約三十年間の歌です。

大伴旅人を父に持ち、坂之上の郎女《いらつめ》を叔母に持った大伴家持の家系は本来は武芸を持って天皇に仕える豪族だったのですが、藤原氏の台頭によって、だんだんと陰が薄くなってきます。そのためか延暦五年（七八六）に左遷され、現在の高岡市に越中の国司として五年間派遣されました。しかしその間に大いに歌の道を広め、今でも越中では万葉の星と呼ばれる程にたくさんの歌を残しました。家持の歌で万葉集で最も多い四七三首のうち二二三首はこの越中で詠まれた歌です。

大伴家持の歌一首

春の日に　萌《もえ》れる（青柳の芽のついた）柳を　取り持ちて
見れば京《みやこ》の　大路おもほゆ（四一四二）

はるか都をしのぶ歌です。

同じく大伴家持の歌

わが屋戸の　五十笹群竹《いささむらたけ》吹く風の
音のかそけき　この夕《ゆふべ》かも（四二九一）

ここまでくると万葉の雄大さより古今集に近い情緒細かい巧みな音の運びが見られます。

巻第二十

巻第二十は最後の巻で大伴家持の歌と共に防人《さきもり》の歌が多く載せられています。大伴家持はこれらの北九州または対馬、壱岐に赴任する防人の歌の中から一七六首を選び書きのこしました。

防人の歌三首

我が妻は　いたく恋らし　飲む水に
　影さへ見えて、よに忘られず（四三二二）

飲む水にまで愛妻の顔が映ってくるという遠くはなれた妻を思う歌です。

父母が　頭かき撫で　幸あれと
　言いし言葉ぞ　忘れかねつつ（一部意訳）（四三四六）

韓衣《からころも》　裾に取り付き　泣く子らを
　置きてそ来ぬや　母なしにして（四四〇一）

母もいない子供たちを残して遠く九州の北端へ出ていかねばならない悲しい気持ちです。

巻第二十最後の歌は大伴家持自身の作です。

天平三年の春正月一日　因幡国に於ける歌一首

新しき　年の初めの　初春の
今日降る雪の　いやしけ吉事

この歌は天平宝字三年七五九年の春正月一日、当時因幡の国の国守に左遷されていた大伴家持が部下の郡司達を集めはるか都を拝し、その年一年の幸を祈りつつ歌ったもので、『万葉集』の終わりと共に来たり来る新しい世に歌の道のますます幸あらんことを願っています。これで万葉集二十巻は終わります。まだまだたくさんの歌をお見せしたいのですが時間がありません。興味のある方はぜひ古本屋で一冊お買い求めになりお読みください。

『万葉集』研究といえば犬養孝さんを思い出しますが、越中富山の家持ゆかりの高岡市では万葉祭といって全国から集まって来た人達と一緒に『万葉集』四五一六首の歌を全部朗読するそうです。昼夜ぶっ通しで歌い続け三日半、最後は市長さんを含めて犬養先生も集まった人々と歌ったそうです。これはもう毎年つづいているそうです。
さて『万葉集』が終わって日本人の歌心はどうなって行くのでしょう。

『万葉集』以降

延喜五年（九〇五）に醍醐天皇の命令により紀貫之を中心にして初の勅撰和歌集全二〇巻一一〇〇首を集めた『古今和歌集』が編纂されました。平安時代に活躍した小野小町、在原業平など六歌仙の作品、当時は平和な時代にふさわしく、自由で新鮮な気風が高まり、恋を歌う声も高まります。

小野小町の歌一首

花の色は　移りにけりな　徒《いたづら》に
我が身世にふる　ながめせしまに（春下一一三）

僧正遍照の歌一首

天つ風　雲の通ひ路　吹き閉じよ
　乙女の姿　しばしとどめむ

ご存知百人一首の一つです。雲のすき間を閉じてくれ、美しい乙女を帰らせないようにという意味です。

世界最古の長編小説である源氏物語はこの頃の平安時代に紫式部（九七三～一〇一四年頃）によって書かれたものですが、うたうような美しい文章、壮大な内容は古典文学の最高峰です。

鎌倉時代に入っては、後鳥羽上皇の命で作られた第八回目の勅撰和歌集・新古今集が出されます。選者は、源通具・藤原有家・藤原定家・藤原家隆・藤原雅経の五名です。全二十巻で建保四年（一二一六）のことです。この歌集は「時代を限定せず身分の上下も関係なく、思うままに歌った秀歌を集めよ」という上皇のご意思で集められ、歌数は約二千首。なお、『新古今集』が八番目だというのはそれまでに時代の天皇の命令で次々と勅撰集が作られていたわけで、古今集につづいて後撰集、拾遺集、後拾遺集、金葉集、詞花集、千載集とありました。「しかしこれ等は、それぞれ一人の選者によって選ばれたものなので落ちこぼれた秀歌もあるに違いない、それらも全部ひろって作れ」といわれたものですから二千首にまでなったのです。

そのうちから二首を。

後鳥羽上皇の一首

奥山の　おどろが下も　踏み分けて
道ある世ぞと　人に知らせむ　（雑中一六三五）

どんないばらの道でも踏み分けて正しい道を民に知らそうというお気持ちを歌われたものです。

藤原定家の一首

見渡せば　花も紅葉も　なかりけり
浦のとまやの　秋の夕暮れ　（秋上三六三）

武家の台頭

さて、この頃ようやく武家の台頭が盛んになり、元暦二年（一一八五）三月二十四日遂に平家は源氏によって壇ノ浦に追い詰められ、あわれ八才の幼帝安徳天皇は祖母時子二位尼に抱かれたまま三種の神器と共に海中に沈みます。

こうして源頼朝は天下を取り、皇室の影もうすれ武家政治が始まりました。それでも皇室を中心とした詩歌の心は伝えられ、武家社会の中でも詩歌は大切な教養であるとして盛んになっていきます。

平家を破り天下を取った頼朝ですが源氏の世はわずか三代で滅び、北條氏がこれに替わります。武士団の力はだんだんと強くなり一方の朝廷の支配力は衰えて行きました。その頃中国の北方、モンゴルにチンギス・カン（一一六二～一二二七）というとてつもない男が現れ、あっという間に中国を席巻し、遂にヨーロッパ諸国に迄進出し国名を元と名付けました。十三世紀一二七一年のことです。元は中国と朝鮮をも支配し、とうとう日本攻略にかかります。これは一二七四年の文永の役、一二八一年の弘安の役と呼ばれるもので時の執権は北條時宗でした。その軍勢は二十万とも言われ、まさに日本は風前の灯となりました。ところが、この時突然大風が吹き荒れ、沖に浮かんでいた元の軍船は大岩にぶつかって大破し、元軍はほうほうの体で逃げ帰ることになります。このことが二度目の侵攻のときも起こったのです。人々はこれを神風と呼んで神に感謝しました。この時代を鎌倉と呼びます。

鎌倉時代のあとに続いたのは室町時代です。この時代になると公家の力はますます弱くなり、武士の棟梁が政治に関与するようになります。しかしこの頃から詩歌音曲の文化は武家庶民の中にもどんどん広まり、能楽、猿楽などが春日大社や日吉神社などに盛んに奉納されるようになり観阿弥、世阿弥父子も世に出てきました。

長く続いた室町幕府は十代将軍足利義植と十一代将軍足利義澄の争いのため遂にばらばらになってしまいます。こうして我れこそが天下統一しようとする武士たちの争う戦国時代に突入します。すなわち駿河の今川、甲斐の武田、薩摩の島津、越後の上杉、尾張の織田、越前の朝倉、出雲の尼子、陸奥の伊達、近江の浅井、阿芸の毛利、土佐の長宗我部、美濃の斉藤家の武将たちです

この中に一人抜き出ていたのが織田信長です。信長は一五三四年尾張の国に生まれましたが父信秀は公家の山科言継を師として連歌を学ぶという文化人でした。信長は二六才の時桶狭間の戦いで今川義元を破り、天下取りの第一歩を踏み出します。これより約十年間戦国時代の絵巻が繰り広げられます。信長は一五八二年に甲斐の武田に勝ち、今一息で天下統一の夢に近づきましたが、その年の六月、明智光秀の謀反のため京都本能寺で燃え盛る炎の中で自害して果てます。四十八才でした。

こうして戦国時代は終わりを告げ、豊臣秀吉が明智を討って太閤関白となり、やがて徳川家康の時代となります。徳川家康は秀吉の息子秀頼とその母淀君を大阪夏の陣で滅ぼし、遂に天下統一を

事実上完了します。一六一五年のことです。

徳川の時代は十五代将軍徳川慶喜《よしのぶ》が一八六七年十月十四日大政奉還を表明する迄、約二七〇年続きました。この間、日本国内外に大きな戦争もなく徳川幕府はずっと鎖国の政策を取りましたので太平の世が続き、さまざまな文化が栄え、詩歌は勿論、能、謡、常磐津、長唄、小唄、端唄《はうた》、新内、都々逸《どどいつ》、あるいは浄瑠璃などいわゆる庶民文化が一気に吹き出てきます。日本人の歌好きは、驚くべきことに、ある時浅草の名主柄井川柳《からいせんりゅう》が「おかしみ」のある俳句を募ったところ庶民から一万句以上の句が集まり『誹風柳多留《はいふうやなぎだる》』として出版しました。これを川柳と名付けます。経済も発達し流通も盛んになり町民が力をつけ武士の影がだんだんと薄れます。

「歌」は身分や立場を超えて……

4　近代の訪れと日本の運命

イギリスの産業革命

その頃海外では産業革命により力を得たイギリスをはじめフランス、スペイン、ポルトガル、米国、ロシアなどがアジアに目を付け次々と鉄砲を持ってアジアの国々を侵略して植民地にして行きました。日本のようにたくさんの鉄砲を持っていないアジアの人々はどうすることもできませんでした。十九世紀に入るとアジアで独立国は日本、中国、朝鮮、タイの四カ国しかないという状態でした。

黒船の来航

日本には一八五三年（嘉永六年）東インド艦隊司令長官ペリーの率いるアメリカ船四隻が江戸湾浦賀に現れ、太平の夢を破ります。さらにイギリス、ロシアといった世界列強の船が日本へ来航し、幕府は勿論一般日本人は上を下への大混乱に陥ります。幕府は自分の力ではとうてい決断できず、長らく蚊帳《かや》の外に置いていた天皇にうかがいを立てます。天皇のご決断に従えば民衆も納得するであろうと考えたのです。すなわち、攘夷《じょうい》か開国かという事の決断を天皇にお諮りしたのです。この頃から尊王攘夷論が叫ばれ始めました。吉田松陰は「もはや幕府も諸大名もたよりない、今こそ民衆が立つべきである」と天下に号令をかけます。天皇（孝明天皇＝明治天皇の父君）は開港の許可はおろしませんでした。ところが、強硬に開国を主張するハリスに屈服した大老井伊直弼は遂に天皇の許可のないまま日米修好通商条約（一八五八年六月）に調印します。このため井伊直弼は二年後の三月雪の降る江戸城桜田門外で水戸浪士等に殺害されます。

尊皇攘夷の風潮はいよいよ高まり、その中でも勤皇倒幕派が力を持って来ます。反目していた長州と薩摩が連合軍を作り、一八六八年（慶長四年）大阪にあつまった幕府軍を鳥羽、伏見で破り、ここで天皇の討幕の勅命を得て官軍となった薩長軍は錦の御旗をかかげ遂に江戸城にせまります。あわや大江戸八百余町が戦争に巻き込まれようとしたとき、幕府軍陸軍総裁勝海舟と東征大総督府参謀西郷隆盛は江戸城で会談し江戸城無血開城に同意して江戸市民は戦火からまぬがれます。一八六八年四月十一日のことでした。この二年前一八六六年の十二月孝明天皇が崩御され十四歳の睦仁親王が即位されました。明治天皇です。江戸城を開城した徳川慶喜は水戸に蟄居し、ここに長らく続いた徳川幕府は終わり、天皇が昔の通り日本国の元首となりました。これを王政復古といいます。明治に入って日本は欧米の文化技術を積極的に取り入れました。産業は忽ち隆盛になり、国民皆兵により軍備も益々整いました。こうして日本は海外列強と肩を並べてやがて世界戦争に巻き込まれていきます。

日本と外国との戦争

それでは日本と外国との戦いを少し調べて見ます。古くは神功皇后《じんぐう》の時、朝鮮に出兵した時です。朝鮮の新羅《しらぎ》・高句麗《こうくり》・百済《くだら》は日本に臣従します。

三国との戦いに勝利して、三国は朝貢をすることになり兵を引き上げます。これを三韓征伐と呼びます。

次は元軍の来寇です。この時は突然起こった神風《かみかぜ》によって助けられました。二度目の来寇の時も同じ神風が吹きましたがこの時以来、元は自国の衰弱も重なり日本攻略をあきらめ日本は難を逃れました。

さらに、年は下って豊臣秀吉が天下統一した勢いで朝鮮攻略を始めた時です。戦国の勇将加藤清正、小西行長等が朝鮮国釜山に上陸し、またたく間に首都漢城を占領し、平城を席巻し、北の端会寧に迄進みましたがここで援護にかけつけた明軍と戦います。結局戦いは一五九二年から一五九八年迄六年間も続きましたが、秀吉が伏見城で病死したことから日本軍は引き上げます。この戦争では艦隊を率いる朝鮮の李舜臣が活躍し、各所で日本軍を苦しめ、韓国の英雄としてあちこちにその銅像が建ちました。水軍を率いて善戦し各所で大活躍したことは朝鮮の軍史では大きく取り上げられています。しかし李舜臣は一五九八年十一月十九日、引き上げようとしていた日本軍と海戦となり島津軍の銃弾を受けて戦死しました。

その頃、中国では明が君臨しておりましたが六年にも渡る秀吉の武将達との戦いですっかり国力を失い、遂に満州国の女真族の首長ヌルハチは一六四四年に明を滅ぼし清と名乗ることになりました。

日清戦争

明治に入ってからは戦いの連続でした
日清戦争は一八九四年（明治二七年）に始まります。その原因は清軍が朝鮮に出兵したため日本も天津条約に従って朝鮮に出兵し、両国が激突したのです。日本海軍は忽ち清国海軍を破ります。一八九四年八月一日、日本は宣戦布告し、またたく間に威海衛、遼東半島、澎湖諸島などを占領しました。翌年四月、日清講和会議が下関で行われ、日本からは伊藤博文、陸奥宗光が出席し、朝鮮の独立を認める（それ迄の朝鮮は清の属国）遼東半島、台湾、澎湖諸島などの日本への割譲、賠償金二億両などでしたが、日本の勢力拡大を恐れるロシア、ドイツ、フランスの圧力によって遼東半島の支配権は放棄します。これを三国干渉と称して日本国民は西欧の圧力に対して深い恨みを持つことになります。

日露戦争

それからわずか数年後一九〇四年二月十日、日露戦争が始まります。その頃ロシアは「南下政策」の下にどんどん中国領土を侵していました。このロシアの進出に対して危惧を持つイギリス、ドイツ、アメリカ、フランス、オーストリア、イタリアなどが日本を援護します。それに力を得た日本は開戦するやまたたく間に鴨緑江を突破して南山、遼陽を席巻し、遼東半島にせまりました。また、海戦では無敵艦隊と呼ばれたロシアのバルチック艦隊に対して東郷元帥の率いる日本連合艦隊が見事に大勝を修め、ロシア軍はわずか数隻がウラジオストックに逃げ帰ったのみでここでロシアの海軍力はほぼ消滅しました。いままでロシア艦隊にいじめられているばかりだった北欧の諸国は拍手喝采でこの日本国の勝利を喜びました。「トウゴー」というラベルを貼ったビールが作られました。そのあっさりしたビールは評判が良く、現在でも売られています。しかし遼東半島に迫った乃木大将の率いる日本軍は大変な苦戦を強いられました。その要塞があまりにも堅固で突進する日本軍はバタバタと倒れ、攻略まで一五五日、その間数万人もの兵士を失いました。乃木大将は陛下の赤子《せきし》である日本軍人を数多く死なせたことに大変苦しみます。乃木大将には二人の優秀な男の子がいましたが、父の苦しみを見知った兄弟は、「私達が戦場で死んで父の苦しみをゆるめよう」と話し合い一番先頭に立って敵塁に突撃して相次いで戦死します。二人の死を間近に見て奮い立った日本兵は遂に敵軍を破り日の丸の旗を敵の堡塁に高々とかかげました。

乃木大将は敵の将軍ステッセルの降伏に際して、軍衣帯剣を許してその名誉を尊重します。〝マレーの虎〟山下将軍がシンガポールを落とした会見で敵の将軍に対してイエスかノーかと机をたたいて迫ったのとは大分違います。乃木大将は明治天皇に戦争の経過を報告に参上したとき、陛下は乃木大将の顔のただならぬを見て一言「乃木死ぬなよ」とお言葉をかけられました。陛下は乃木大将が報告のあと直ちに死ぬ気であることを一目で見抜かれたのです。乃木大将はただ黙って一礼をして引き下がりましたが陛下のお言葉に逆らうわけにはいきません。そして明治天皇の崩御の式事のあと日本刀を抜いて割腹してあとを追います。二人の息子を戦争で失った乃木夫人にとってももう生きて行く理由は見つけ出せません。夫のあとを追って自害されます。最近は夫が死んだとたんに生き生きと元気になり遺産を使って海外旅行に精を出すご婦人が多いと聞いていますが、乃木大将の夫人が死を選ばれ自害されたことに、国民は皆涙を流しました。

日露戦争の結果、日本は韓国の監督権、旅順、大連の租借権、北緯五十度以南の樺太の領有権を得ました。これをポーツマス会議と呼ばれます。この戦勝によって日本は世界の列強にその力を知られることになりました。当時の白人国民は有色人種を人間と認めていませんでした。その西欧人が認めざるをえない国の力を示し、彼らと肩を並べたわけで無理もありませんが、この頃から日本人の間におごり高ぶる風潮が生まれたのも確かです。これを見て徳富蘇峰は、「勝利の悲哀」と名付け、「戦勝はすなわち亡国のはじめとならん」といい、また「日本国民よ悔い改めよ」と警鐘を鳴らしました。夏目漱石は小説三四郎の中で「日本はこれから益々発展するでしょうね」という問いに対して一言「亡びるね」と答えています。

大正時代

一九一二年（明治四五年）明治天皇が崩御し、嘉仁《よしひと》親王が即位され、大正の時代になってすぐに第一次世界大戦が始まりました。

先ず、オーストリアがセルビアに宣戦布告、ドイツがロシア・フランスに宣戦布告、イギリスも戦争に参加します。日英同盟（一九〇二年）を結んでいた英国は、日本にドイツ武装船の攻撃を要請します。日本の元老井上馨はこれを大正の天祐と称して、この機会にドイツの東洋の根拠地を一掃してアジアに支配力を延ばそうとしました。先ず山東半島に上陸し青島《チンタオ》を占領し、ドイツが支配していた南洋諸島もあっというまに占領してしまいました。南洋諸島はこの時から一部は日本の委任統治となりましたが、東洋経済新報社の石橋湛山は「青島は領有すべからず」の社説をかかげ、「日本がアジアに領土を獲得するごときは、後に重大な危険を生むことになろう」と警告しました。その時中国では孫文《そんぶん》が革命に成功し更に袁世凱《えんせいがい》が天下を取り、一九一五年十二月には自ら「中華帝国」の皇帝に就任します。アジアに勢力を延ばした日本は中国に対して、中国政府の要人に日本人顧問の任用を強要し、中国は遂にこれを受諾します。中国人はこの日を「国恥記念日」として、五月九日を「五九国恥日」として反日気運を強めることとなりました。

一九一七年二月と十月に二回のロシア革命が起こり、帝政ロシアは消滅します。一九一八年十一月、開戦以来四年数ヶ月でドイツは降伏して第一次世界大戦は終わります。この戦争によりヨーロッパの列強はそれぞれ大きな被害を受けましたが出兵はしても自国は安全であったアメリカと日本は、大いに国力を伸ばしアメリカはイギリスを抜いて世界一となり、日本も輸出を伸ばして国力を増しました。

この苦い戦争の経験から国際連盟が生まれます。主要国四十二国が加盟しました。日本からも新渡戸稲造が国際連盟事務局事務次長に就任しました。もうこの頃には日本は世界の大国の一員として認められていたのです。

大正十五年（一九二六）、大正天皇が崩御され裕仁《ひろひと》皇太子が天皇となり元号は昭和と名付けられます。しかし日本の国力が増大になると共に世界各国の反感を受けることになり、激動の時代を迎えることになります。その時元号に「和」の一字を入れられた昭和天皇の御心はどのようなものであったでしょうか。

一九三一年日本は満州に侵入します。いわゆる満州事変です。関東軍石原莞爾《いしわらかんじ》は満州こそ日本の生命線だと認識し、日本の将来の発展のためどうしても満州に確固たる足場を固めようとしたのです。戦いは日本軍の連戦連勝であっという間に満州全土を占領し、清朝の最後の皇帝宣統帝溥儀《ふぎ》を皇帝として満州国の独立を宣言します。

日中戦争

昭和天皇は常々日本陸軍が戦争拡大に走るのに危惧を抱かれ、満州は溥儀《ふぎ》の治める独立国として尊重し、もし日本が中国に攻め入って北京を落とすことになれば列国は放ってはおかないだろうとおっしゃっておられたのですが、昭和天皇の意思とは逆に一九三七年七月七日盧溝橋での日中衝突を契機に、遂に両国は戦争状態におちいりました。これは宣戦布告なしの戦争でしたがそのまま日本軍は突進し中国の主要都市をほとんど占領することになります。

宣戦布告なしに戦争に突入するのは異例の事ですが、日本陸軍は宣戦布告するには昭和天皇の許可が必要であるから、これを避けてなしくずしに戦争の拡大を計ったものでありました。従って日本ではこの戦争を支那事変と呼び、日支（日中）戦争とはいいません。戦火はますます拡大して日本軍は主要都市を次々と落とし一九三七年十二月十三日遂に首都南京を占領します。この時「南京大虐殺事件」が発生するのですが、これについては後で詳しく述べます。欧州ではドイツがポーランド、フランス、ロシアに進軍し、第二次世界大戦が始まりますが、日本も日独伊三国同盟に従い遂に欧米に対して宣戦布告し、やがて敗戦を迎えることになります。その前に米英仏蘭を向こうにまわす太平洋戦争はどうして起こったのでしょう、その原因を見てみましょう。

敗戦までは日本ではこの戦争を大東亜戦争と呼んでいました。その頃日本は中国本土の奥深くまで侵入していました。ドイツはすでにフランスと開戦しパリを占領してロシアの首都モスクワにあと数キロに迫っていました。米英はドイツのファシズムを恐れると同時に日本も世界制覇を目指しているのではないかと疑いを持ち、日本に対する圧力を強化し始めたのです。先ず、日本に石油等の戦略物資を売るのをストップし、米国は遂に日本の在米資産を凍結しました。そして日本の中国からの撤退を強要し、日本のこれ以上の東洋進出を止めるよう脅しをかけました。これに対して日本国内は沸きあがりました。軍部では超過激の青年将校達は開戦を唱え、国民の大多数は勿論、新聞各社も開戦余儀なしと書きたてました。しかし日本の首脳は彼我の戦力を考え、米英と事をかまえるには躊躇していました。これは平和を望まれる天皇陛下の意向が強かったからです。当時の総理大臣は近衛文麿です。日本政府の内閣の構成は陸海軍から一人ずつ入閣することになっているのですが、陸軍大臣が「こんな軟弱な政策を主張するのなら私はやめる」といって席を立ちました。陸軍が次の大臣を出さない時は直ちに内閣解散ということになります。いわゆる内閣の命運は陸軍が握っていたのです。何度も天皇を交えた御前会議が開かれました。天皇はあくまで戦争ではなく外交交渉による合意を望まれていました。しかし、時期は差し迫っていました。アメリカのハル長官は陸海軍から戦争の準備をするためできるだけ交渉を長引かせてほしいという要請を受けていたので、日本側の和平提言にあれこれいちゃもんをつけ、ずるずると解決を引き延ばそうとします。

一九四一年九月六日、何回目かの御前会議が開かれました。しかし、外交を優先し、軍事はそのあとにするというこの日の統帥部からの説明にも軍が戦争をしなければ他に方法がないという考え方がちらちらと見えます。重複して紹介しますが、そのとき昭和天皇は、明治天皇がお作りになった次の歌をその場で朗読されました。

よもの海　みなはらからと　思ふ世に
など波風の　たちさわぐらむ

このとき、出席者は皆、粛然として顔を上げる者もなかったのです。

陛下が御前会議でこのようなはっきり意思を表明されたのは、長い治世の中でたった二回です。第一回は二・二六事件と呼ばれる青年将校による政府要人暗殺事件です。

一九三六年二月二十六日、その朝しんしんと降る雪の中に突然銃声が鳴り響きました。時の首相岡田啓介をはじめとする要人を青年将校の率いる兵士千四百八十三人が急襲し、殺害しようとしたのです。彼らの目的は岡田首相を始め穏健派と呼ばれる高橋是清蔵相、鈴木貫太郎侍従長、渡辺錠太郎教育総監を殺害し、更に牧野伸顕伯爵と元老西園寺公望公爵を殺害するというものでありました。結局彼らは数人の要人を殺害して、このあと赤坂山王ホテルに立てこもり気勢を上げていましたが、彼らに対する陸軍当局の反応は甚だ鈍く、国民は彼らの行為を義挙と思い軍部も更なる反乱を恐れて彼等の処置については議論が対立して結論をしぶっていました。ところが川島陸相が反乱の報告に宮中に参上したとき、天皇はいつになくはっきりと「これはきわめて遺憾なことである」「もし、陸軍の手で鎮圧できぬなら私が出向いて説得しよう」とおっしゃった。このお言葉で陸軍はやっと心を決め、反乱軍を「反徒」と呼び本格的鎮圧に向かったのでありました。天皇は御前会議の席上では、はっきり意見をいわれないのが通常でありました。それは（この話も今後くり返すと思います）昭和天皇に帝王学を教えた西園寺公望公爵が常々「陛下は群臣に向かってこうしろああしろと指図なさってはいけません。もちろんご決断をされるのが必要なときはあると思いますが、ものを言わないのが一番いいのです。〝君臨するとも統治せず〟ということです」と教えていました。天皇はその言葉をお守りになり御前会議でも自ら発言されることはほとんどなかったのです。しかし、今回は違いました。天皇の発言は非常にはっきりときびしかったので、集まった重臣達は思わず頭を下げ発言する人は誰もいませんでした。こうして軍は初めて腰を上げ反乱将校を処分したのであります。しかし、こうした陸軍ファシズムの台頭の影には中国での戦勝に酔った日本国民の押し上げがあったことを見逃してはなりません。二・二六事件の前にあった五・一五事件では将兵に対する国民の同情が高まり、十一万通にのぼる「寛大な処置を訴える血書」が裁判所に集まったり、また、新潟からは九人もの青年が彼らの身代わりになりたいと請願し、それぞれ自らの小指を切ってアルコールビンに入れ請願書と共に送ってくるというような状態でした。日本人は熱しやすく冷めやすい国民だと言われますが、皆が熱してくると手がつけられません。中には「アメリカと戦争なんかするバカがおるか」と思っている人たちもいますが、それをハッキリと口に出せない状況になってきていたのです。

もちろん、戦争をしたくない人、戦争反対の人もいましたがそれを口にすると卑怯者、非国民と呼ばれ、それが政府上層部の人であれば愛国青年達に命をねらわれるのです。

こうして日本の世論は軍国主義者を中心に開戦に向かっていたのです。しかし、その中で冷静な方がおられました。昭和天皇です。天皇はあくまで戦争を避け、外交交渉による平和的解決を望まれたのです。陛下の強い意思を知った政府はなんとか和平交渉を進めようと努力します。陸海軍もアメリカに対する妥協案を作りアメリカのハル長官に送ります。しかし、甲案は拒否され、乙案では更に譲歩した案を出しました。これは、日本は今迄占領した中国の各地を放棄し、中国での戦を止め、今後南方への進出を一切停止するという日本陸軍としてはとうてい認めにくい内容だったのですが、それでもアメリカ大統領ルーズベルトは冷たい反応を示しただけでハッキリした回答を保留したのです。これはアメリカ陸海軍当局が日本は必ず参戦するであろう、それを迎え撃つにはあと三ヶ月の準備期間が必要であると大統領やハル長官に進言していたからです。日本では近衛首相が辞任し、東條陸軍大臣が首相となり東條内閣を発足させていました。国民はこれでいよいよ戦争だなと覚悟しましたが、東條は決して主戦論者ではなくその時陸軍内部を押さえられる力を持っている者は東條以外になく、また、青年将校達を押さえることのできるのも東條以外になかったからです。東條は天皇の意思には絶対服従の意思を持った軍人でした。東條は和平に向けて最後の努力をします。しかし、日本の状況も最終段階に追い詰められていました。海軍は日米戦争の準備をその年二月から着々と進め、若し、開戦するなら十一月三十日か十二月初めと決めていました。アメリカは日本の開戦時による奇襲攻撃を予知していなかったわけではありません。アメリカの駐日大使グルーは開戦を決める最後の御前会議十一月五日の数日前ハル長官に対して電報を打ちこういいました。「日本は明らかに戦争準備を整えつつあります。それは劇的かつ危険な不意打ちになるでしょう」。しかし、ルーズベルトはこの警告を軽視しました。彼は勿論、アメリカ陸海軍も、日本の戦闘力を甘く見ていました。一体日本に何ができるんだとたかをくくっていたのです。年が変わると太平洋の波は高くなり海軍としては作戦を立てにくくなります。また、アメリカ陸海軍は着々と準備を整えているという情報も入っていました。十一月五日最後の御前会議が開かれ、そこで日本は今開戦せずに時を待てばもう次回に開戦したときには勝つ可能性はほとんどないといった議論が交わされましたが、天皇は前回の御前会議のときと違い終始沈黙を守られ意思をのべられませんでした。それでもなお外交交渉は続けられましたが、十一月二十七日やっと送られてきたハル長官の回答は「交渉にはもはや一脈の希望もなくなった」という表現で始まっており、日本にしては「これは最後通牒だ」と受け止められたのです。こうした経過をたどって日本は遂にアメリカと戦争に突入します。

黒船に驚いた日本が、国を開き軍艦製造へ

5　大東亜戦争と日本

ハワイ真珠湾奇襲

このときの日本軍機動部隊は、六隻の空母（赤城・加賀・蒼龍・飛龍・翔龍・瑞鶴）、二隻の高速戦艦（比叡・霧島）、重巡二隻（利根・筑摩）、軽巡一隻、駆逐艦八隻、堂々たる艦隊です。山本五十六長官の作戦は「とにかく敵に発見されないように行動すること」であり、十二月は最も波の高いといわれている北方海域千島のエトロフ島に集結し、北より一気に南下してハワイを目指すというもので、敵に発見されないように、義経のひよどり超えに似た着想でした。

昭和十六年十二月八日すなわち一九四一年十二月八日がなぜ開戦の日に選ばれたのか、それはアメリカでは十二月七日は日曜日で真珠湾ではアメリカ太平洋艦隊のほとんどが集結して船員達は船内で休むかまたは上陸して休憩している日であったからです。日本は戦争開始の最後通牒をワシントン時間午後一時、ハワイ時間午前七時三十分にハル長官に手渡すよう野村大使に通告していました。しかし送られてきた電報文の暗号の翻訳とタイピングに時間がかかり実際には数時間以上も遅れてしまったのです。ハワイ時間早朝の真珠湾は快晴でした。午前六時半には日本海軍機動部隊はすでにハワイ海上百四十四キロの地点迄接近していたのです。午前七時五十三分、第一次攻撃隊司令官淵田中佐の爆撃機は全機に対して「ト・ト・ト」を発信します。「全軍突撃せよ」との暗号指令です。こうして真珠湾攻撃が始まったのです。アメリカ側ではルーズベルト大統領を始めとして日本機動部隊がハワイを攻撃するとは誰も思っていませんでした。先ず、手始めにはマレー半島あたりに上陸するくらいだろうと思っていたのです。

ヒッカム飛行場では整備員のジョシー・ゲインズとテッド・コンウエーの二人がのんびりと歩いていました。この時七時五十五分日本攻撃隊の編隊が次々と急降下爆撃をするのを見て「なんだこんなに早く航空ショーか」と眺めていました。ハワイ陸軍航空隊参謀長ジェームス・モリソン大佐は第一弾の落ちる音を聞いてハワイ陸軍管制司令室ショート中将の参謀ウォルターCフィリップス大佐に急いで電話します。「日本軍がハワイ攻撃中です」。フィリップスは「ジョーどうかしてるのではないかね。酔っているのかい。もう目をさます時間だよ」と答えます。七時五十八分やっとパトリック・ペリンジャ少将がフォード島から放送しました。「真珠湾は攻撃されている。これは演習ではない」。有名な言葉です。ワイキキのアパートで新聞社ホノルルアドバイザーの社会部長ロバート・トランブルはベッドの中で妻が友人の社員の電話を聞きながらクスクス笑っているのを耳にしました。「あなたハワイが攻撃されているんですって」。トランブルはこれを聞いてまた妻がジョークを飛ばしていると、目をしばたきました。ところが間もなく編集長のレイ・コールからハワイが攻撃されている、すぐ出社するようにとの連絡を受けました。それでも信じられず町で一番の早耳の記者に電話して確かめようとしましたが、「いったい、おまえのボスは朝から何を飲んでるのかね」というのが返事でした。午前九時四十五分日本機は次々と引き上げ空には元の静寂が戻りました。

この時、連合艦隊山本長官の元に電報が届きます。「トラ・トラ・トラ」。「我れ奇襲に成功せり」

の暗号文です。こうして真珠湾奇襲攻撃は大成功を修めました。唯一つアメリカにとって幸運だったのは、この時アメリカ空母は一隻も真珠湾におらず助かったことでした。しかしその他の停泊中のアメリカ太平洋艦隊の軍艦のほとんどは撃沈されるか大破してしまったのです。もし空母の二、三隻でも撃沈されていたらアメリカ太平洋艦隊の再起にはあと二年はかかったでしょう。このすぐあと十二月十日午前十時二十分、英国海軍自慢の戦艦プリンス・オブ・ウェールズ三万五千トンとレパルス二万六千五百トンはゆっくりマレー沖を進んでいました。が、これを発見した鹿屋航空隊電撃隊三個中隊が一斉に攻撃します。先ず、プリンス・オブ・ウェールズが被爆し、傾き始めます。次にレパルスが転覆しウイリアム・テナント艦長は遂に「総員退去せよ」と命令します。テナントは自艦から離れようとしない部下達に「諸君、さあ行きたまえ。神が諸君と共にあられますように」と叫んで自分は艦に残ろうとしましたが、数人の士官が無理矢理彼を担ぎ出し艦外に連れ出し、午後零時三十三分レパルスは沈没します。プリンス・オブ・ウェールズは五発の魚雷を受け更に水平爆撃機の攻撃を受けて午後一時十九分遂に沈み始めます。リーチ艦長は総員退去を命じ自分はフィリップス提督と共に艦板の手すりにつかまりながら去っていく部下に手を振ります。彼は「グッドバイ。神の祝福を！」と叫びました。プリンス・オブ・ウェールズは英国海軍最強の戦艦で「国王陛下の不沈艦」と呼ばれ英国国民の誇りの戦艦でした。かつては英国海軍を手本として訓練を始めた日本海軍軍人はこの二隻の美しい戦艦の最後に涙を流す者もいました。攻撃隊長壹岐春記大尉は翌朝二隻の沈没した海域上空に飛び静かに花束を投じました。

陸軍の進攻

一方日本陸軍は開戦と同時に太平洋上のアメリカ、フランス、イギリス、オランダの植民地に大規模な上陸作戦に成功していました。アメリカ極東陸軍司令官ダグラス・マッカーサー将軍はフィリピンの首都マニラで日本軍に対する指揮を取っていました。しかし開戦の直後の十二月二十四日のクリスマスイブは彼にとってはとてつもない暗い日になりました。十二月二十二日、日本軍はアメリカ防衛軍が待ち受けているリンガエン湾をうまくさけてその背後に悠々と上陸していました。本間中将の率いる四万三千百十名の第一陣です。日本軍はあっという間に首都マニラに迫って来たのです。マッカーサーは自分の愛するマニラが市街戦に巻き込まれ破壊されるのを好まず全軍に退去を命じます。落ち行く先はマニラ湾を挟んだバターン半島です。開戦からわずか一ヶ月に足らぬ一月一日元旦、敗走兵を集結させ、バターンの防衛につけようとしました。バターン半島西半分を守るのはウェーンライト少将、東地区はジョージ・バーカー准将の陣営で、二人は必死で体勢を整えようとしていました。しかし一月十六日早くも日本軍はバターン前面に現れたのです。

マッカーサー将軍は、最後まで部下を指揮してバターンに残るつもりでいました。しかし参謀達が、ここで将軍が日本軍と戦うより、一旦オーストラリアに避難してそこで指揮を取る方が得策だと主張したのを受け入れ、やっとフィリピンを去る決意をします。三月十六日の夕方、その頃はすでにフィリピン上空は日本空軍の支配下にありましが、辛うじて一機の飛行機に乗り込み、命からがらダーウインの南五十六キロのオーストラリアのバチェラー飛行場に無事到着します。危険な旅でした。ここでマッカーサーは「私は必ず帰る（アイシャルリターン）」と叫びます。そしてマッカーサーなしのフィリピンはどうなったのでしょう。その話は、少し後に残しておきます。

マレー半島では、山下将軍が中国大陸で戦った歴戦の勇士達を指揮していました。我こそはシンガポール突入の第一陣になろうと張り切って、日本軍は半島をものすごい勢いで南下していました。南西太平洋総司令官イギリスのウエーベル将軍は急遽一月七日、ジャワ島バンドンから飛んでシンガポールに到着しましたが状況を見て唖然としました。難攻不落と呼ばれていたイギリス自慢の東洋の大要塞はその何十門という大砲が全部海の方を向いていて、島から南下してくる軍隊を迎え撃つ方向にあるのは一台もなかったのです。なんとかしてシンガポールに一番乗りをしようとする日本軍は行進の途中新兵器を発見しました。これを銀輪部隊と名づけます。要するに自転車に乗って我れ先にと突っ走ったのです。シンガポールに続く道の両側にはイギリス及びオーストラリアの敗残走兵がぞろぞろとシンガポールに向かって歩いていましたが、その真中を自転車に乗った日本兵がスイスイと走って行くのです。これを見てイギリス、オーストラリアの兵隊はびっくりしましたが誰もこれを攻撃しようとする勇気のある者はいませんでした。そのうち自転車のタイヤが熱気で破れ鉄輪だけになりましたが、かまわず走り続けるものですからガラガラと大音響を上げます。これを聞いた敗残兵達は新戦車が来たに違いないとあわてて草むらに逃げ込むことになります。一月三十一日、遂に日本軍はシンガポール対岸に到着しました。シンガポール島は東西四十二キロ、南北二十三キロでその面積はマンハッタン島の約十倍です。パーシバル将軍は水際で日本軍を打ちのめすという作戦を取りました。しかし二月七日日本軍の第一軍は陽動作戦を取り、先ず、チャンギ要塞を見下ろす小島に四百人の兵士と大砲二門を夜中に上陸させ、翌朝砲撃を開始します。これを見てイギリス軍がチャンギ要塞に駆けつける頃、日本軍第五師団が二千五百人のオーストラリア軍が守る北西岸に突入します。日が昇る頃迄には、この島で一番高いブキテマ山を含め島のほぼ半分を制圧しました。山下将軍は戦が手間取っては不利になると信じていました。もしパーシバルが日本軍が防衛軍の二分の一の兵力しかないと知ったら防衛軍の士気が回復して反撃に転ずるだろうと思っていたのです。山下将軍は一か八かの賭け、のつもりでパーシバル将軍に降伏勧告の文書を送ります。しかし最後まで戦えとの命令を受けていたパーシバルはこれを無視しました。しかし連合軍の士気は極端に低下していました。その原因の第一は原住民が誰も連合軍を支持しなかったためです。情報将校のデービッド・ジェームスが前線から反対方向に向かっているインド兵の一隊をつかまえて、「君達のするべきことは日本軍に向かって戦うことだ。日本軍と徒歩競争をしているのではないよ」と言うと、その隊長は「我々にはこの方向の方がむいているのだよ。君達こそがんばって下さい」と言ってさっさと行ってしまいました。マレーで勇敢に戦ったオーストラリア軍の兵士でさえ、それをさえぎろうとする憲兵を押しのけて「相棒、マレーやシンガポールなんてくたばってしまえだ」と言いました。当時の戦況をあらわす挿話です。

とうとう守備軍にとって暗黒の日はきました。十三日金曜日になるともう勝負は誰の目にも明らかでした。遂にパーシバルは決意してウエーベルに降伏の許可を求めます。ウエーベルはこう答えました。「何が起ろうとも私はここ数日間の勇戦に対して貴下と全軍に感謝する」。二月十五日パーシバルは遂に降伏を知らせる白旗を高々と掲げます。降伏文書の調印はブキテマの近くのフォード自動車工場の会議室で行われました。これは二月十五日午後四時四十五分です。その席上山下将軍はパーシバル将軍に貴軍が直ちに降伏すれば攻撃を中止する旨伝えましたが、パーシバルは「最終文書に調印するには午後十時迄待って欲しい」と答えました。彼は今、降伏するより降伏についての条件の交渉をつめる時間が欲しかったのです。しかし山下将軍はこれをパーシバルの策略ではないかと疑いました。もしパーシバルが日本軍が数の上で劣勢であることに気づき、市街戦を望んだとしたら大変なことになります。市街戦では戦車や大砲は効果がうすく、主として人間同士の白兵戦になります。こうなればどうしても人数の多い方が有利なのです。そうなれば更に数千人の兵士の命が失われるでしょう。下手な通訳連中が（この時日本側の通訳は杉田中佐、イギリス側はシリル・H・D・ワイルド少佐でしたが）がやがやと時間をつぶしているのを見て山下は遂にしびれを切らしました。「我々は貴殿から簡単な答のみ必要としている」。山下将軍は突然立ち上って机をたたき「イエスか、ノーか」と大声でどなりました。そこでパーシバルは遂に弱々しい声で「イエスアイ　アグリー（分かりました、同意します）」と答えました。

午後七時半パーシバルは降伏文書に署名しやっと日本軍の砲声がやみました。山下将軍はわずか七十日間でマレー半島千四十キロを南下し、シンガポールを陥落させたのです。この間日本軍は九千八百二十四人もの死傷者を出しましたがイギリス軍は十三万人を超える将兵が投降しました。世界戦史に残る大きな成果でした。

その頃ジャワ、スマトラの海域を守っていたのはアメリカ、イギリス、オランダ、オーストラリアの連合艦隊でありました。有名なイギリス重巡エクセター、ルーズベルトの愛艦ヒューストン、オーストラリアの軽巡洋艦パース、オランダの軽巡洋艦ジャバ、その廻りには三隻のイギリス駆逐艦、更にオランダ駆逐艦二隻、アメリカの老朽駆逐艦四隻、その他数隻の軍艦計十五隻が海の守りでした。一方日本側は高木少将の率いる十八隻の軍艦です。

バンドンにある南西太平洋連合軍の総司令官はアーチボルド・ウエーベル将軍でした。彼は東インド諸島のこれ以上の防衛は不可能とみて、オランダ軍へルフリッツ中将にあとをたのんでジャワを離れます。二月二十七日午後二時遂に両艦隊は遭遇します。しかしこの海戦はあっけなく片がつきます。連合軍の艦隊は旧式で訓練が行きとどいておらず、おまけに相互の連絡も不充分だったのです。ヒューストン、バース等は大損害を受け、残った軍艦は命からがらオーストラリア海域に逃げのびました。空海軍を失ったジャワ守備隊は遂に三月九日全島の降伏を発表します。「さようなら、よりよい時代のくるときまで。女王陛下万歳！」――イギリス軍最後の放送です。いまや日本帝国陸軍に対して唯一戦っているのはバターンとコレヒドールになりました。シンガポール、ジャワが陥落したあと、バターンにはマッカーサーのいないあとの総指揮官にウエーンライト将軍が守備隊の総指揮を取っていました。日本軍は本間中将の率いる五万人の陸軍部隊、一方にはアメリカ、フィリピン連合兵士七万八千人が対峙していました。しかしこれ等の防衛軍には食糧が不足し、マラリアに悩む者が多く戦闘可能とされていたのはたった二万七千人でした。バターンの東部の防衛に当たっていたのはジョン・バーカー将軍です。しかし四月五日復活祭の日曜日、日本軍が総攻撃を開始し防衛線はたちまち破壊されます。バーカーは我先になって逃げてくるフィリピン兵に檄を飛ばして、踏みとどまらそうとしましたが、もうどうにもなりません。四月六日昼ごろにはもう東部の半分は日本軍の手に落ちていました。

その頃右翼戦線はまだなんとか持ち支えていました。しかし退却して来たアメリカ兵が「サン・ビセンテの防衛線が突破されたぞ」と叫んでいるのを聞いて部隊は動揺します。もう敗走する兵を止める力はどこにもありませんでした。ウエーンライト中将の元には参謀のアーノルド・J・ファンク准将が降伏の時が迫っていると伝えますが、彼はバターンの死守を主張するマッカーサーの命令を受けています。マッカーサーはオーストラリアから電報を送って「いかなる状況にあってもバターンが降伏することはできない」と伝えます。しかし翌日の午後には今井武夫大佐がリマイ山を攻略し、へんぽんと日章旗を翻らせます。この山頂からはバターンが一目に見下せます。もはや絶体絶命です。ウエーンライト将軍の二番手ルソン島軍司令官エドワード・ヤング少将は、ウエーンライト将軍はマッカーサーの命令で降伏することができないでいる、しかしこのままでは無駄な死傷者を出すばかりで意味がない、たとえ軍法会議にかけられるとも自分が犠牲者になって降伏しよう、と決意します。こうして四月八日午後六時、白旗を振って日本軍に降伏を知らせます。この時ヤング少将はふと、南北戦争が終わったのが四月九日であったことを思い出しました。この時リー将軍は「今はグラント将軍に降伏を伝えるほかに手段はない。降伏するより千度でも死んだほうがまだましなのに」と涙を流しました。こうして遂にバターンは日本軍の手に落ちたのですが、本間中将の誤算は捕虜の数を二万五千人と試算していたことでした。実はバターンで投降した捕虜の数はなんと七万六千人でありました。本間中将は阿根良賢少将を捕虜後送責任に命じましたが、悲しいかなその人数があまりにも多すぎたため忽ち食糧不足、医療不足で、かの〝悲劇のバターンの行進〟が始まったのです。これはひどい行進でした。この時なぜ心やさしいはずの日本人が降伏した捕虜を無慈悲に扱ったのでしょうか。日本武士道はこの時一体どこに行ってしまってたのでしょうか。沿道の町ルパオは人口三万人の小都でしたが、住民は涙を流しながら沿道に並んで立っていました。彼等は捕虜達（捕虜の中には多数のフィリピン兵士がいます）にゆで卵、バナナの葉で巻いたトリ肉やバノチヤ（黒砂糖）を投げましたが、護送の日本兵は銃を構えて群集を追い払います。こうして七万六千人の捕虜のうち目的地キャンプ・オドンネル収容所に着いた者は五万四千人にすぎませんでした。フィリピン捕虜の中にはジャングルに脱走した者も相当数いて正確な死者の数字はわかりませんが、やはり一万人近くの人々が死んでしまったと想定できます。このうちアメリカ人兵士の死者は二千三百三十人ぐらいといわれています。このグループの中に若いアキノ中佐がいました。フィリピンを良く知る日本軍の憲兵大佐がアキノ中佐を見つけ出し日本軍兵舎に連れて行きます。この日本人大佐はしっかりした英語で「ミスターアキノは日本の良き友です」といって、アキノの父親に面会を許し、家に帰るようすすめましたが、アキノは自分の部下を置き去りにすることはできないと答えてキャンプに戻ります。

さて、コレヒドール島ではまだ激しい攻防戦が繰り広げられていました。四月二十九日、この日は昭和天皇の誕生日でありましたが、日本軍のものすごい砲撃が始まり大地がゆれ動きました。五月三日ウエーンライト将軍はマッカーサーに電報を打ち、「当地の情勢は急速に悪化しつつあり……」「敵の攻撃を一度でも撃退できるチャンスは五分を割っています」と報告します。その翌日ウエーンライト将軍はマリンタトンネルの防空壕の近くに日本戦車が近づいてくる轟音を聞きました。「もう長くは持ちこたえられないな」。ウエーンライト将軍は遂に降伏の白旗を用意するよう力なく命令します。そしてルーズベルト大統領にメッセージを送ります。「人間の忍耐には限度があり、この限度はとっくに過ぎました。救援の見込みもない以上、この無益な流血と命の犠牲に終止符を打つことが私の国及び勇敢な兵士に対する義務と思います。私は今より、日本軍司令官との会見に向かいます。サヨーナラ　大統領閣下」。五月五日十時十五分。アメリカの大砲はすべて鳴り止みました。長かった戦いは終わったのです。その日深夜ウエーンライト将軍は本間中将の出したすべての要求に合意する降伏文書に調印し日本軍に護衛されてマリンタトンネルに戻って来ます。ガックリと首をたれて自室に戻るウエーンライト将軍に兵士達は手を延ばし、肩をたたいて「閣下、大丈夫ですよ。最善を尽くされたのですから」と涙声でいいました。将軍の目も涙でいっぱいでした。

フィリピンの陥落のあと色々な事件が起りました。本間中将はもともと平和主義者でフィリピンの民間人を寛大に取り扱うよう指示していました。フィリピン人を敵視せず、略奪、暴行を禁じ、フィリピン人の習慣、伝統、宗教を尊重せよと命じていました。しかしこれは大本営の方針とは食い違っていたのです。フィリピン独立準備政府の最高裁判所長官ホセ・アバド・サントスとその息子はネグロス島で逮捕されていました。この方面の日本軍指揮官川口清健少将はなんとかこの二人の命を守ろうとします。しかし、処刑を求める命令がすでに出されていました。それは二人を処刑するため父子の身柄をミンダナオ島のダバオ守備隊長に引き渡すべし、というものでした。川口は二人に自分は助命のため全力を尽くしたが、第十四軍の命令で父サントスをどうしても処刑せざるを得なくなった、しかし息子さんの身は守ることをお約束するといいました。サントスは自分は決して反日家ではない。しかしここまでくれば仕方はない。あなたの親切には感謝しています。お国に栄光のありますよう、と言ったあと息子に向かって、「お母さんに会ったら、私が愛していたと伝えてほしい。私はもうすぐ死ぬ。どうか徳義を重んじる男となり、フィリピンのために働いてくれ」と付け加えて、近くのコマヤシ園で銃殺されます。

ビサヤ諸島の日本軍司令官川口清健少将が本間中将にこのこと伝えますと、本間はびっくりしてそうか手遅れかと、自分が出した彼等の処刑を中止しろという命令が伝わらなかったことを悔やみます。本間はサントスは日本とフィリピンの重大な架け橋になる人物だと見抜いていたのです。数週間後、元下院議長マヌエル・ロハス将軍がミンダナオ島で捕らえられます。同地守備隊長生田寅雄司令官にロハスをひそかに即時処刑せよという指令が届きます。生田は当惑してこの命令を副官の神保信彦中佐に伝え彼に責任を押し付けました。神保中佐はロハスともう一人の高官を処刑場に移送する間悩みました。ロハスの人物にすっかり感銘を受けていたからです。神保中佐は途中で車を止め、その村の警備兵に二人を託して彼らの助命のため急ぎ引き返します。神保中佐はマニラ迄飛び、本間中将に助命の命令書にサインするよう求めます。本間中将はこんな処刑の執行命令が出ていることを知らなかったのです。ああ今度は間に合ったかと、本間中将は天を仰ぎ直ちに処刑取り消しにサインします。こうしてロハスの一命は救われました。

国と国との友好を打ち立てるには、戦争も援助金も卓越した外交手段も必要ではありません。一人の人間の真の勇気こそが必要なのです。進んで敵地に突撃し戦死するのも勇気がいります。しかし、それより世間の目がすべてが右を向いているのに、自分一人正義を守って左を向くということは、大変な勇気のいることです。しかもそれは軍の命令にそむき、そのために自分の名誉に傷を付け軍法会議にかけられるかも知れません。事実、神保中佐は越権行為のかどで軍法会議に廻されます。しかしこのロハスの一命を救ったことは大きな出来事でした。ロハスはその後フィリピン共和国の初代大統領となります。一九四六年八月ロハスは自分の命を助けてくれた神保中佐が中国の捕虜収容所で戦犯として処刑されようとしているのを知り、蔣介石に特赦要請の親書を送り神保中佐は釈放されます。すばらしい友情の成果です。このことがフィリピン人の日本に対する悪感情をどれだけ和らげたことでしょう。ひとりの男の真の勇気が大きな感情を呼び起こすとき、平和は訪れるのです。しかし本間中将も南方軍総司令官寺内寿一の方針に反してフィリピン人民に対して寛大すぎるという理由と、更に大本営の指示に反してフィリピン人捕虜の全員を収容所から釈放したという責任を取って軍司令官の任を解かれ、日本に召還された後退役します。にも拘らずマッカーサー元帥は自分を打ち負かした本間中将を戦犯として巣鴨に拘束し、戦犯として処刑します。この裁判につき、本間中将の主席弁護士ジョージ・スキーンは、「きわめて不法な裁判」と断じ、またアメリカ人副判事フランク・マーフィーは「この裁判はアメリカ憲法の正義の理想をかなぐり捨て、復讐心に満ちた血の粛清であり、この裁判は全く堕落したものである」と語りました。本間中将は死刑の執行の直前家族に次の様に手紙を書きます。「これは私の絶筆である、君達がこれからの世を生きるについて、常に利害を考えることなしに、正邪を判断すること、日常の素行に注意し、汚点を残さぬよう生きること、父は君達が立派な人間として修養を積み、人格を高め、世の人の敬意を受ける人物になることを信じて刑場に行く、さようなら」。（一部省略　一部意訳）。

一九四二年五月八日、南方方面のアメリカ軍の最後の守備隊は、ブーゲンビル島及びその周辺の全島に於いて降伏して、日本軍は大勝利を得ました。開戦わずか半年にして、日本軍の占領地域は図の通り世界の海の三分の一近くになったのです。

しかし、マッカーサーの陸軍とニミッツのアメリカ海軍は着々と反撃の準備を進めていました。危機は目前に迫っていたのです。

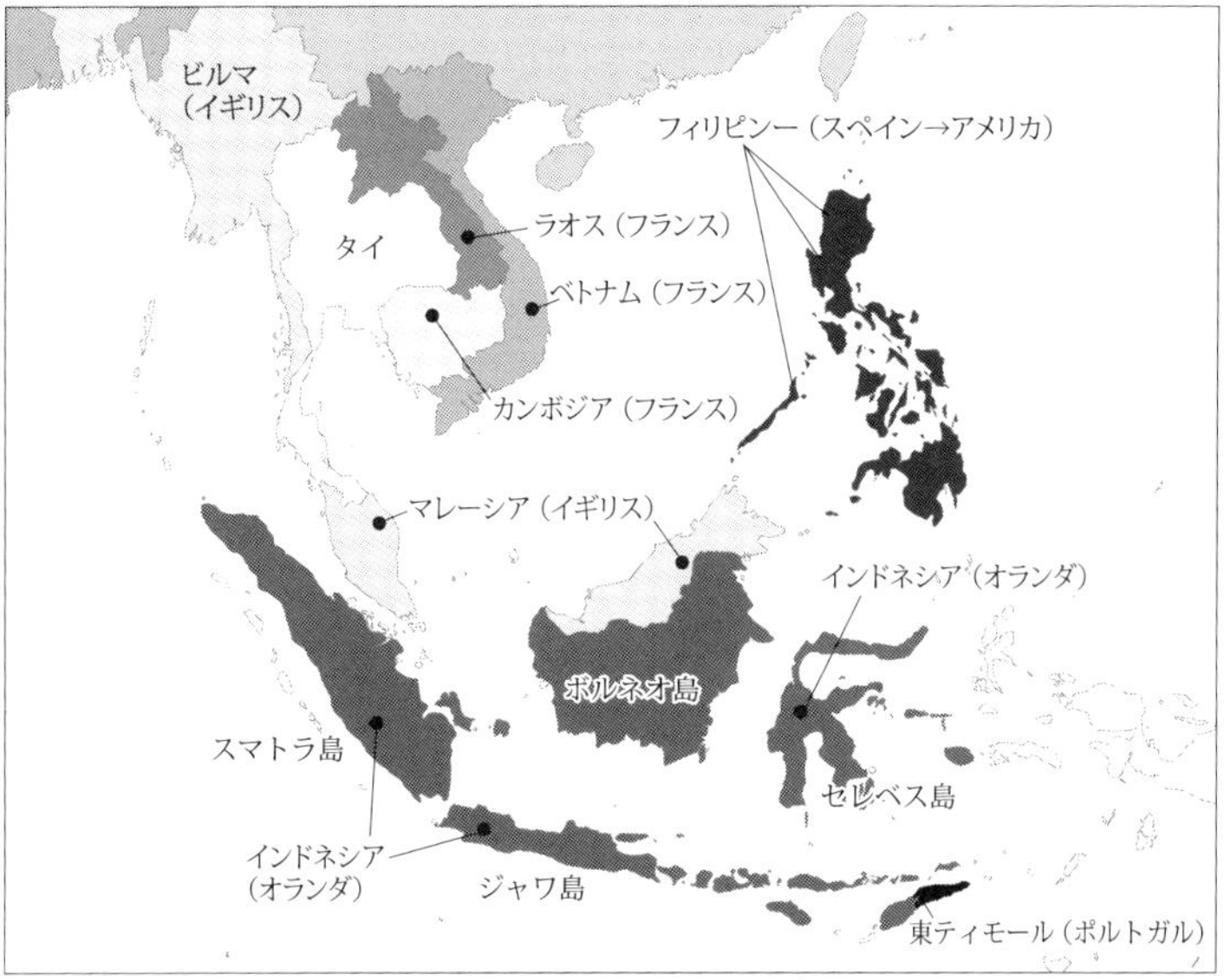

植民地支配下の東南アジア

全て独立した現在の東南アジア

ああミッドウェー海戦

このあたりから日本人は、アメリカの国力の大きさをいやと言う程知らされることになります。真珠湾であれ程の被害を受けたアメリカ太平洋艦隊は、攻撃をまぬがれた空母部隊を中心にわずか数ヶ月で再編成され、ミッドウェーに集結し始めていました。山本五十六長官はこれを好機と捉え、一気に戦いをいどんで決着をつけようとします。彼我の戦力はほぼ同様か日本軍の方が少し多い位でしたが今回の戦闘では日本軍に不幸がつきまといました。まず第一は海軍の暗号が解読されていたのでした。これが最大の不幸の原因です。日本軍の暗号は五月一日に定期改正を行う予定だったのですが、ところがこの年はとにかく忙しすぎるという理由で遅れていたのと、日本軍情報担当者達は日本の暗号が解読されることは絶対にないと過信していたのです。これは大きなミスでした。これでは勝てるわけがありません。アメリカ海軍は日本艦隊の動きを全部知っていたのです。もう一つ大きな不運は軍艦（利根）の偵察機が予定より十五分遅れて飛び立ったことでした。この時真珠湾以来つきっぱなしの日本軍に運命の女神はプイと横を向いたのです。この遅れのため空母の甲板に乗っていた飛行隊は飛び上がる間もなく十六機のアメリカ急降下爆撃隊の攻撃を受けます。こうして日本連合艦隊は目に余る敗北を喫しました。

このあとも残存兵力による海戦はいくつかあります。十月二十六日、日本機動部隊は空母三隻

（翔鶴・瑞鶴・瑞鳳）を中心に編成されていてアメリカ艦隊に遭遇するや、空母ホーネットを撃沈し、その他に数隻の空母を含む巡洋艦、戦艦に手痛い打撃を与えます。サンタクルーズ島の海戦です。しかし日本側は六十九機の軍機が母艦に帰還できず、二十三機が不時着して失われ、これを補充するには日本の経済力では数ヶ月かかると見られました。その後数度の海戦によって日本海軍は破滅的な損害を受けました。この海戦が終わって制海権制空権は完全にアメリカ側に移り、ルーズベルトは大変喜びました。彼にとってはこの数日の間にすばらしいことが四つも起こったのです。西部戦線での北アフリカ上陸作戦の成功、エル・アラメインでモントゴメリー将軍がドイツのロンメル将軍を破ったこと、スターリングラードでのソ連軍の健闘、それに今度のミッドウェー。ルーズベルト大統領は「いまや今度の大戦の転機がついに来た」と大声を上げました。

これより日本軍は制空権制海権を失い南方に残された将兵はかつてマッカーサーのフィリピン防衛軍が受けた何倍もの苦労を強いられることになります。

ガダルカナルの攻防

補給を断たれあちこちの島に残る日本守備隊は、しかし頑強に戦いました。合言葉は「我らはここを死守して、はるか内地の故郷を守る」です。自分達がこの南方の最前線を死守しなければ日本本土は誰が守るのか。皆そう思っていました。マッカーサーは「こんな死に物狂いの連中を相手にしていては、アメリカ軍の何人の兵隊が死ぬかわからない」といって、あいだを飛ばして主要な陣地のみを攻略しようと決めました。しかもその作戦は日本軍が弱る迄相手にせず、先ず空爆に於いて徹底的に攻略し、島が焼け野原になってから上陸するという焼土作戦です。ニミッツとマッカーサーの最初の目標はガダルカナル島攻略でした。

ガダルカナルは日本軍が持っている最南端の基地で、東西六十七キロ、南北五十二キロでした。大きさで言えば瀬戸内海に浮かぶ淡路島位の島で、緑の山々、サンゴ礁に囲まれた地上の楽園の様に見えるところです。しかし、実際にはジャングルには人食いアリ、マラリア蚊、ワニ、大トカゲ、毒グモ、おまけにサソリまでうようよしていました。しかし、この場所はマッカーサーのいるオーストラリアに近く、マッカーサーがフィリピン反攻を計画するとすれば、この島を通過せざるを得ません。日本軍はここに強力な飛行場を建設する目的で、一九四二年五月にはガダルカナルを含むソロモン群島を全部占領していました。それからわずか三ヶ月後、まだ飛行場が完全にでき上がっていない八月七日、遂にニミッツ・マッカーサーの連合軍がガダルカナルに敵前上陸したのです。しかしこの戦争は日本軍が経験した今迄の米国の戦い方と全く違っていました。米軍は先ず空爆で日本軍基地を徹底的にたたき、強力な兵器（火炎放射器、マシンガン等）を持ってまたたくまに日本軍を追い詰めます。

日本軍がこれまでにすばらしい成果を挙げてきた大きな理由は、海軍零式戦闘機の活躍です。たしかに米英は戦前迄は日本を見くびっていました。いくら日本がロシアのバルチック艦隊を破り、旅順の戦いで勝利をあげたといっても、それはその時の出来事。第一に近代的陸海軍ができてわずか数十年。その間に英米に勝る兵器ができるはずがないと思っていました。事実、日本海軍はイギリス海軍に学び戦闘方法から食事の作法に至るまでイギリス式をやっていたのです。軍艦についてもイギリスから三隻もの軍艦を貰ったのですが、イギリス軍はあの船はわざと船首を重く作ってあるからいざ戦場へ急行することになれば頭からブクブクと沈むのだと笑っていました。しかし日本はこのわずかな間に世界最大といわれる戦艦大和を建造し、また世界最強といわれる海軍零式戦闘機を作っていました。

ガダルカナル救援のためブーゲンビル島上空を飛んでいた撃墜王坂井三郎に突然見たことのない丸っこい形の戦闘機が襲ってきました。最近に送られてきたグラマン・ワイルドキャットです。これは不時着した零戦を徹底的に研究して作ったアメリカの新鋭機です。零戦の機関銃が研究され、この銃ではなかなか通らない鉄板がワイルドキャットの飛行士の周りを囲んでいました。普通は回転性を良くし、速度を増すため戦闘機はできるだけ軽量にするのですが、これを犠牲にして飛行士を守り、それでも回転、横滑りが零戦に劣らない新鋭機を作ったのです。アメリカの国力と技術力の結集です。坂井はそのグラマンをめざして撃ちまくりました。するとその機は急角度で旋回していつの間にか坂井機の真上にきました。坂井も急旋回しましたが敵はくっついて離れません。しかし歴戦の勇士坂井は敵の隙を突いて急旋回し射角に入ったグラマンに五、六百発の銃弾をぶち込みました。普通なら爆発するか空中分解するところですが知らん顔して飛んでいます。しかし坂井が次に放った二十ミリ砲を受けて遂に爆発しました。

ベテランの坂井が手こずったこのグラマンは更に性能アップしてこのあと日本空軍を苦しめます。

一九四二年八月七日アメリカ海兵隊はガダルカナルに上陸しました。日本軍防衛隊とアメリカ海兵隊の戦いは熾烈を極めました。しかし物量に勝るアメリカ軍は次々と送られてくる日本の援軍部隊を一気に追い詰めます。この日本軍の中に毎日新聞の西野記者がおりました。この記者は勇敢にもあらゆる前線で手記を取り、遂に最後の戦陣ノートを残したのです。この西野記者には一人の若い上等兵の友人がいました。彼は大学卒業後三ヶ月で召集されて婚約者と別れのあいさつをする間もなく内地を離れて、今は川口部隊の突撃部隊に属して、その夜夜襲に出るところでした。その娘と結婚したいと望みましたがもうその望みはありません。戦死したときはどうかこの手紙を母に届けて下さいと西野に告げました。西野はしっかり彼の手紙を握って。もし自分が倒れたらこの手紙を妻に渡してほしいと託しました。そして、わずか二千数百の川口部隊は全員死ぬと知りながら敵の銃弾の前に飛び出したのです。これは後に血染めの丘と名づけられた激戦地です。この血染めの丘の戦闘は夜明け前に終わりました。残されたのは日本兵の無残な死体ばかりです。川口部隊長は最後に自分のできることは生き残りの兵士達をなんとか陣地までつれて戻すことだと言いました。血染めの丘の三日後の九月十三日、川口部隊長は新聞記者をラバウルに送り返すことにしました。西野記者はこの島に残りたいと言いましたが、部隊長は君は母国に帰ってしっかりとこの戦の報道をしてくれ給え、われわれは島に残り断固として戦い敵を打ち倒すといいました。ミッドウェー海戦で大損害を受けたとはいえ、この時の日本海軍はまだそこそこの戦力を持っていました。ガダルカナル島を含むソロモン群島では日本守備隊を援護しようとする日本艦隊と、上陸部隊に補給する船団を守るアメリカ海軍はしばしば戦いました。八月八日第一次ソロモン海戦、十月十一日サボ島海戦、十一月十二日第三次ソロモン海戦等々です。これ等の海戦では日本軍は幸運に恵まれ、そこそこの戦果をあげ、一時はソロモン海域の制海権を掌握したのです。

しかしながらガダルカナルでの戦闘はすでに最終段階に入っていました。日本軍は補給が続かず兵士は戦うどころか餓死寸前になっていたのです。もしアメリカ海兵隊がヘンダーソン飛行場を出て日本軍を攻撃すれば数日を経ずして日本軍は全滅していたでしょう。しかしアメリカ軍は陣地を固くして守るだけで自ら攻撃を仕掛けようとは全然しませんでした。彼等は日本軍兵士の勇敢さと敢闘精神を恐れて、出て行けば相当な死者を出すことを恐れていたのです。情勢緊迫と共に南方面指揮官百武将軍は東京参謀本部に電報を送ります。十二月二十三日この年のクリスマスの二日前です。「食糧皆無にして敵の攻撃に対し全く処置なし。第十七軍は餓死せんよりは、むしろ全員敵地に切り込み、玉砕を希望します。お許しを乞う」。参謀本部は遂にガダルカナル撤退を決意します。年は明けて一九四三年一月十三日井本参謀は東京からの撤収命令を持ちやっと日本軍の百武将軍の所までたどり着きました。しかし井本参謀もこの撤収命令を現地軍人がすなおに受け入れてくれるとは思っていませんでした。そのとおり彼等は口を揃えて、「この状況で撤収など夢にも考えられない。実行不可能だ。敵を攻撃して全員が戦死して我が日本陸軍の伝統の範を示さねばならない」と言いました。困り果てた井本参謀はとうとう天皇の名を借ります。「この命令は天皇陛下のご命令に基づくものだ。それでも反対するのか」。そこで百武将軍は遂に「わかった、しかし前線の将兵が果たして納得するかどうか……」。果たして前線の将兵達は戦死した戦友を置いてこの島を去ることはできないと主張しました。全員が親兄弟を捨ててこの島で戦死することを望んだのです。しかし井本参謀は、これは退去ではない我々は必ず軍を再編して再びこの地に戻ってくる、そのための撤退だと言って説得したのです。二月一日日本軍はひそかにジャングルを越えエスペランス岬に集合していました。その昔、秀吉が朝鮮出兵を行い撤兵するとき、日本最強の島津鉄砲隊がしんがりを引き受け鉄砲を撃ちまくって撤収隊を守った如く、この時も小銃の腕利きの射撃兵が残り、敵陣にそれまでより激しく鉄砲を撃ち込みました。撤退後の一週間アメリカ軍は最後まで撤退に気が付きませんでした。この撤退は世界戦史に記録されるべきすばらしい成功でした。救助隊の駆逐艦十九隻が音もなく海岸に横付けし、一万三千人以上の兵士が無事救出されたのです。しかし海岸に残された数百人の傷病兵はあまりにも衰弱していたので助けることができず、それぞれに自決用の手榴弾が渡されました。この戦闘で日本軍は二万五千人の死者を出し、アメリカ軍の戦死者は海兵隊千四十二名、陸軍は五百五十名、日本軍の損害はあまりにも大きいものでした。しかし敗戦においてさえ日本軍の勇敢さは勝者アメリカに深い感銘を与えました。南西太平洋方面連合軍航空軍司令官ジョージ・C・ケニー中将はこう言いました。「日本軍は低く評価されすぎている。我々が勝つことは間違いない。しかしそれを遂行するためには時間と血と大きな犠牲が必要となろう。

彼等は補給を断たれ食糧弾薬もないのに最後の一兵まで降伏しようとしない。やつらを席捲するためには我々は彼等以上の愛国心、かつての十字軍精神の如きもので武装しなければならない」。

ガダルカナルのあとしばらく戦場は静かな空白につつまれました。日米双方共今後の作戦につき再検討を行っていたのです。

山本五十六の死

その間、山本五十六長官は現地の戦況把握のためラバウルまで進出し、更に南方を視察するため四月十八日午前六時六機の零《ぜろ》戦の警護のもと幕僚達と爆撃機二機に分乗してその地を飛び立ちます。しかしこの日本高官の行動はアメリカの暗号解読の技術によりすっかり知られていたのです。たちまちヘンダーソン飛行場を飛び立った十六機のP38が予定通りの場所で山本機を発見攻撃し、山本機は火を吹きながらジャングルに突入してゆきました。山本機の落ちた地域は幸い日本軍の占領地区内だったので遺骨は無事東京に送られます。国葬は六月五日に行われました。

アジア人の指導者達日本に集まる

日本はこれ迄に占領した国々に軍政を敷いて日本の領土としたのではありません。極東の小さなアジア人の国日本が苦もなくアメリカ、イギリス、オランダの軍隊を追払うのを目の前に見てアジアの人達は目をさましました。

まずビルマの独立運動家バー・モー博士が東條首相に会ってビルマの独立の言質を取ります。次にインドのスバス・チャンドラ・ボースは東條よりインド独立の言質を取ります。一九四三年八月一日阿辺正三陸軍大将は日本人による軍政を解除しその日の十一時二十分ビルマはバー・モー博士を主席とする独立主権国を宣言します。十月十四日にはフィリピンが独立し、一週間後にインドでスバス・チャンドラ・ボースを主席とする自由インド臨時政府が樹立されました。こうして自由独立を夢見ていたアジアの指導者達が東京に集まり「大東亜会議」に参加します。中国、タイ、満州、フィリピン、ビルマ、インドの国々です。中国からは汪兆銘、タイのワンワイタヤニン殿下、満州の国務総理張景忠、ビルマのバー・モー、最後にチャンドラ・ボース。もちろんこの人達は日本軍との妥協の上に選ばれた人々で、傀儡政権と呼ばれていますが、それぞれすばらしい愛国者であり、彼等の叫びは、アジア人の長い間の夢であった自由独立の叫びでありました。

ビルマの独立運動家バー・モー博士は云いました。「多くの人達がこの解放の日を見て泣いている。彼等にとっては一生かい間見られないと思っていた独立である」。フィリッピンのホセ・ラウレルは「何十億人の東洋人の皆さん。どうしてこれらの人々がかくも長い間米英の手で支配されて来たということに甘んじていたのでしょう」。ラウレルはさらに言いました「十億の東洋人がこうして集まった以上、私達は勇敢に自由のために戦い、私達の子供とさらにその子供らを自由に幸福にしかも富めるものたらしめるものとなるでしょう」。バーモは熱烈に言いました。「わずか数年前迄は私達はどこか別の世界に住んでいたように思います。アジア人が一堂に合うなんて一度も考えもしなかったのです。長い歴史を通じ我々は常に隣国を恐れ或いは蔑《さげす》み常に戦って参りました。その結果、いつの間にかアジアは西欧の配下になっていたのです。私達は今こそ共存の大原則の上に正義平等互恵に基づく新しいアジアを作ろうとしています。十億のアジア人は今新しい世界に向け行進しているのです。そこで我々は永遠に自由で繁栄する新しい故郷を見つけることになりましょう」。最後にチャンドラ・ボースがバー・モー博士に匹敵する熱弁をふるいました。そして議長席の東條は簡潔にこの会議の意図を述べました。「大東亜の諸国があらゆる立場に於いて密接不離の関係にあることは明らかであります。各国が大東亜の安定を確立し、共存共栄の新秩序を建設することが私達の使命であると確信するものであります」。

この会議で満場一致で採択された共同宣言は正義、相互の独立・主権・伝統の尊重に基づく共存共栄の新秩序と人種的差別の撤廃を要求するものでありました。

この会議の意義は日本の軍部の暴走と敗戦によって霧散しました。この会議に出席した指導者達は、日本の傀儡政権のボスとみなされて民衆の支持を受けず、戦後の歴史から消えて行きます。しかしここでの精神は受け継がれ、日本敗戦後数年あまりにして各地で起った独立運動の結果、アジアが白人の手から自由と独立を奪回する大きな原動力となったことは間違いありません。

サイパン島の玉砕

ガダルカナルが落ち、アリューシャン列島、アッツ島の日本軍が玉砕し、アメリカ太平洋艦隊司令長官のチェスヌー・ニミッツ提督が次に狙いを定めたのがサイパン島でした。この島はマンハッタン島とほぼ同じ位の長さで横幅は二倍位の結構大きな島です。一九二〇年、日本が第一次世界大戦の功績により国際連盟から委任統治を許されていましたので、島のチャモロ族の子供達は小学校で日本語の教育を受けていました。島には約四千人のチャモロ族と約三万人の日本の民間人、それに敵の攻撃を知り駆けつけた補充兵士を含めて陸軍二万五千四百六十九人、海軍六千百六十人が守備についていました。マリアナ諸島にある飛行場をそなえた最重要な戦略地区でありました。一五二一年スペイン人マゼランによって発見され、フィリップ四世の未亡人マリアナの名にちなんでマリアナ諸島と呼ばれていました。一九四四年六月十五日午前八時、米軍の七百十九台の水陸両用トラックが遂にサイパン島に上陸します。これを迎撃する日本兵との戦いは熾烈なものとなりました。日本兵は雨のような弾丸にバタバタと倒れながら次から次と軍刀を振りかざしてアメリカ軍に突入しました。

ここで今に語り継がれる一人の日本人女性の話を記しておきたいと思います。

この戦いの後方に民間人の三浦静子がいました。彼女は十八才になったばかりでしたが、兄が満州の地から志願して戦車隊に配属され、サイパン島に転配属されたとき、看護婦を志願してこの島に赴任した明るく活発な女の子でした。彼女は兄が戦車に乗りアメリカ軍に突入するのを手を振って見送っていました。戦車隊は勢い良く弐連砲を撃ちつづけて進んでいましたが、やがて前方に大きな爆発が起り、煙が戦車を覆いました。「さようなら兄さん」。静子は涙声で叫びました。「私は後方の野戦病院に志願してがんばります」。「娘さんあぶない！　戻れ」という若い兵士の声を尻目に彼女は一心に山をかけ登りました。その後をアメリカ兵の銃弾が追います。やっとドンニー山の反対斜面にある野戦病院にたどりついた静子が見たのは世にも悲惨な負傷者の群れでした。彼らを介護するのは二人の軍医、七人の衛生兵と彼女のたった十名でした。女性は彼女一人です。ここで静子は重症の、フンドシ一つで横たわっている若い兵士を見つけました。彼は彼女の手を握り「私は結婚式を挙げた三日目に召集されここに来たのです」と言いながら一枚の写真を取り出しました。それは若い和服の婦人でした。「私はもうダメです。私が死んだらこれを妻に送ってください」と言いました。彼女はこのようにして必死に負傷者の世話をしました。たった一人のこの女性看護婦の努力がどれほど死に直面した将兵を力づけたことでしょう。

しかし、この間、日本海軍はこのマリアナ沖でのアメリカ海軍との戦いで決定的敗北を喫し、遂に戦闘力のほとんどを失います。この海上の大敗でサイパン守備隊の命運は決まりました。六月二十二日アメリカ海兵二個師団は北に進撃を開始し、アメリカ陸軍第二十七師団はタッポーチョ山の谷間を通過していました。六月二十五日の日没には日本軍で残った者は戦闘可能な千二百人余りと戦車三台となっていました。守備隊長の斉藤将軍は次のように東京に打電します。「現在為しつつある以上の事を為し得ない事を深く陛下にお詫びせられたし。制空権なきところに勝利の望みなし。陛下の御健勝を祈りつつ、我等全員ここに万歳を叫ぶ」。六月三十日アメリカ陸軍は遂に死の谷を突破しました。ドンニー野戦病院では更に六キロ程奥地に移動する準備を進めていました。「歩ける者は私について来い。残念ながら歩けない者はここに残るしかない」と軍医の大尉は申し渡して、残った者八人に一発づつの割合で自決用手榴弾を与えました。静子はきっとした顔で大尉を見つめ「私はここに残ります。そして最後まで看護し、敵が来ればこの兵隊さん達といっしょに自決します」と言いました。しかし大尉は「だめだ、君は我々といっしょに来い。これは命令だ」といいました。すべての兵士がさようならと言おうと静子の廻りにすり寄ってきました。静子はできるだけ多くの手にさわりました。そして大尉にぐいっと引っ張られて歩き始めました。後ろでは次々と手榴弾の炸裂する音がします。彼女はかすかに「お母さんさようなら」という声を聞いた気がします。一人の兵士が「おーい。皆安らかに死んでくれ。靖国神社で待っていてくれ」といいました。それに和して「いっしょに我々も靖国神社に行こう」と皆叫びました。司令部の最後の檄が読み上げられました。「戦友相次いで倒る。我等ここに七生報復を誓う。我等須らく今こそ帝国男児の真骨頂を発揮することあるのみ。生きて虜囚の辱めを受けず。従容として悠久の大義に生きんとす。茲に将兵一丸となって聖寿の無窮、皇国の弥栄を祈念すべく、敵を求めて前進す。続け」。

遂に日本軍のバンザイ攻撃が始まります。

アメリカ第二大隊長エドワード・マッカーシー少佐は「これは古い西部劇映画に出て来るような大襲来だった」と言っています。日本兵はここを死に場所と心得ていますから一歩も退きません。次々と倒れる戦友を踏み越え前へ前へと進み、遂にアメリカ第二大隊はこの戦闘だけで六百五十人以上の死傷者を出します。戦場では敵味方入り乱れての死体が山と積まれました。新しい野戦病院では、静子は一晩中タコつぼに身を伏せていました。夜が明けてくると真っ黒い顔が木々の間を動くのを見ました。彼女はゴリラが斜面を降りてくるのだと思いました。「やっぱり噂どおりアメリカ軍はゴリラを戦闘に使っているのだわ」と彼女は思い恐怖に身が縮みました。軍医大尉は短銃を咽喉に当てて引き金を引きました。副主任の中尉は短剣で首を三度切り静子の横に倒れました。静子は手榴弾に手を延ばしました。「とうとうここで私は死ぬんだわ」と思って、彼女は安全栓を抜き岩にぶつけてその上に伏せました。どの位の時間がたったのかわかりません。彼女はふと目を覚ましました。なんだかどこかの家の中にいるようです。「あれ、天国かしら」と彼女は思いました。そのとき人間の声が聞こえました。「アナタは負傷しています。動いてはいけません」。日本語でしゃべりかけたのはハンサムな若いアメリカ軍将校です。「アナタのほかは皆死にました」「私達は人道を信じています。日本人を一人でも多く助けたいと思っています」。彼は日本で勉強をしたことのある通訳でした。道の途中の大きな崖下には日本の一般人の死体が山のように浮き沈みしていました。アメリカ軍につかまると女は強姦され男は子供を作らないよう睾丸を切り取られると日本人は信じていました。日本人三万人の約三分の二、二万二千人が自決したのです。「どうして日本人はこんなに死にたがるのですか」と若い中尉は独り言の様につぶやきました。彼女はここで不思議な情景を見ました。なんと彼の目から涙があふれ頬を伝って流れ落ちたのです。彼女はこうして助けられ日本人キャンプにたどり着きました。彼女は生き延びたのです。もし、彼女が死んでいたら、このように生々しい臨戦記は残らなかったでしょう。ジョン・トーランドが『大日本帝国の興亡』という全五巻の本を書くに当たって、自分で直接面接した中の一人に彼女がいたのです。これは、詳しくは第三巻の『死の島々』のサイパン島の玉砕のところに書いてありますので興味のある方は是非お読みください。

七月九日午後四時四十五分ターナー提督はサイパンが正式にアメリカ軍の手に落ちたと発表しました。この戦闘はわずか一ヶ月足らずで終わりましたが、勝ったアメリカも大きな損害を出しました。サイパンに上陸したアメリカ軍七万一千人の陸海軍のうち一万四千百十一人が戦死負傷行方不明となったのです。またアメリカはこの戦争でかつてない経験をしました。とにかく日本兵は最後の一兵迄降伏しないのです。最後のバンザイ突撃では動けぬ者迄竹ザオにすがってアメリカ軍の爆弾の雨の中を前進してくるのです。

なぜこいつらはこんなに死にたがるんだろう。アメリカ軍にとってこの日本軍の兵士の戦い方は不思議としか言いようがなかったのです。日本人を生かしておけばいつ迄たっても戦争は終わらないという思いがアメリカ人に植え付けられ、これが一つの理由になって日本爆撃のとき、女、子供、老人しか残っていない日本の都市に焼夷弾を先ず都市の外側にばらまいて退路を断ち、そのあと十文字に落として、皆殺しの作戦に出たのです。昭和二十年三月十日の東京大空襲では、平地の東京市街地は焼き掃われ、十万人程の一般市民が死にました。こんな殺戮行為は世界の戦争の歴史にありません。

マッカーサー　フィリピンに侵攻す

さて、このあとマッカーサー軍は遂にフィリピンに侵攻します。昭和十九年十月十八日航空機によるじゅうたん爆撃という援護の下に、マッカーサー軍はレイテ島に反攻ののろしを上げました。これを迎え撃つのはマレー半島で勇名をはせたマレーの虎こと山下将軍でした。その部下の中には歴戦の勇士達「玉」師団（第一師団）がいます。しかし戦況は厳しくマッカーサー軍団は怒濤の勢いで進出し上陸後二ヶ月余りで日本軍レイテ守備隊のほとんどは全滅し、山下将軍はレイテを手放しました。彼はもともとルソンで決戦しようと戦略を立て兵力を温存したのです。そしてその意図した通りルソンは終戦の日、八月十五日迄がんばり、終戦のその日に全軍投降します。しかしマッカーサーは降伏した山下将軍を軍事裁判にかけ死刑を宣告し、処刑します。しかもその刑は軍人として最も残忍な絞首刑でした。これに対して最高裁判所の陪席判事二人は非難しています。フランク・アーフィーは「敗北した敵の指揮官を処刑する目的を持ち、その手法に法手続きという仮面をかぶった復讐と報復の精神はその精神を起こさせたすべての残虐行為よりももっと永続的な害を及ぼすものである」と言い、ワイレー・ラトレッジは、「この裁判は、慣習法と憲法に基づいたものではなかった」と言っています。しかし一九四六年二月二十三日、マニラの南ロスパニヨスの町で山下将軍は絞首刑となります。彼の最後の言葉は「陛下の万歳といや栄えをお祈りします」というものでした。この戦争ではたくさんの日本軍人が処刑されましたが、その理由のほとんどは住民虐待か、人道に反する行為に対する処刑でした。今回のように戦った一方の将軍が戦争犯罪で処刑されるというのは理に反します。これは明らかに、マッカーサーの報復裁判だったのです。

このフィリピン防衛戦では日本は約三十七万人の死者を出しましたが、アメリカ軍も四万八千人の死傷者を出しました。大変な死闘でした。

硫黄島の戦い

アメリカの飛石作戦の次の目標は硫黄島《いおうじま》でした。硫黄島はサイパンの北に千キロ、東京から南に千二百キロ、小笠原諸島の南端で、島の長さは八キロ幅四キロという本当に小さな島ですが、そのほとんどが硫黄岩でできているので、自然の城塞と言えます。島の人口は約千人、小学校が二つ、旅館一軒、バーが一つという島でしたが、一九四〇年、飛行場が完成し、一九四四年五月マッカーサーのねらいを察知して陸軍五千百七十人、それに海軍防衛隊が参加しました。防衛隊司令官には栗林忠道陸軍中将が任命されました。その時彼は五十三歳です。この栗林中将の着任に合わせて到着した援軍と共に約二万三千人の陸海軍兵士が守備に着きました。島の中にはあらゆる所にトンネルが掘られ、コンクリートの防塁も作られました。

この頃からアメリカ軍にはB29というとてつもない大型な爆撃機が投入されます。まだレイテで日米軍が死闘を繰り返している昭和二十年二月にこの小さな島に艦艇から、また空からのものすごい爆撃が始まりました。

そして遂に二月十九日午前九時二分水陸両用上陸用トラクターが硫黄島に上陸を始めます。目標は島では一番高い摺鉢山です。日没迄に三万人のアメリカ海兵隊が上陸しました。しかしアメリカ軍はこの上陸作戦で今迄の敵前上陸で経験のない五百六十六人という死者を出しました。岩穴からの狙い撃ちが有効に上陸軍を痛めつけたのです。栗林中将は今迄行われて来た無駄な攻撃、日本軍のバンザイ攻撃を禁じ、兵士は命を大切にし一人が敵十人を倒す迄死ぬなと命じました。従軍記者シエロッドは「硫黄島の第一夜は地獄の恐怖としか書けない」と述べました。四日目の二月二十二日になって攻撃軍は一つ一つの塹壕をしらみつぶしに攻撃しながら摺鉢山を完全に包囲しました。

日本軍摺鉢山守備隊長厚地兼彦大佐は無線電信で栗林中将に伝えます。「今や敵は火炎放射器をもって我々を焼き殺しつつあり、われ陣地に止まらんか自滅の外なし。寧ろ出撃して万歳を唱えん」。しかし栗林中将はこれを認めませんでした。「あくまでその場所にて防衛せよ」。しかし朝五日目十時二十分、遂に摺鉢山の頂上に星条旗が上がります。こうしてアメリカ軍は一週間にして島の三分の一を手中にしました。栗林中将は第一戦部隊の半数を失い、機関銃の大部分と大口径砲の六割が破壊されたと東京に伝えました。

しかし一方アメリカ陸軍省ではこの戦闘でのアメリカ軍の死傷者が余りに多いので何か別の方法はないものかと考え、一時は毒ガスの使用が考えられました。アメリカには大量の毒ガスがあったのです。しかしニミッツ提督はさすがにこの案には賛成しませんでした。シュミット将軍はこの戦闘は十日で終わるという予想を立てていましたが、十日目になっても日本軍はまだ島の半分を押えていました。

日本軍の抵抗は、摺鉢山要塞を失って拠点のなくなったにも拘わらずアメリカの予想を裏切り強力でした。アメリカ軍の戦車には背中に爆薬を縛り付けた志願兵達が飛び込み、生きた地雷となりました。これら日本兵の必死の抵抗に拘わらず、三月十四日には日本軍はあちこちの塹壕に少数の兵士を残すのみになりました。残った兵士達は本部からの連絡も取れないまま、やはり最後は突撃して死ぬより他に武士としての死に方はないと壕を飛び出し次々と殺されていきました。栗林中将は三月十六日最後に電報を送ります。「……今や将兵相次いで撃たれ、弾薬は尽き、水涸れ生存者全員最後の攻撃を行わんとす。……わが祖国の必勝と安泰を祈念しつつ、とこしえに御別れ申し上ぐ……」

そして三首の短歌を添えました。

国の為　重き務めを　果たし得で、

矢弾尽き果て　散るぞ悲しき
仇討たで　野辺には朽ちじ　吾は又
七度生まれて　矛を執らむぞ
醜草の　島にはびこる　その時の
皇国の行く手　一途に思う

三月十八日、栗林中将は遂に全軍突撃の総攻撃の命令を出します。しかし各壕に居残る兵士達は意外と戦闘力を残している者もあり、戦闘は三月二十七日迄続きました。そしてこの日朝早く遂に栗林中将は割腹自決します。

こうして硫黄島の陥落により日本本土はほぼ裸同然の状態でアメリカに攻撃されることになります。この戦いではアメリカ軍は海兵隊を含む六千八百人以上の死者を出し、日本軍は二万人を超す兵士を失いました。わずか一ヶ月足らずの短い戦いでこれだけの死者を出したのはアメリカ側としては初めてでした。この日より更に早くサイパン島テニヤン基地から出動したB29は日本本土の大都市を次々と爆撃しました。三月十日は東京、三月十二日は名古屋、三月十四日は大阪、三月十六日は神戸、三月二十五日は第二回目の名古屋大空襲。この時焼夷弾によって各都市はあっという間に灰燼に帰します。老人、婦人、子供、赤ちゃん迄逃げ惑う内に焼け死にました。もうアメリカ軍は日本人を人間とは見ていなかったのです。我々中学生はその頃、クラスでまとまって勤労動員で焼けた町の清掃に出ていました。その中学生に敵のグラマンは機銃掃射で襲ってくるのです。彼等の日本人に対する恐怖と憎悪は強く、たとえ子供でも残しておけば本土上陸の時は我々を殺しにくるだろうと思っていたのです。

ビルマではインパール作戦の失敗により日本軍は壊滅的な敗北を受けました。しかし、ビルマの独立運動家バー・モーは、日本はもうだめと知りましたが、アジア人も白人に負けないのだと知り日本軍の残していった武器を集めて自力で、自分達の力で、イギリスをビルマから追い出す武力闘争を展開するべく準備を進めます。彼はこういいました。「これはイギリスと戦う最後のチャンスである。我々はこれ迄は何度も戦って負け他のアジアの各国と同様に長い間植民地として生きなければならなかった。いまこそ力を振り絞って戦い、かつ勝たないと、また永遠の奴隷の身となるであろう」。

このとき日本では皇室を中心とする重臣の力で何とか昭和天皇の意をたいして戦争を終結させたいという動きが強くなっていました。一九四四年七月十八日東条英機は首相の座を引き、小磯内閣ができましたが、小磯に戦争を終結させる力は皆無でした。結局陛下に近かった鈴木貫太郎内閣が成立し、世界情勢についての無知からとんちんかんな降伏交渉に入って行こうとします。

一方、サイパン、硫黄島を攻略したアメリカ軍は遂に沖縄攻略に取り組みます。沖縄を占領すれば日本本土は目の前です。

沖縄本島は南北に約九十六キロに広がる島で、太平洋戦争が始まった時点ではわずか六百人位の守備隊しかいませんでしたが、陸軍士官学校校長をしていた牛島満陸軍中将が沖縄防衛司令官として任命され、一九四五年三月迄には約十万人の将兵が配置についていました。その他沖縄には天皇のために身を捧げる意思に燃える二万人の沖縄民間防衛隊、それに中学生の七百五十人が鉄血勤皇隊としてゲリラ戦の訓練を受けていました。

沖縄ついに標的となる

一九四五年三月三十一日、遂に沖縄本島に対する砲撃が始まり、二万七千二百二十六発の砲弾が打ち込まれました。沖合いには千三百隻の軍艦が集結してきました。上陸作戦は午前八時に始まりその夜迄に六万人以上のアメリカ兵が上陸してきました。日本海軍はこの圧倒的勢力のアメリカ軍から沖縄部隊を少しでも助けるため、遂に戦艦大和の出動を決めます。戦艦大和を沖縄の敵の上陸地点に乗り上げて、その巨砲の力で後方から敵部隊を打ちまくるという作戦です。連合艦隊の最後の戦艦が動員されたのです。戦艦大和を中心に巡洋艦「矢矧《やはぎ》」と八隻の駆逐艦が周りを取り囲んでの出撃です。

しかし、艦隊が九州南端を出て数時間したときすでに第一波の敵機の攻撃を受け、八千五百トンの「矢矧」が被爆しました。数分を置かずやって来た第二波の攻撃により「矢矧」はほとんど走行不能となり、午後一時三十分の第三波の攻撃により、今度は大和が被爆して横に傾き舵がきかないままゆっくり左旋回を始めます。駆逐艦「雪風」では艦長の寺内正道中佐が回転して消えて行く大和を悲しげに見送っていました。こうして最後の日本連合艦隊は駆逐艦二隻を残すのみとなり、あっけなく崩壊したのです。

沖縄に上陸したアメリカ軍は大した抵抗に合うことなく内陸部に進みました。四月八日にはもう沖縄第二の都市首里の近く迄到達していました。しかし、これは牛島中将の作戦でした。午後になって日本軍の突然の反攻に出合い、バックナー軍の左翼は退去することを余儀なくさせられました。

戦艦大和乗組の兵士からの葉書

目の前にある数百メートルしかない嘉数高地で待ち受けていた日本軍が一斉攻撃を始めたのです。ここでの約一週間の戦闘は敵味方入り乱れての激戦で多くの兵士が死傷しました。日本軍は七千人以上の兵士を失います。アメリカ軍が上陸してから一ヶ月たち、その間にアメリカ兵士は十七万人にふえていました。わずかに残された首里城で牛島中将を中心に作戦会議が開かれていました。そこで各部隊の部隊長は一斉攻撃により難局を打開しようとそろって牛島につめよります。このまま穴熊作戦を続けて味方の士気の衰えるのを恐れた牛島は遂に突撃作戦を許可します。この時日本軍を勇気づけたのは神風特攻隊です。神風攻撃はこの頃から数を増やし、沿岸に停泊中の船舶及びアメリカ後方部隊に特攻を行いアメリカ軍をふるい上がらせていたのです。

五月四日の夜明け一時間程前、日本軍は喚声を上げて敵陣に突っ込みます。しかし、五月五日正午頃までにこの作戦が失敗だったことは明らかになります。牛島中将は遂に首里を放棄することに決めました。この首里防衛のため六万人以上の兵士が戦死したのです。日本軍の首里撤退を知ったバックナー将軍は大喜びで叫びました。「牛島は好機を逃した。これで戦いはきまりだ。激しい戦闘はもう起こらないだろう。首里以上の強固な防衛線はできる筈はない」。しかし、牛島中将は与座岳と八重瀬岳でつつまれた海を背面に控えた岩地が最後の抵抗戦と思っていたのです。しかし、勢いに乗ったアメリカ部隊は一日千人づつの日本兵を殺しながらこの高地に迫ってきました。もう牛島中将の軍隊には弾丸がほとんど残っていませんでした。六月二十二日になり、日本軍の組織的な攻撃の声も聞こえません。皆バラバラになってあちこちのたこつぼにひそんでいるだけです。牛島中将と長参謀長は二人並んで切腹します。剣道五段の坂口大尉がその首を落としました。総司令官を失った日本兵はバラバラになりながらも最後迄抵抗しました。たこつぼには多数の民間人も残されていました。ひめゆりの塔の沖縄第一高女の優秀な生徒達もこのとき洞穴の中で自決します。ひめゆりとは沖縄第一高女のしらゆりと沖縄師範学校女子部の乙姫呼称から取ったものでした。

彼女達の最後の状況に関する詳しい資料はありません。それはほとんど皆が死んでしまったからです。

ジョン・トーランドの前出書第三巻『死の島々』には次のような挿話が書かれています。

アメリカ兵は次々と洞穴に発煙爆弾を投げ込んで片付け始めていました。ある大きな洞穴には三百人近い兵士と八百人近い民間人が閉じ込められていました。その中に沖縄では空手の名人と呼ばれたうちの一人宮城嗣吉少尉が傷ついた妻ベティと共に居ました。ベティはハワイ島出身です。穴の中が余りにも息苦しくなり、冷たい空気を吸いたいというベティを背負って洞穴の入口に近づいたとき、頭の上で洞穴に爆弾を投げ込もうとしているアメリカ兵の声が聞こえました。ベティは思わず「ハロー」と叫んだのです。そして驚くアメリカ兵に向かって私はハワイ出身であり夫と一緒にここにいると英語で叫びました。アメリカ兵はびっくりして早く出て来いと英語でどなりました。そのときアメリカ兵はガソリンを穴に流し込み火を着けようとしていたのです。ベティはガソリンカンの上に身を伏せて「この中には八百人の民間人がいます。どうか助けてやって下さい。」と頼みました。こうして中の人たちは助けられたのです。

島の最南端のイバラの茂みの中には教官、仲宗根政善に引率された十三人の学生看護婦が自決の準備をしていました。すでに廻りには何千人という民間人が自決していました。「仲宗根先生、死んでもいいですか」と手榴弾を持った一人の少女が叫びました。彼女は最初から自決をしきりに主張していたのです。とうとうアメリカ兵が近づいてきました。そっと穴からのぞいて、仲宗根はそのうちの一人が右手に銃、左手にころがっていた赤ちゃんを抱いてあやしているのを見て、びっくりしてこれなら大丈夫と思いました。あわてて少女達に「大丈夫だ。逃げ出しなさい」と言ってやぶの中から逃げ出させました。ただ一人残っていたかの少女が今にも手榴弾を投げようとしているのを見て、飛びついて手榴弾をもぎ取りました。そのとき大変な事が起ったのです。少女は泣きながら何と全速力で走り出し、海岸の崖から海に飛び込んだのです。しかし、彼女は助かりました。アメリカ兵が次々と海に飛び込み必死にあばれる少女を助けあげたのです。

一九四五年七月二日、沖縄での戦闘の終結がアメリカ軍から正式に宣言されました。この戦いでアメリカ兵は太平洋での戦争で最大の約一万三千人の死者を出しました。一方、日本軍は十万人近い兵士が倒れ、民間人も約十万人近くの男女子供が死にました。

戦後、沖縄の一部の住民は「日本軍に自決を強要されて死んだのだ」と言い、小学校の教科書にも書かれましたが、ジョン・トーランドが何十人という沖縄人に直接面接して書いた『大日本帝国の興亡』の中では、強要されたという事実があったかどうかは書かれていません。沖縄の人達は大変純粋でした。日本本土人よりより日本人的であったかも知れません。もちろんアメリカ兵につかまれば、女は強姦され、男は耳鼻をそぎ取られるという噂は広く行き渡っていましたが、それはともかく多くの人々は捕らわれるより死を選んだのです。

これより約一ヶ月前ドイツは降伏し、ヒットラーは自殺しました。

サイパン、硫黄島、沖縄が落ち、今や日本本土は敵の目の前に立たされたのです。B29爆撃機の下では、大都市だけでなく地方の都市も攻撃されていました。

6　戦争終結をめぐって

ポツダム会談

日本の敗戦を見越した連合国首脳は、ドイツのポツダム郊外のバーベルスペルクという町で会議を持つことにしました。トルーマンとチャーチルとスターリンといった役者が集まったのです。ここで決められた内容「ポツダム宣言」は、七月二十七日に日本に通告されました。これは事実上の無条件降服ですが、天皇家の存続には一言もふれていませんでした。その頃すでに東條内閣はつぶれ、平和を模索する要人が終戦に向けて工作しようとしましたが、誰も陸軍将校達の反発を恐れ、天皇のご意思に拘わらず和平工作は一向に進みませんでした。その大きな原因は日本人の指導者達が世界情勢に対して、あまりにも無知だったということです。こともあろうに、日本の指導者は戦争中止の仲介をソ連にたのもうとしていたのです。しかし、スターリンにその気は一切ないどころか、アメリカ、イギリスに対して日本に侵攻することを言明し、その褒美にソ連は千島列島はもとより北海道の一部迄取り込むことを認めるよう申し入れていたのです。

このポツダム宣言に関して日本政府は曖昧な態度を取りましたが、日本の新聞は猛然と反発して次の様な記事を書きました。毎日新聞はその見出しを「笑止！米英蔣共同宣言　自惚れを撃破せん」と掲げました。朝日新聞は「ポツダム声明が如何に傲慢無礼であろうとも、我が国民にとっては比較的些事たるに止り、その最大関心事はただ戦勝への途を開く為政者の簡明直截なる大号令あるのみである」と論じました。日本国民もこの期に及んでまだ戦争に負けるなどと思ってもいませんでした。もちろん勝つなどとも思っていませんでしたが、とにかく敵が本土に上陸してくれば、竹やりを持って死ぬものだと考えていたのです。唯一人冷静なのは天皇陛下のみでした。陛下はどうしても日本国民の命を救わねばならないとお考えになっていたのです。そのためにたとえ二千六百年の皇統がなくなったとしても、そうすることが歴代天皇のお心を後世に残す唯一の手段であるとお考えになっていたのです。

日本政府の無言を、ポツダム宣言の拒絶と見たアメリカは遂に原爆を日本に落とす決意をします。それは急がねばなりませんでした。ソ連が日本に侵攻するという日を八月三十日迄延ばしたところだったからです。ソ連が日本に侵攻すればどうなるか、トルーマンは良く知っていました。それはベルリンの例があったからです。ソ連は勝ち取った東ベルリンを自分の国土としてしまっていたのです。

原爆は八月一日、テニアン島で組み立てられました。長さ七フィート、直径二八インチの爆弾です。その破壊力はTNT爆弾二万トン分以上であると思われました。彼等の目標は広島でした。この町では約十二万人が疎開していましたが、まだ二十四万五千人の民間人が平和に住んでおりました。そこに運命の日、昭和二十年八月六日が訪れたのです。上空に現れたB29から原爆を吊るしたパラシュートがゆらりゆらりと降りて来るのが見えました。地上六百メートルの所で正確に爆発し、その中心部の高熱は摂氏約三十万度近くに達しました。正に八月六日午前八時十五分。広島市全市の時計はこの時刻を指したまま動かなくなったのです。老人女子供の十万人近くの市民が一瞬のうちに命を失うことになりました。

広島の惨状を知った天皇は直ちに木戸内相をお呼びになり、一刻も早く戦争を終結せよとお命じになりました。しかし、日本陸軍はまだ戦争を続けることにこだわっていたのです。東郷外相は極秘にモスクワにいた佐藤大使にモロトフ外相に至急面接し和平の道を探れと指示します。日ソ中立条約はまだ期限が一年も残っているに拘わらず「八月九日をもって日本国とは戦争状態に入る」とモロトフは佐藤大使に答え、ソ連は今こそ仇敵日本に侵入し、できるだけ多くの領土、権益を得るチャンスだと張り切っていたのです。

トルーマンは、一発の原爆により広島が一面の瓦礫の町になったのにまだ降伏しない日本の態度に怒り、おまけにソ連が参戦して満州になだれ込んだのを見て、二発目の原爆の投下を急ぎました。八月九日、原爆を搭載したＢ29は九州の上空で第一目標の小倉に到着しました。しかし、ここは幸いにも雲に覆われていて目標を的確につかめません。チャールズ・スイーニー少佐は機首を返して第二の目標長崎に向かいます。長崎は一五七一年、ポルトガル人が上陸して以来、貿易の港として栄えた町で、多くのキリスト教会や、数百の洋風住宅、かの有名な『蝶々夫人』の舞台になったグラバー邸などのある優雅で美しい町でした。しかし、長崎も上空に雲が重なり目標地点が良く見えません。目標地点が肉眼で確認できない時は原爆を落とすなと命令されていたスイーニーはあわてました。そこに雲の隙間があらわれ、わずかに浦上川に沿った野外競技場のスタンドが見えたのです。この地点は目標地点より三・二キロ北西に寄っていましたが、もう飛行機の燃料も余裕ありません。「よし落とせ！」とスイーニーは叫びました。若し、原爆が第一目標に的確に落ちていたら、長崎はその町の中心部、港湾地帯、工場地帯迄破壊され人員の死傷はもとよりその被害はもっと大きなものになっていたでしょう。

ソ連軍が八月九日いよいよ満州になだれ込んできました。第二の原爆長崎投下とこの二つのニュースに、鈴木首相は緊急閣僚会議を開きました。しかし、そこでも陸軍はまだ終戦に断固反対したのです。阿南陸相はたとえ終戦の調印をするとしても、何か条件をつけるべきだといいました。日本本土でもう一度大決戦をして敵を叩きつぶし、そこで有利な交渉を進めるべきである、と主張します。議論は三時間も続きましたが、何の進展も見せません。遂に、鈴木首相は木戸内府に飛び込み「解決の道は一つしかありません。この上は天皇のご聖断を仰ぐほか手の打ちようはありません」と申しました。またしても彼等は天皇のお力に頼ったのです。夜の十二時近くなって、鈴木首相は御前会議に各閣僚を招集します。全員不安な面持ちで待っている所へ、天皇がお現れになりました。閣僚は一人ずつ意見を天皇に具申するようながされましたが、やはり、陸軍は相変わらず一億総決戦によって敵に大損害を与える可能性は充分あると主張しました。会議は二時間たっても済みません。その時、鈴木首相が突然立ち上がって、きっぱりと申しました。「事態はまことに重大であります。時間がありません。一瞬たりとも無駄にはできません。これは、先例もなく申し訳ないことですが、謹んで陛下の御聖断を仰ぐほかありません」。鈴木はよろよろと立って老体のため曲がった猫背のまま陛下の方に近づこうとしました。鈴木としてはこれは命がけの行為であったのです。陛下はいたわるように手を上げて席に戻るよう合図されました。鈴木が席に戻ったのを見届けた陛下は、ハッキリとした声で「これ以上戦争を続けることは我が民族の滅亡をさそうものである。私としてはこれ以上我が国民が苦痛を受けるには忍びない。すみやかに戦争を終結させよ」。言い終った天皇は白い手袋で眼鏡を拭きながら考えるように天井を見上げておられました。出席者はもう椅子に座ってはいられませんでした。ある者はうち伏し、或いはテーブルに身を投げ出してすすり泣きました。陛下は更に言葉を続けようとなさいましたが、声がつまってとぎれとぎれになりました。居並んだ重臣達は感極まって、「陛下、わかりました。どうかこれ以上お言葉をお続け下さいますな」と叫ぼうとしました。しかし、陛下は続けておっしゃいました。「今日迄戦場にあって戦死した者あるいは内地にあって非業に倒れた者、またその遺族のことを思えば悲嘆に耐えない。陸海軍にあっても自分に忠誠を尽くした人々が戦争犯罪人として処刑されるかも知れないと考えると、誠にたまらないことである。明治天皇の三国干渉の時のお気持ちをしのび、耐えがたきを耐え、忍びがたきを忍び、連合国の宣言を受け入れるという案に賛成する」。こう言って天皇は後を向いて退席されました。天皇にとっても二千六百年の天皇家の崩壊につながるかも知れない大変な瞬間だったのです。こうして生き残った日本国民は救われました。しかし、終戦迄にはまだ長いトンネルが続いていきました。陸軍若手将校達の反発です。彼等は世界情勢について何も知らず、戦って死ねばそれで良いとして、一般国民の命など何とも考えていないのです。陛下の御前会議に出席していた阿南陸相はもともと好戦派だったのですが、陛下のお話を聞いた上は覚悟をきめて将校達の前に立ちました。ポツダム宣言を受け入れるという発表に対して、将校達の轟々たる非難の渦の中で、陸相は遂に大声をあげました。「おれの命令に不服の者はおれの屍を越えて行け」。

その日、東京市内のあちこちで手榴弾の爆発音が鳴り響きました。将校達が手榴弾を爆発させ東京市内を混乱に落とし入れ、戒厳令布告を宣言し、軍が東京の支配権を握ろうとしたのです。しかし、幸いこれは成功しませんでした。天下動乱の気配を感じた木戸内府は鈴木首相を私邸に呼び、「とにかく早く戦争を終結しなければならない。これはとりもなおさず陛下の御意思である。若し我々が終戦を発表すれば、阿南陸相を除いた残り五人のうち四人は暗殺されるかも知れない。だがそれもよかろう。惑わずためらわずポツダム宣言を受諾するよう急ぎましょう」といいました。鈴木首相もここではっきり「よし、やりましょう」と誓いました。

八月十四日、一機のB29が東京上空に現れました。そして今回は爆弾ではなく、可愛いビラがヒラヒラと舞い降りてきました。ビラには日本がポツダム宣言を受諾したことが書かれていました。そして、一刻も早くこれを受け入れることが必要であり、今直ぐに戦争を止めるかどうかはお国の政府にかかっていますと書いてありました。木戸内府は大あわてで一枚を皇居に持って参上します。天皇はこれを見られて直ちに御前会議を開く事を求められます。この時でさえ陸軍はアメリカが日本の国体を認める条項を降伏文書に付け加えない限り戦争は続行すべきだと主張していました。おまけに本土上陸の決戦によって陸軍は未だ勝つ可能性は残されており、最後の一戦を試みるべきだといいました。あと誰も発言する者がいなくなった時、陛下は静かにお立ちになり、「朕は皆々の意見に拘わらず、連合国の回答を受諾してよろしいと考える。これ以上国民の苦悩を見るにしのびない。朕は自分がどうなろうとも国民の生命を助けたい。日本国民一致協力して平和国家として再建したいと思う」と発言されました。そして続けて「一般国民は今まで何も知らされずにいたのだから突然このような事を聞けばさざめし動揺することであろう。もし民に呼びかける必要があれば朕はいとわない。陸海軍将兵にもし必要とあれば親しく説き諭すこともいとわない。早急に起草せよ」とおっしゃいました。

この会議が行われる宮廷の廻りには陸海軍決起将校が大勢でたむろしていました。阿南陸相が出入り口に現れるのを待って取り囲み、直ちに辞表を書けと迫ります。陸相が辞表を出すと内閣は解散となり決起部隊が政権を武力で取ることができるからです。しかし、陸相は首をふって、「もうすべて終わったのだ。ことに至れば我々は陛下の御意思を実現することに盡《つく》すしかすべはない」。そして興奮する将校達に「不服の者は先ずおれを斬れ」と申しました。この時、阿南陸相は終戦の暁には直ちに自決する覚悟を決めていたのです。

この終戦を日本軍人及び国民に納得させるには唯一つ天皇が終戦の勅書を天皇ご自身の声で録音し、全国に流す以外に方法はありませんでした。しかし、陸軍決起部隊は天皇が録音した録音盤を取り上げその代わりに自分達の聖戦遂行、一億総玉砕の決議文を発表しようとしていました。皇居の廻りはすべて決起隊によって占拠され、皇居は完全に孤立してしまいました。放送局のＮＨＫビルは反乱軍畑中少佐の兵士達に取り囲まれていました。畑中は館野守男アナウンサーにピストルを突きつけ、決起隊の宣言文を放送するよう催促します。この時、東部軍管区からスタジオに電話が入り、決起隊を解散させるよう直接の指示が命令されました。すべては終わったのです。館野アナウンサーはやっと全国に向けて特別発表を流します。

「かしこくも天皇陛下におかれましては、本日正午、御自ら勅書を御放送あそばされます。国民は一人残らず、謹んで玉音を拝するよう」

決起が失敗に終わった事を知った畑中少佐は静かにスタジオを後にし、皇居前広場にたどり着くと皇居を拝し、自分のひたいに銃弾を撃ち込みました。このピストルは少し前に最高指揮官森師団長を射撃したピストルです。畑中少佐のポケットには次の辞世が入っていました。

今はただ　思い残すこと　なかりけり
暗雲去りし　御世《みよ》となりせば

玉音放送

「朕深く世界の大勢と帝國の現状とに鑑み非常の措置を以て時局を収拾せむと欲し茲に忠良なる爾臣民に告ぐ。

朕は帝國政府をして米英支蘇四國に対し其の共同宣言を受諾する旨通告せしめたり……

抑《そもそも》帝國臣民の康寧を図り万邦共榮の楽を偕《とも》にするは皇祖皇宗の遺範にして朕の拳々措かざるところ……

然るに交戰已《すで》に四歳を閲し朕が陸海將兵の勇戰、朕が百僚有司の励精、朕が一億衆庶の奉公各々最善を尽せるに拘らず戰局必ずしも好転せず世界の大勢亦我に利あらず……

加之《くわうるに》敵は新に残虐なる爆彈を使用して頻《しきり》に無辜を殺傷し惨害の及ふ所眞に測るべからざるに至る。しかも尚交戰を継続せむか終に我か民族の滅亡を招來するのみならず延《ひい》て人類の文明をも破却すべし。

この如くは朕何を以てか億兆の赤子を保し皇祖皇宗の神霊に謝せむや是れ朕が帝國政府をして共同宣言に応ぜしむるに至れる所以なり。

朕は帝國と共に終始東亞の解放に協力せる諸盟邦に対し遺憾の意を表せざるを得ず。帝國臣民にして戰陣に死し職域に殉じ非命に斃れたる者及其の遺族に想を致せば五内爲《ため》に裂く

……

かつ戰傷を負ひ災禍を蒙り家業を失ひたる者の厚生に至りては朕の深く軫念する所なり

惟ふに今後帝國の受くべき苦難は固《もと》より尋常にあらず……

然れども朕は時運の趨く所、堪へ難きを堪へ忍び難きを忍び、以て万世の爲に太平を開かむと欲す。

朕は茲に國體を護持し得て忠良なる爾《なんじ》臣民の赤誠に信倚し常に爾臣民と共に在り……

若し夫れ情の激する所濫《みだり》に事端を滋《しげ》くし或は同胞排擠《はいせい》互に時局を亂り、爲に大道を誤り信義を世界に失ふが如きは朕最も之を戒む。

宜しく擧國一家子孫相傳へ確く神州の不滅を信じ、任重くして道遠きを念《おも》ひ、総力を將來の建設に傾け、道義を篤くし志操を鞏《かた》くし、誓て國體の精華を発揚し世界の進運に後れさらむことを期すべし爾《なんじ》臣民其れ克く朕が意を體せよ」（要旨抜粋）。

朕が意を体せよといわれた陛下のお心はひしひしと伝わります。あれほど戦争を望まれず、唯々平和を求められた天皇のご意思に反して戦争を拡大させ、おまけに戦いを止《や》めるチャンスを幾度も逃し、最後の土壇場に至ってさえなお戦うとする軍部の無知に陛下はどんなになさけなく思っておられたか、爾らよく朕が意を体せよ、つまりお前達どうか私の思っていることを自分達の思いとしてくれとおっしゃったのです。

この正午の玉音放送を聞くためあちこちでラジオの前に人々は集まりました。我々中学生は校庭に整列して直立不動の姿勢で耳を傾けました。重大発表を陛下直接国民にお話になるというので、これはきっと一億総決起の励ましのお言葉だろうとほとんどの者が思っていました。しかし、録音が悪くてほとんど何をおっしゃっているのか聞き取れません。ある者はこれはここらでちょっと休憩して再戦の準備をするというお話だという者もいれば、いや、これからが本番だという者もおり、いや、ひょっとしたら平和が来るのかなという者もいました。その時校庭を日本が負けた、日本が負けた、と泣きながら大声で走っていく小学校位の女の子の声を聞いて、皆はっと我に帰りました。

そうか日本が負けたのか。信じられぬことが起こりました。その頃の中学校は全部男子校か女子校しかありません。男子中学生は本土決戦が身近に迫ってくるのを感じて、死ぬ覚悟は一応できていました。たとえ中学生でももし一人が上陸してきた敵兵の一人を殺せば人数的にこちらの方が上です。町内会ではお年寄り連中が竹やりを持って〝エイ・オー〟と掛け声をかけながら敵を突く練習をしていました。我々はもっと賢く、例えば吹き矢を作ってその先に青酸カリを塗り、プイと吹いて当たれば敵は死にます――そんなことまで考えていたのです。まさか神州日本が戦いに敗れるなんて！　しかし、これで死なずに済んだというほっとした気持ちもたしかにありました。

阿南惟幾陸軍大臣は陛下の玉音放送を聞く迄もなく自決しました。陸相は剣道五段の腕前でしたから、やすやすと腹をかっさばき次の様な辞世の句を残しました。

大君の　深き恵に　浴みし身は
言ひ遺すべき　片言もなし

神風特攻隊の創始者である大西滝治中将は多くの若者をあの世に送ったにも拘わらず戦争に負けたことを詫びて前日友人の児玉誉士夫から借りた日本刀で切腹し、更に胸と腹を突いて倒れていました。そこへ児玉が駆けつけます。児玉を見た大西中将は「おいお前の刀はいいものだと思っていたのに、切れ味が悪くておれは苦労したぞ」と息も絶え絶えに言いました。児玉は中将のそばににじり寄り、そいつはすみません。私も今からお供します。といって刀を取り上げました。その時中将は「バカヤローいま死んでなにになる。それよりもあの頑固者共を押さえてくれ。その方がここで死ぬより役に立つ。国家主義者が大勢立ち上がるだろう。君はそれらを阻止するのだ」。

大西中将は次の俳句を残しました。

すがすがし　暴風のあとに　月清し

アメリカ連合軍の受け入れに、重臣達は誰を中心にした内閣を作るかで悩みました。この混乱を沈め、軍隊の解散をスムーズに執り行うためには、やはり皇室の力をたよるしかないという状況でした。また皇室が必要となったのです。こうして東久邇宮《ひがしくにのみや》終戦内閣が発足しました。もともと東久邇宮様はこのような表舞台はお好きではなかったのですが、今お前が受けなければ誰もいないという陛下のお言葉を聞いて引き受けられました。一方ソ連は日本が降伏を伝えた八月十五日のあともどんどんと兵隊を送って満州に侵攻していました。スターリンはトルーマンに電報を送り、千島はもとより北海道の北半分の日本兵もソ連に降伏するべきだと提案しました。しかし、幸にもスターリンのあくなき領土欲を見通してトルーマンはきっぱりとこの要求をはねつけました。

ソ連軍の満州侵略

ソ連は日ソ中立条約を破ってどんどんと満州、樺太に侵入し、民間人の家に踏み込み、婦女暴行の上、拉致殺人、金目《かねめ》になる家財道具、指輪、腕時計などの略奪を行ないます。それはものすごいものでした。和歌山県田辺市の浜に満州からの引き上げ家族が到着し、数十組の家族が引き上げ者用に作られた粗末なバラックに住みました。そのうちの一家に広畑桂子さんと妹がいました。母は殺されたため父親と三人で住みました。そのとき、桂子は中学三年生で地元の中学に入ったのですが、妹と二人共に頭は丸刈りです。どうしたのかと聞くと、女と見ればソ連兵に連れ出されて強姦の上殺されるので、女は皆顔にスミを塗り頭を丸刈りにして脱出したということです。お隣の姉さんはちょっと丸顔でやさしい、かわいい子だったのにかわいそうにソ連兵につかまり、両腕を抱きかかえられ、ワーワー泣きながらつれて行かれ、遂に戻ってこなかったそうです。日本軍が降伏したあとソ連兵は従軍看護婦の宿舎に押し入り、全員を連れ出しました。皆十八から二十才前後の若い女性達です。ハバロフスクの日本兵収容所には女はいません。皆降伏した兵隊だけです。女の子は強姦された上、殺されたかまた一部はモスクワに送られたかです。当時軍属で満州におり収容所に送られたニット技術の京都産業大学の先生がいいました。彼は収容所の中で所持品を調べられ、その中にたまたま彼の書いたニット技術の研究論文があったことから、急にソ連兵の態度が変わり、モスクワに送られます。良い論文を書けと強制され、結局五年間もモスクワに住む事になります。ソ連は降伏したドイツからもたくさんの学者、技術者をモスクワに連行して、ソ連のために働かせます。この先生がどうしても日本に帰りたいと再三申し出たところ「女が欲しいのか」と言われ、二十人ばかりの若い女達の写真を見せられ、どれでもいいから選べといわれたそうです。彼は五年もたってやっと日本に帰ることができ、京都産業大学の先生をしながら、私の父の経営する会社のニット部門の顧問をしていました。直接聞いた彼のいうことに間違いありません。しかし、この女性達はどうなったのでしょう。もう八十才は越えていますが、その内の何人かはきっと生きている筈です。中国残留孤児はもちろんですが、なぜ政府はこの女性達に救いの手を差し出さなかったのでしょう。当時の社会党の片山潜の娘さんはモスクワに住んでいました。彼女は勿論絶対知っている筈です。社会党は人民の党といいながらソ連にしっぽを振るだけで知らんふりをしたのです。

これらの出来事をよそに、日本では皇居広場の前で多くの人々が皇居を伏し拝みながら自決しました。

近衛文麿は自分が戦犯に指名されことを知り、私はアメリカ人の縄目の辱めは受けないと言って服毒自殺します。他にも痛ましいことがいくつも起こりました。尊攘義軍と称する十人の若者は愛宕山（東京都港区）に陣取り天皇陛下万歳と三唱したあと手榴弾で全員自決します。このあと、三人の妻達が夫を追いかけて山に登り彼等の死を見届けたあと、後追い自決をします。二人が死に一人は病院に運ばれました。

杉山元帥はピストルを持ちわずか一発で心臓を打ち抜き自決しました。杉山元帥夫人は夫の死を見届け、かつて聞き及んでいる乃木大将夫人の自決に見習い、青酸カリを飲んだあと短剣の上に身を伏せて自害します。

日本陸軍最高司令官であった東條英機は侍医を呼んで心臓のある所に丸い印をつけさせてピストルを撃って自殺を計りますが、どうした事か弾はそれて骨に当たりぶっ倒れます。東條夫人は夫の死体の運ばれてくるのを今か今かと待ちながら静かに仏前でお経を唱えていましたが、何だかがやがやした人の声といっしょにサイレンが聞こえ救急車が走り込んできました。夫は生きていたのです。東條は病院に運ばれ回復を待って巣鴨の拘置所に送られます。

連合国軍最高司令官マッカーサーの日本統治

連合国軍最高司令官ダグラス・マッカーサーが天皇にかわる日本国統治者としてこれより数年間日本を統治します。日本国民はこの事実を驚くほど素直に受け入れました。日本人という人種は意外にあっさりしているのです。戦争に負けて今更何をか言わんやという気持ちです。小学校の教科書にはいたるところに黒々とスミが塗られました。マッカーサーの政策は日本人が再び立ち上がって戦うというような気持ちを持たぬよう、日本人の自信をなくし、その歴史を否定し、その伝統を否定し、日本人の精神をもぬけの殻にしようとしたのです。恐ろしいことが始まりました。昨日まであれだけ国家精神を鼓舞していた学校の先生達が突然反対のことを言い出したのです。今までこわかった先生達が我々は君達を教えるのではなく、一緒に勉強するのだ、我々は先生ではない、給料を貰って働く教室の労働者だと言い出しました。

戦時中、獄につながれていた共産党の指導者達がぞくぞくと出所してきました。彼等は戦時中も大衆から遊離し孤立してなす術なく拘束されていただけですが、非転向の英雄の如く扱われたのです。

彼等は各工場の労働者をたきつけ、激しい労働争議が始まりました。教師達の多くは日教組に加入して躍起になって日本の国体を否定する教育を行いました。式典では国歌「君が代」を歌うことを止めさせました。デモ隊がマッカーサーのいるニューグランドホテル前に並んで天皇制を廃止させようと気勢を上げていました。巷では食糧が不足し、闇市が盛んになり、あるまじめな裁判官は闇米《やみごめ》を買うのは違法であるとしてそれを拒否したため自宅で餓死しました。我々学生達は、毎朝、寮の食堂に行くと平べったい皿にキューバの黄色い砂糖が薄く広く散らしてあるだけの朝食でした。それを毎朝ガリガリと食べて生きていたのです。

天皇陛下がマッカーサーをご訪問なさったのはこのときでした。

なんとかして国民の空腹の苦しみを助けなければならないとお考えになった天皇は、マッカーサーに直接会いに行く決断をなさいます。その時、連合国側は天皇をどうするかという事についてはまだ何も決めていませんでした。侍従達は今マッカーサーに会えば彼の気持次第では即捕まって帰ってこれないかと心配したのです。天皇ご訪問の申し出を受けたマッカーサーは、一体天皇は何を言いに来るのだろう、多分自らの助命を頼みに来るのに違いないと思っていました。古来、敗戦国の元首が戦勝国の元帥に会見を求めるのは自分の助命を乞うのが通例だったからです。

天皇はフロックコートに縞のズボン、ボタンのついた靴にシルクハットを召され、皇室用のリムジンのドアを開かれゆっくりとマッカーサー司令部の建物の前で車をお降りになりました。マッカーサーはラフなシャツ姿でした。その時撮った写真は早速翌日の新聞の一面に載りましたが、シャツ姿のマッカーサーの横に背の低い天皇が直立不動の姿勢で緊張して立っておられるお姿を見て、日本国民は一様に涙をこぼしました。この時の会見の内容はしばらくは発表されませんでした。しかし、天皇はこのとき「私は今回の戦争の遂行上、わが国民が行ったすべての行為に対する唯一人の責任者としてここに参りました。私の身はどうなってもいい、しかし今食糧不足で飢え苦しんでいる国民をなんとか助けてやってほしい」とおっしゃったのです。マッカーサーはまじまじと天皇を見て、この人は神様だと直感します。マッカーサーは後に自叙録に「彼は生まれながらにして天皇であった。しかし私は、同時に生まれながらにして日本の最高の紳士である人物と自分が対面しているのを悟った」と書いています。

この会合は当初二十分の予定でしたが、十五分も延長されて三十五分間も行われました。

侍従の人達は皆どきどきしながら待っていました。

そのとき、廊下に足音が聞こえ、先ず天皇が晴れ晴れとしたお顔をして出てこられました。続いてマッカーサーがこれまたニコニコしながらついて来たのです。それを見て皆がほっとしました。一メートル八十センチの六十五歳のマッカーサーと一メートル六十センチちょっとの四十五歳の天皇は、初めは仇敵として会い、そして三十五分後には心を許した友人として別れたのです。

マッカーサーはお出でになったときはお迎えにも出なかったのに、今度は天皇をお送りして自動車の前迄行き、深々と一礼しました。彼は天皇との写真がでかでかと新聞に出たのを見て、バチが当たらないかと心配しました。マッカーサーは大あわてで本国に電報を打ち、たくさんの食糧を至急手配して天皇の言葉に応えたのです。

しかし、連合国側からはあくまで天皇の戦争責任を追及せよという要求が強く出ています。それを一番強硬に主張したのはソ連と英国でした。英国は長らく日本の同盟国であったし、日本の皇室に対する親近感も持っていた筈なのに、日本が宣戦布告したことに強く怒りを持っていました。それと英国民の誇りプリンス・オブ・ウエールズを開戦間もなく撃沈したことも恨みに思っていたのです。

マッカーサーは天皇を尊敬し、天皇の力によってのみ占領政策が一番スムーズに行えるだろうと強く信ずるようになっていました。ところが、ソ連、イギリス、オーストラリア、中国などからの天皇戦争犯罪の要求はいよいよ強くなろうとしていました。その名のもとに戦った兵士や軍隊によって散々な目に遭わされたのだから無理もありません。昭和二十一年八月十六日、正に戦争終結の一年後、世界は東京裁判の法廷に立つ一人の証人に注目していました。旧満州皇帝溥儀《ふぎ》です。彼は、ソ連軍に捕えられ長らく収容生活を強いられ、徹底的に洗脳教育を受けていたのです。しかし、日本人は彼がきっと日本国及び日本の天皇に有利な話をしてくれるものと信じていました。しかし、溥儀は「私は日本関東軍に脅されやむなく皇帝になったのです。彼等は満州を凌辱し奴隷化しようとしたのです。天皇もその一人です」。これには清瀬一郎の率いる日本人弁護団はもちろん、被告全員もびっくりしました。ソ連は溥儀を使って、天皇と日本軍指導者を告発し、それによって天皇を起訴するという戦術を取ったのです。しかし、マッカーサーは彼らと闘う準備はしていました。主席検事キーナンはこういうときのためにマッカーサーが指名しておいた男です。マッカーサーは、キーナン主席検事に目配せをします。キーナンは直ちに全検事を招集して「国際検事局長である私は、天皇を訴追しないことに決定する」と宣言しました。イギリス代表のコミンズ・カーは「それは承服できない」と大声で叫びましたが、「これは連合国最高司令官の指示だ。承服できないというのならさっさと本国へ帰れ」とどなり返して、やっとおさまりがつきました。こうして天皇問題は無事に終わったのです。マッカーサーは、九月二十七日の天皇との初会見以来、天皇と天皇制の存続をすることを密かに決意していたのです。これは、天皇制が権力やイデオロギーや宗教ではなく、日本人の自然な感性や精神にとっての拠り所であったことへの彼の直感的な洞察であったかも知れません。

ここで天皇の地位を明らかにする新憲法の策定が急がれることになりましたが、これが一向に前に進みません。問題は天皇の地位をどう表現するかです。これについてマッカーサーの高級副官准将ボナ・F・フェラーズの建白書は、「天皇は民族の生きた象徴である……」という文言を使っています。

それともう一つ、政治評論家加瀬英明氏のお父さんである加瀬俊一氏の提出した「天皇の平和に対する努力」と題するマッカーサー宛のメモがありました。

マッカーサーはこの二つのメモから新憲法で人間天皇、象徴天皇というアイデアを作り、新しい天皇像を作り上げ、天皇戦犯論や天皇退位論の防波堤にしたのです。

零戦一代記

少し話を戻して、戦争中の日本と日本人について忘れがたい物語を綴らせていただきます。

この戦争で初期に日本軍がかがやかしい戦果を得た理由の一つとして、零戦の活躍があったことは誰もが知っています。ガダルカナルの戦いの項で触れた戦闘機です。

アメリカもイギリスも日本がこのような優秀な戦闘機を作っていたとは全然思っていませんでした。日中戦争を横目で見ていたアメリカは陸地戦は別として、日本が世界一優秀な戦闘機を作ることができるとは思っていなかったのです。日中戦争で活躍したのは主として九六式艦載機でした。零戦が初めて姿を現したのは昭和十四年三月です。しかも、これは未だ試作機でした。それは高度四千メートルで最大速力二百七十ノット（五百キロ）という当時の世界の戦闘機としては最高水準をいくものでした。航続力は六時間。これに二十ミリ機銃二挺、七・七ミリ機銃二丁といういでたちです。そして遂に昭和十五年七月末、戦争の始まる一年前です。零式艦上戦闘機一一型が生まれました。昭和十六年十二月八日、日米戦争は始まりましたが、この時アメリカ空軍の主力はＰ40、Ｐ35、Ｐ36、のアメリカ陸軍戦闘機、それにＢ17型爆撃機でした。これらの敵に対して日本海軍零式戦闘機は驚異的な活躍をしたのです。いよいよ開戦の日、台湾高尾基地を出発した零戦航空隊は五百海里の長距離を飛んで比島ニコルスールド、ニールソン両基地の上空に達しました。この日の戦闘で日本軍は大勝利を収め、続く十二月十日、十一日の戦闘に於いて再び大成果をあげ、十二月十三日迄の四次にわたる航空戦で遂に敵空軍は壊滅にひとしく、比島上空の制空権は我が軍のものとなりました。アメリカはこの結果に全く驚きました。日本がどうしてこんな優秀な戦闘機を持っていたのか。その頃日本はまだ自動車も作れなかったのです。街を走るタクシーは円タクと称して、大半はフォード車でした。比島より南の蘭印方面にはすでに日本軍が進出していましたが、この方面の敵空軍を殲滅するため、乙作戦が組まれ、二月二日日本空軍はスラバヤ上空に達し、たった一日の激戦で当方面の敵空軍勢力のほとんどを撃破したのです。しかし、昭和十七年六月五日のミッドウエー海戦により彼我の立場は逆転しました。アメリカは昭和十七年六月アリューシャンで不時着した零戦を本国に持ち帰って精密に分析研究し零戦の利点を取り、弱点を知り、あっというまに新しい戦闘機を作り上げたのです。Ｆ６Ｆヘルキャットの出現です。

工業力の差です。六丁の十二・七ミリ機関銃を備えたグラマンヘルキャットから打ち出す弾は廻り四方に大きな弾幕を作り、めくら打ちしてもどれかは当たるという物騒な代物でした。それに日本機はその性能を向上させるため、防御を犠牲にしていました。日本人飛行士が外から見えるほど、操縦室はまったくまる裸でした。当然飛行士の被弾が多くなってきました。しかし米軍は逆に性能よりパイロットの命を守るのが大切で操縦席の後方に大きな防弾壁を設けたり、燃料タンクに厚くゴムを張って一発の被弾ではなかなか打ち破れない設計にしました。それまでの戦いでは同兵力なら必ず勝つ。我がほうが二分の一なら五分と五分。敵が三倍以上ない限り戦って負けはないというのが我が航空隊の信念でしたが、これで戦闘力は逆転してしまったのです。

神風特攻隊

昭和十八年、十九年になると、戦局は徐々に悪化しアメリカ軍はサイパン、硫黄島《いおうじま》を攻略しフィリピンにもマッカーサーが上陸して、山下将軍麾下の勇猛を持って鳴った将兵が北の端に追い詰められてわずかに抵抗するのみとなり、そしてアメリカ軍は遂に日本本土の南端沖縄に上陸しました。沖縄の次は本土上陸です。沖縄の救援に向かった戦艦大和も撃沈され、日本空軍も歴戦のベテランパイロットの大半が戦死し、新米の航空兵が次々と舞い上がるたびに敵に打ち落とされるという状態でした。この時一機の戦闘機が火だるまになりながら敵艦に突入自爆したのがヒントになり、この日本本土を守るのは未熟な飛行士でもいいから自爆して敵艦を撃沈するより方法はないと考えられるようになりました。昭和二十年二月初め、秘密命令が発せられました。司令官中野中佐は「沖縄を救うためには特攻攻撃を強行するよりない。しかしこれはあくまで本人の意思を尊重し、自発的な志願によるものとする」。この命を受けた高尾基地航空飛行隊長の横山保は各分隊長を集め「いよいよ戦況は悪化するばかりである。このまま本土決戦となれば我々全員が特攻機となり敵に突っ込むしかない。今回の特攻隊員はその先兵となる人達である。各分隊長はこのことをよく隊員に説明し、もしも志願する者があればその氏名を報告せよ。しかし絶対に強制してはならない。特に家庭の事情、身体状況により無理と思われる者はたとえ本人が志願しても選考からはずすこと」と通達しました。集まった特攻飛行士は比較的若い第十三期予備学生が中心で飛行時間は二百から二百五十時間以下の若者達でした。この時零戦は数十キロ爆弾を翼下に抱え、目標の三千メートル上空から一気に敵艦に突っ込む練習を重ねてきていたのです。

アメリカ軍はこの日本特攻機を見て震え上がりました。なんと爆弾を積んだ日本零式戦闘機が艦上から撃つものすごい弾幕の間を抜けスイスイと体当たりしてくるのです。従軍作家山岡荘八は「最後の従軍」の中でこう書きました。「だれもが明るく親切でのびのびしている、どこにも陰鬱な死の影などない。あと数時間で死ぬという若者がどうしてこんなに底抜けに明るく出撃してゆくことができるのか」。大分県大野郡今川村出身の筑波航空隊の西岡高光中尉は五月十一日特攻命令を受け友軍機と先に南方上空に消えて行きました。ところがその二日後彼のお母さんと若い婦人が彼を求めてはるばるこの飛行場を訪ねて来たのです。疲れきってたどり着いた老母を見て隊長はとても彼は死んだと言い切れず「数日前にこの先の、他の基地に転属しました」と言ってしまったのです。老母はがっかりした顔をしてその場を去りかけたのですが、数メートル行ったところで残った戦友たちが「西岡高光中尉の霊」と壁面にかかげてある紙に向かって祈って香華を供えていたのです。老母は卒倒してたおれたのではないかと、隊長はあわててその場を逃げ出そうとしました。その時娘さんが「母は字が読めません。」とそっと隊長の耳元にささやきました。やれやれと気を取り直す隊長に老母は丁寧にこう挨拶しました。「ありがとうございました。息子がお役に立ったとわかって安心して帰れます」。字は読めなくても母の勘で老母は息子の死をはっきりと見たのです。

終戦の日、これら若者の死を次々と見送った隊長達も「唯君達だけを死なせはしない」と言った言葉を守り、この特攻攻撃をやむなく考え出した軍司令部大西滝次郎中将も、そして司令の岡村基春大佐もそれぞれ彼らとの約束を守って自決します。特攻の親といわれた大西滝次郎中将は「特攻隊の英霊に捧ぐ、善く戦いたり。深謝す。今われ死をもって部下の英霊とその遺族に謝さんとす。後に残る若者達よ、聖旨に沿い奉り、しばらく自重すべし。隠忍するとも日本人たるの矜持《きょうじ》を失うなかれ。諸子は国の宝なり。平時に処し尚よく特攻精神を堅持し、日本民族の福祉と世界人類のため最善を尽くすべし」と書き残し、従容として自決します。しかしやむにやまれず、孤独な特攻を敢行してしまう若者もいました。アメリカの海軍兵士達は戦争に勝って祝砲を撃ち、甲板では祝杯をあげていたのですが、日の丸をつけた飛行機がたった一機突入してくるのを見てびっくりしまし

若者は出撃し還らなかった

た。もう戦争は終わったのになぜ今時まだ死にたがるのか。驚く彼らにとって日本魂を理解させるにはなお時間がかかることでしょう。

今村均陸軍中将のこと

前の戦争で我々が心に止めておかねばならない将軍が一人います。今村均陸軍中将です。彼は明治十九年（一八八六年）仙台市で〝オギャア〟と大声で叫んでお母さんのお腹から出てきました。声は大きかったのですが発育不良児で子供の時から体が弱く、おまけに寝しょんべんたれでお母さんに随分心配をかけたようです。しかし、頭がとても良くて中学校を出ると陸軍士官学校に合格します。そして更に陸軍大学に進み首席で卒業、大正天皇の恩賜の軍刀を拝領します。もうその頃には今村は意志の強い立派な軍人になっておりました。そして日米開戦の昭和十六年（一九四一年）十二月六日にはイギリス、オランダ、オーストラリア軍の本拠蘭印攻略軍の総大将に任命されていました。英軍が立てこもったシンガポール要塞の攻略は山下将軍と決まり、ダグラス・マッカーサーの率いるフィリピン、マニラには本間将軍が割り当てられたのです。蘭印は北緯六度から南緯十一度、東経九十五度から百四十一度にわたりほぼ赤道の中心です。その面積百九十万平方キロ、総人口約六千万人です。それはオランダ本国の五十八倍、朝鮮、樺太を含めた日本国の全面積の約三倍、その長さは日本でいえば台湾から樺太迄の距離に等しい大きな国でした。昭和十四年九月に英仏はドイツに宣戦布告して、いわゆる第二次世界大戦が始まっていました。しかし、ドイツ軍の進出はすばやく、開戦数ヶ月にしてオランダは降伏し、翌年六月になってイタリアが参戦し、フランスは直ちに独伊両国に降伏してしまいます。欧州戦線の不利なのを見てアメリカは日独伊三国同盟を結んだ日本に対して次々ときびしい圧力を加えてきました。すなわち日独伊三国同盟が結ばれた昭和十五年九月二十七日、アメリカは対日くず鉄禁輸を発表し、石油の禁輸も遠からぬものと思われました。昭和十六年（一九四一年）四月、日本は日ソ中立条約を締結しましたが、一方アメリカは五月に中国を援助するため中国に対して武器貸与法を発効し、また七月に入って対日資産凍結法を発令しました。イギリス、オランダもこれに追従しましたが他国民の資産凍結というのは事実上の宣戦布告に近いものです。そして遂に石油の禁輸を宣告され、戦争のための重要資源を差押えられた日本は立ち上がって戦う以外に手段はなく、英米相手の戦争を覚悟したのです。目指すは石油産地であるオランダの植民地蘭印で、その攻略のさむらい大将として今村均中将が指名されたのです。この時の蘭印方面のオランダ部隊はオーストラリアの支援を得て陸軍兵力約七万人、海軍兵力は巡洋艦五、駆逐艦八、潜水艦十二、その他五十六隻でした。この強力な敵軍に対して今村均中将の率いる日本将兵は決死の突撃を遂行したのです。その兵力は敵兵力の数分の一でした。この時不思議なことが起ったのです。道路には敵兵が道路封鎖の為切り倒した街路樹が折り重なり、進軍は思うように進みません。ところが突然住民があちこちから現れ、手に手に蕃刀を振って小枝を切り取り、おまけに椰子の実やパパイヤなど持って日本軍に差し入れてくれたのです。呆気にとられてこれを見ていた今村軍の前に村長らしき人物が出て来てこういいました。「いつか北のほうから我々と同じ人種がやってきて我らの自由を取り戻してくれる。これは何百年前からこの地に伝わる話です。あなた方はこの救世主に違いない」。これは救世主トピ・メラが現れインドネシアを解放するであろうというジョヨボの予言でした。この様に至るところで住民は日本軍を歓呼して迎え、且つ協力してくれました。これが今村部隊の作戦遂行に大変役立ったのです。こうして今村部隊は快調に進撃し、上陸わずか数ヶ月の三月九日全蘭印軍は日本に降伏したのです。この時の日本軍の兵力は約四万人。降伏した英米蘭印軍は八万人を超す兵士達でした。首都ジャカルタ（当時はバタビア）に入城した今村将軍はジャカルタ市民から絶大な歓迎を受けました。

ここには有名なムルデカ宮殿があります。将兵達は当然総大将はここに軍司令部を置くものと思っていました。しかし、今村将軍はそんなことをすれば市民は皆、なんだ蘭印軍支配が日本軍支配に変わっただけじゃないかと思うだけだろうと申しました。そして今村は粗末な事務用官舎に住むことにしました。ここから一キロの先にあるムルデカ宮殿の向かいに建つ二階建ての建物に軍司令部を置きました。そして仕事を終えて帰る夕方はいつも二人の乗馬兵を従えて馬に乗りゆったりと市内を見物しながら家に向かいます。市内の子供たちはこれを見て面白がってぞろぞろついて来ます。なかには竹の棒を持って今村が通りかかると日本兵を見習って捧げ銃をする子供たちもいます。こうして今村の和気あいあいの軍政は始まりました。しかしながら考えられない事が起ったのです。そもそもこの戦争を日本では大東亜戦争と呼んでいましたが、その考えは「八紘一宇」を基本精神としアジアでの植民地支配に苦しむ民衆を解放しアジア人が日本を中心として同朋として共に栄えようということであった筈です。しかし、この頃から日本陸軍上層部には日本が米英蘭に代わってアジアを支配しようという考えが強くなって来ていました。今村はこの考えに強く反発します。その今村のところへジャワの青年達から多数の嘆願書が届けられました。今村の人物を見込んでの願いです。それは「今、スマトラのベンクレーン監獄にインドネシア独立の闘士スカルノという男がいます。この人物をなんとか救出してほしい」というものでした。この手紙を見た今村は直ちに手を打ちスカルノを救出します。

今村はスカルノに会って見て、その明晰な頭脳と決断力、強固な信念にすっかり感銘を受けました。そこでスカルノにこう提案しました。「とにかくこの国を治めるために行政諮問院を設置しましょう。これは十人の日本人と十人のインドネシア人を選んで議員としましょう。そしてここでインドネシア行政の問題を解決してゆくのです」。このときスカルノが選んだ十人のインドネシア人。後日、日本が敗退してスカルノが独立戦争を勝ち取って大統領になったとき、それに続く副大統領及び十人の閣僚達の大部分がこの十人のメンバーから出たのです。スカルノはしばしば今村中将を官舎に尋ね、二人はすっかり友人になりました。これは『スカルノ自伝』に出てくる話なので書き足しておかねばなりませんが、彼はある時灯火管制のサイレンが鳴った時カーテンの端からちょっと光が見えていたという理由で日本の憲兵にこっぴどくなぐられたと書いています。これは事実ですが、これを聞いた今村は酔っ払ってつい蛮行に及んだこの憲兵大尉に命じてスカルノの家にあやまりに行かせました。この大尉は酔いもすっかりさめて泣かんばかりに陳謝したところスカルノもすっかり機嫌を直し、笑顔で大尉と握手しました。『スカルノ自伝』は昭和三十六年（一九六一年）にスカルノがアメリカ人記者シンディ・アダムスという女史に口述筆記させたものですが、日本がやった戦争は悪であったという世界の認識の手前、やはり日本を悪として、彼が今村軍政に協力的であったということを自伝の中で極力伏せているのは、政治家として仕方のないことであったと今村は書いています。しかし、今村のこの現地人と一体になろうとする融和政策は日本中央の思い上がった軍人達のはげしい非難の的となり、今村は罷免される覚悟を決めます。こうしてこの年の十一月八日遂に陸軍参謀総長杉山元帥から「長官は現職を免ぜられ後任の原田熊吉中将に職務の引継ぎを行うべし」という電報を受け取り、一旦東京に返ります。昭和十八年の十一月十五日、その頃戦局はますます苦しくなり、ガダルカナルではアメリカ軍の反攻を受け死闘が繰り広げられていました。今村の次の任務は、この死のうずまく地の総司令官として直ちに南方に向かうことでした。ここで今村ははっきり死を覚悟しました。こうして今村は当地の飛行隊の最大の基地ラバウルに到着し、ガダルカナルを含めた最南方の総指揮官となります。ガダルカナルはラバウル東南東約千キロにある島です。ガダルカナルの死闘については太平洋戦史の中でも書いていますが、これはアメリカ人記者ジョン・ホーランドの『死の島々』から抜粋したもので、ここでは今村均の回顧録の中から中心になる部分を抜粋して書き加えます。

あのガダルカナルの夢の撤退作戦は方面軍司令官の今村均の指揮により実現したものです。脱出

一瞬の幻のように耀いた「大東亜」の夢

した兵士は五千人とアメリカ軍は発表していますが、脱出した兵士は実は一万一千余名もいたのです。たぶん日本の数字のほうが正しいのでしょう。今村は脱出に成功すると、危険を顧みず直ちに兵士達の収容されたブーゲンビル島ブインに飛んで苦労した兵士達を見舞います。兵士達は方面軍司令官が見舞いに来たと聞いてよろよろと立ち上がって敬礼をします。密林の中に建てられたバラックには痩せ衰えた兵士達が細い体をずらりと並べて寝ているのです。「そのままそのまま」といいながら今村は苦痛に遂に涙が出そうになるのを押さえて兵士達の間を歩きました。その時一人の将校が声をかけました。「閣下、どちらからこられましたか」。見るとその将校は九ヶ月前ジャワで共に戦った部下でした。「ジャワで一緒だった君達がこっちで飢えながら戦っていると聞いて飛んで来たんだよ」。これを聞いてこの将校をはじめ何人かがすすり泣きを始め、そして堰を切ったように感極まった兵士達も涙を流しました。その夜、第十七軍司令官百武中将が一人で今村を訪ねてきました。「部下の三分の二を失い尚目的を達せず、遂に撤退するということの戦例は我が陸軍戦史に他にありません。武人として不面目の極みです。ガダルカナル島で自決するべきでありましたが生存者一万余名の運命を見届ける迄はと思い、恥多いこの顔をお目にかける次第です。今後の始末はどうか方面軍にお頼みし、私は敗戦の責をとることをお認め願います」。今村はこの発言を止めませんでした。止めて止まらぬ決意であることははっきりしています。しかしこう言いました。「私は、あなたの決意を止めようとはしません。しかしその時期については一考していただきたい。あなたにはまだしなければいけないことが残っています。あなたの部下二万人の将兵が未だ打ち捨てられてガダルカナル島で眠っています。この人達の戦死の日と場所とその働きをそのご遺族にはっきりと知らせることはあなたの必ずやらねばならぬ責任です。あの乃木大将は歩兵第十四連隊長として敵軍に軍旗を奪われ多くの兵士を失い自決の決意をしながら明治天皇の一言「乃木、死ぬなよ」のお言葉を拝し、三十五年間も苦しみながら国のために尽くし、明治天皇の大葬の日に自決しておられます。百武中将は「そうですね、それでは時期については考えます」と答え、二人はしっかり握手して別れました。

ラバウルに帰った今村は兵を飢えさしてはならない。そのためには自給自足の手段をこうじなければならないと、直ちに田畑の開墾に自ら先頭に立ち努力します。暖かい南方の太陽とスコールのため、たろいも　など二毛作も三毛作も可能となりまたたく間に内地からの補給がなくても充分な食糧が用意されるようになりました。二万人の将兵が守るラバウルが終戦の日迄敵の上陸攻撃にさらされなかった事実。ガダルカナルで飢えさらばえた日本軍でもあれだけ強かったのだから、腹いっぱいの日本兵相手に戦ったのではとても叶わないとマッカーサーも思ったからのことでしょう。

こうして遂に昭和二十年八月十五日がやって参りました。陛下の終戦の御詔勅を聞いた将兵はへなへなとくずれ落ちました。しかし今村将軍は陸海合わせて十三万人にふくれ上がっていた部下将兵を一人の死者を出すことなく終戦迄守り通し故国に送り届ける偉業を果たしたのでした。

戦いが終わって今村将軍はすでに大将になっていましたが兵士達にはこう伝えます。「諸君！大東亜戦争は遂に目的成らずして昨日をもって終わりました。ラバウル陸軍七万人の将兵がこの二年有余一心同体となり人力を尽くし築城した難攻不落の地下要塞、補給無くとも飢えることのない自給体制は遂に敵をして攻撃をあきらめさせ今日に至りました。後世の歴史家は満州攻略以来の我が国の歩みをさまざまに批判するでしょう。しかし私はこれを民族的宿命であったと信じています。これからは陛下の御心を拝し一致協力して日本国家再建に努めて頂きたい」。

その後今村将軍は戦争犯罪者として蘭印軍の支配するジャワ島の収容所に送られます。

フィリッピンでマッカーサーを追いだした本間中将はマニラ法廷で絞首刑を宣告され、妻の切々たる嘆願書と敵将マッカーサーの情で絞首刑ではなく銃殺刑に処刑されていました。オランダ軍を降伏させた今村はジャワ法廷で死刑を宣告されるのは目に見えています。今度こそ死のときが来たと今村は思いました。ところがジャワの収容所に入った今村は思いもかけぬ出来事に驚きます。蘭印監獄の二日目、看守の一人のジャワ人の少年が今村に日本語でそっと申しました。「あなたが日本占領統治時代の最高指揮官でこの監獄にこられたということは全囚人に知れわたっています。今夜その人々の心があなたに伝わるでしょう」。この獄舎には戦犯裁判を待つ日本兵士と共にインドネシア独立運動のため囚えられた青年達が千人近く収容されていたのです。その夜七時の点鐘と同時にこれら囚人の歌声が地底から湧き上る大合唱となって今村の耳に鳴り響いたのです。「なんと！これは八重汐ではないか」。今村は思わず地面に伏せ、耳をそばだて歌に聞きほれました。なつかしい歌です。これは今村が両民族融和の歌として懸賞募集した時の一等当選作品でありました。その時からこの歌はジャワ全島で歌われるようになっていたのです。

「八重汐や遠き海神　天照らす神の国より　大みことかしこみまつり……」今村は自分が行ったジャワ行政がいかに正しかったか、また民衆はいかにこれを受け止めてくれたか、つくづく感謝するのみでした。今村の裁判は長引きましたが、最後は今村はじめ参謀長同嶋清三郎中将、第二師団長九山政男中将も無罪の判決を受けます。

今村は、昭和二十九年十一月十五日、実に戦争が終わってからは九年もたって世田谷の自宅に帰りました。昭和三十九年、今村は今やインドネシア大統領となり来日したスカルノに会い，旧交をあたためました。その後今村将軍は不敗の名将といわれながら自らは一言も勝ったことは口にせず、唯々、旧部下将兵達の相談に乗り常に有意義な助言を与えながら部下の人達に尽しました。自分の家の庭の一隅に小屋を建て、自ら「謹慎室」と名付けて死んで行った部下達の冥福を祈りつつ、一九六八年十月四日享年八十二歳で死去します。今村中将が自ら志願して旧部下が苦しんでいるマヌス島刑務所に入所を希望していると聞いたマッカーサー元師は、「私は今村将軍が旧部下戦犯と共に服役するためマヌス島行きを強く希望していると聞き驚いている。日本に来て初めて真の武士道に触れた思いである。私はすぐに許可するよう命じた」と言っています。

東京裁判

「東京裁判」は、日本の戦後史、および日本人の精神史を語る上で、大変重要な意味をもっています。

戦後、マッカーサーが一番先に取り組んだのが東京裁判でした。東京裁判はこの戦争を企画し実行した者、また戦争中一般市民を虐殺しまた捕虜に対して非人道的行為を犯した者を罰する裁判で、東條英機大将以下A級B級C級の戦犯が指定され、死刑その他の刑に服しました。

当時の日本人は敗戦のショックから立ち上がれず、また戦争は悪、従ってこれを遂行した人々は皆悪のかたまりという気持ちに満ち溢れていて、この「東京裁判」についても、負けたのだから何をされても仕方が無いという気持ちで眺めていました。これを東京裁判シンドロームといいます。しかし、それから数十年経ってこの東京裁判は違法であったという事実に気がついた人が出てきました。上智大学名誉教授渡辺昇一はこう言います。「この東京裁判史観を克服することができなくては日本は二十一世紀を正しく生きて行くことはできない」。また東京裁判をするどく追求した弁護士勝俣幸洋氏は「このゆがめられた東京裁判を根本から正していかなければ、日本の未来は無いと憂えています」と言い切りました。世界の国々は皆それぞれ自国の法律を持っています。そしてそれらの国々を律するのは国際法と呼ばれるものです。法律には基本理念があります。その第一は「事後法の禁止」です。法律ができると誰でもその法律によって裁かれます。しかし、法律は遡及しないのです。その法律のできる前に行われた行為は罰する事はできないのです。これを守らないと大変なことになります。例えばその道路の制限速度は六十キロですという法律ができたとしてもその法律が施行される前に八十キロで走ったからといって罰することはできないのです。国際法では戦争を行ってはいけないという規定はありません。自衛のためであれ侵略のためであれ、独立国が戦争をするのはその国の権利であって罰則はありません。但し、相手国に大きな損害を与えた時、それに対する賠償を請求されることになります。しかし、それはあくまでその国に対する賠償請求であって、それを指導した個人に対して請求されることは無いのです。しかし、東京裁判では「平和に対する罪」が中心的な起訴内容となりその罪が国家に対してではなく個人に対して適用され有罪判決が下されました。正にマッカーサーによって作られた法によって裁かれたのです。「事後法の禁止」という法律の大前提を破った違法な判決でした。八カ国から選ばれた判事の中でたった一人、インドのラダ・ビノード・パル判事だけは全員無罪を主張しました。彼は国際法の専門家だったのです。パルはいいました。「侵略の定義は困難。勝者が後から作ったルールで敗者を罰することは許されない」。国際法では国家は国際法上既得権益の一つとして戦争権（開戦権と交戦権）を有しているとされているのです。国家が負うべき義務は交戦法規を守らねばならないという事だけであります。その交戦法規で重要なのは、一、一般住民ないし非戦闘員を殺傷してはならない、二、軍事目標以外の民間施設を攻撃破壊してはならない、三、不必要に残虐な兵器を使用してはならない（毒ガス等の使用）、四、捕虜を虐待してはならない、という点です。

皆様お分かりのようにこの国際法違反を犯して攻撃したのは実に戦勝国アメリカであったのです。先にも述べましたが、東京大空襲はじめ名古屋、大阪、そして女、子供、老人しか残っていない都市の外側を先ず焼夷弾で火の海にし、逃げ場を防いで中心部をジュータン爆撃をして何十万人という日本民衆を焼き殺しました。交戦法規一、二、の違反です。広島では原爆を落として一瞬のうちに二十万人に近い一般人民を殺しました。「交戦法規」三、の違反です。シベリアでは日本兵捕虜の六十万人近い人々の何割もの人が飢えと過酷な強制労働のため死んでゆきました。この国際法違反者たちが国際法の名の下に東京裁判を強行したのです。インドのパルはその後二度も日本を訪れ、「大亜細亜悲願之碑」のための文字として次の言葉を送りました。「抑圧されたアジアの解放のため、その厳粛なる誓いに命を捧げた魂の上に幸あれ」。

戦勝国の中で最も非難さるべきはソ連です。ソ連は日本が負けて降伏したと見るや、日ソ不可侵条約の期限がまだ数ヶ月残っているのに拘わらず、これを一方的に破棄して突然ソ満国境を侵して満州になだれ込んできました。日ソ中立条約が結ばれたのは昭和十六年（一九四一年）で、期限は五年、つまり昭和二十一年（一九四六年）迄有効とされたものでした。しかも、一九四六年の四月の期日が来ても、この条約の一方の締結国が「破棄通告をしたとしても、その後一年間は有効である」と規定されているのです。

この条約が日ソ間にて締結された背景には、当時独ソは常に戦争勃発の危機にあり、ソ連はこのドイツとの戦いにそなえて、日本とドイツの挟撃をさけるため進んで条約をしたものでした。それを一方的に破棄し、且つ条約が生きている期限内にかかわらず一方的に日本に攻め入ったのです。

そのころ満洲には国境守備隊の関東軍と開拓団を含むたくさんの民間人が住んでいましたが、日本軍人と挺身隊の若者男女は捕虜になり軍人はシベリアに送られ挺身隊員らはどうなったかわかりません。そしてソ連兵による物凄い暴行、略奪、婦女陵辱が始まったのです。

7

戦後日本の歩みと天皇

終戦直後の思想の混乱

一方、戦後日本の言論界は一変しました。いわゆる左翼でなければ人ではないということになったのです。あれほど戦争を煽っていた新聞は、朝日新聞を筆頭に左翼思想の宣伝にこれつとめるようになったのです。正しい事を主張しようとする人は、皆右翼思想家として非難されました。社会党、共産党は勢力を増し、ソ連の五カ年計画は大成功を収めるのだとウソを書きました。

政界では時の流れに押されて日本社会党が急進出してきていました。ここで浅沼稲次郎の絶頂期を迎えます。彼は早稲田大学の弁論部に属し演舌は上手で、おまけに相撲部にいただけあって体格は堂々としており、大きな太っ腹をゆすりながらの演舌は聴衆を魅了し、彼が党首となった社会党は大きく大衆の支持を得ます。朝、買い出しの電車の中で買い出しのおばちゃんが太い腕をむき出しにし大きなオッパイをゆすりながら、大声で「これからはやっぱり社会党やな」としゃべっているのを聞くと、いよいよ社会党の時代が来るのだなと一般大衆が思い始めていました。その時です。一九六〇年十月十二日、日比谷公会堂で行われていた党首演説会の真っ最中、突然、壇上に飛び上ってきた少年のあいくちが浅沼のどてっ腹を深々と突き刺しました。浅沼は呆気なく死に、これを機にして社会党の勢力は急速に衰えていきます。浅沼は決して頑固な社会主義者ではありませんでした。彼は一八九八年十月二十七日東京都三宅村の名主の家に生まれ、天皇家を崇拝する純真な青年でしたが時代の流れと共に社会主義運動に参加し持ち前の体力と弁舌によって社会党党首にまで駆け上がった男でした。

一方、浅沼を刺した少年山口二矢《おとや》は一九四三年二月二十二日生まれ。父は厳格な陸上自衛官一等陸佐でした。二矢は頭もよく将来を期待された少年でしたが、玉川学園高等部を中退して十六歳で大日本愛国党に入党し日本国のゆくえを憂える少年となっていったのです。浅沼の人気が急上昇するのを見てこれでは将来の日本は危ないと知り浅沼暗殺の決意をします。その手段は古来から伝わる右翼の心得、一人一殺の作法を守り右手に握った小太刀を見事に稲次郎の横腹に深々と刺し目的を果たしたのでした。二矢はその場で取り押さえられ警官に収監された時はまだ十七歳でした。そして二矢は東京少年鑑別所の個室の中で歯磨粉で壁に「七生報国《しちしょうほうこく》　天皇陛下万歳」と書き残し、看守の目を盗み、首吊り自殺をいたします。一人一殺の古法に基づく見事な自決でした。

私は、歌という表現に象徴される古代からの日本人の精神の本質を、歴史の中から改めて学び取りたいと考えこの本を著しました。特に、戦争期の在り方と「民族の宿命」について、日本人にとっての真実を若い方に伝え知っていただきたいと考えています。この事実が歪められた直接の要因として、戦後の言論の世界について、触れなければなりません。

終戦直後の日本人の思想は乱れに乱れました。いわゆる進歩的学者と呼ばれる人々は勿論のこと、有識者と見受けられる学者、知識人、評論家の中では天皇退位説を説く人々が中心となりました。初代最高裁長官三渕忠彦は「天皇は自らを責める詔勅をだすべきであった」といい、最高裁長官にまでなった東大教授横田喜三郎は「天皇が元首であり主権者であった以上、戦争責任は免れない」とし「天皇戦争有責退位論」を展開しました。東大総長南原繁は「天皇による開戦の詔勅により戦争の火蓋が切られた以上天皇の戦争責任は免れない」という旨の発言をしました。とにかく、このように政治、法曹界の最高権威者達が天皇制反対の立場を取ったものですから、いわゆる進歩的学者、文化人、学生達は天皇制反対の大合唱をしていたのです。これをまたおだてたのが他ならぬ朝日新聞を中心としたマスコミ各社です。当時、本当のことを見据えていたのは日本人ではなくむしろマッカーサー元帥ではなかったのではないでしょうか。

各分野の学者も文壇も画壇も学校の先生も左翼思想を崇拝する人々で満ち溢れていました。たとえば京都大学経済学部ではそれまでの教授陣はすべて退職されて、いわゆるマル経と呼ばれるマルクス経済学の先生方に入れ替わったのです。近ケイと呼ばれるのは青山教授唯一人でした。青山先生はケインズ経済学を講義しておられましたが、その青山ゼミからは多くの優秀な生徒が巣立つことになります。ところが日本全国は唯々、赤の思想が正しいものとされ、ソビエト崇拝、反米、天皇制反対、学校での「君が代」斉唱反対、国旗である日の丸の忌避が延々と続きます。この怒涛のような左翼思想の大合唱でたった一人勇敢に思った通りにものを言う人が出てきました。それが学者でもなく思想家でもなくただ一介の民間人竹村健一です。彼は京都大学文学部卒業です。その彼の同期生に小松左京、高橋和巳と詩人の豊田善次がいました。竹村君をべつにしたこの三人は共に学生運動に参加し小松君は後に有名な作家になり、高橋君は活動家学生たちの教祖的存在として影響を与えました。竹村君は非常に頭のいい男で当時とてもむつかしいといわれたフルブライト奨学生に合格し、一九五一年頃ニューヨークにやって参ります。帰国後毎日新聞社の記者となり毎日新聞社の二階の記者室のきたない机の前に座っていたのですが、もうその頃から彼の頭の中はキラキラ光っていました。とにかくいい物を良いと見抜く能力はすばらしいものでした。

彼の勉強室は高槻にある二階建ての家の三階の屋根裏部屋でしたが、ハシゴをつたって昇ってみると室の中は本がうず高く積み込まれ、足の踏み場もない位です。その中で彼はせっせと本を書いていました。彼が最初に出版した本は『奥様の英語』という英会話の本です。これが実にわかりやすく、すらすらと読めてすぐ英会話ができると評判になりました。彼の発想は英会話は単語五〇〇語を知っておればどんなにでもしゃべれるという事ですから皆飛びついたわけです。初本出版記念パーティーは大阪北新地の料亭北大和の経営する「クラブアロー」で行われました。彼は北大和の経営者阪口君とは飲み友達でアローのホステス嬢は外人接待に英語が必要というので彼女たちに英語も教えていました。また、その講義が面白いというのでアローに集まるお金持ちのお客連中も生徒になり、経済人の中でも名前が知れる様になってきました。彼は新聞記者として唯記事を書くだけでなく新聞社の情報を通じて色々な人材を発掘し彼らを世に出すよう努力していました。その頃バレエダンサーとしてアメリカに留学していた西野皓三氏が帰国し、西野バレエ団を結成して旗揚げしたのに対して彼の能力がタダモノでないことに注目して応援しました。西野氏は後になってバレエだけでは飽き足らず、西野式呼吸法を開発し何千人という生徒を教えて世の健康のためがんばっています。この多彩な才能の持ち主はその頑固な大阪弁で思ったことをなんでも遠慮なくしゃべって、ずばりと切り捨てます。大阪弁だからずばりと切られた方もそんなに侮辱されたと思いません。その頃の言論界は思ったこと思ったことを思った通りに言うということが全くできなかったのです。あいつは右よりだといわれるだけで社会は全部ソッポを向くという時代だったのです。実は一般大衆は支えたものは学者でもなく政治家でもなく新聞社でもなく、実に一般大衆でした。彼をこの声を待っていたのです。戦後の進歩的学者といわれる人々の言動、新聞社の論調、日教組の先生達に毒された思想教育、君が代を歌ってはいけない、日の丸も振るのは軍国主義だ、過去はすべて悪であると決め付けることなどに、一般大衆は何かしらしっくりしない気持ちを抱いていたのです。竹村健一君は新聞社をやめ、あちこちの講演会に呼ばれるようになりました。

そのうちにしばらくしてやっと思ったことを言う人、正しいと思うことを口にできる人々が少しずつ増えてきました。渡辺昇一、桜井よし子、加瀬英明、などなど最近ではどこの週刊誌にも出てくる人々です。それから一般人の中からもやっと満州時代のソ連兵の暴行、シベリアの捕虜虐待の真相などを口に出して明らかにする様な人達が出てきました。戦後数十年の間はこういう事は公表されることはなかったのです。なぜならば、「うたごえ運動」などの旧左翼活動の中で、ソ連はあこがれの祖国、シベリアは故郷と歌われていたからです。満州に於けるソ連兵の暴行についてもそれを語る人はほとんどいませんでした。それはその経験があまりにもいまわしい物であり、思い出すのさえいやであったからであります。しかし、戦後六十年も経って当時三十一才の加藤淑子が九十才になって初めて筆を取りました。歌手加藤登紀子のお母さんです。その頃、ハルピンにいた淑子は夫が徴兵されたあと二才半になる登紀子と二人で留守宅を守っていました。終戦と同時に日本人集落に対してソ連兵の略奪が始まったのです。「ソ連兵が来たぞ」というさけび声を聞いて皆、家を飛び出して逃げ惑う中、兵達たちが門の垣根を破って建物に侵入して行くのが遠くから見えてきました。日暮れになって恐る恐る帰ってみるとお金や食料を隠してあった畳は剥がされ、金目の家財道具は持ち出され、襖や衣類が散乱してがたがたになっていました。或る日、夫の帰らぬままに、日本迄の船が出るという話を聞いて錦州のコロ島に向けて出発します。約千名の引揚者達は私財をリュックに詰め込み汽車に乗り込みましたが途中鉄橋が爆破されていたため十二キロの線路上を歩かねばなりません。淑子は登紀子を背負いリュックを引きずりながら歩きましたが、だんだんと集団から遅れて行きます。もう力尽きた淑子は娘を背中から降ろし、娘に「ここからはあんたが自分で歩かなくては死ぬ事になるのよ」といいました。母親の必死の思いが娘に理解できたのでしょう。登紀子は泣きもせずしっかりと歩き出したのです。後になって二人は夫と合流し京都四条の橋の近くでロシア料理屋を開きました。この店には立命館大学学長の末川博氏もよく食べに来てられ末川さんのお誕生日には毎年お祝いの会が開かれ我々もよく参加したのですが、もう歌手として成長した加藤登紀子嬢も必ずやって来てロシア民謡など歌ってくれました。

日本が降参した直後満州になだれ込んだソ連兵の一般人に対する暴行、略奪、強姦、殺戮はひどいものだったのですが、戦後の日本国民の風潮は唯々進歩的学者と呼ばれるエセ学者、それを援護する新聞各社の偏った論調にかき消されてソ連を批判する内容の話は一切表面には出て来ませんでした。一般人に対する暴虐より一層ひどかったのは明らかにハーグ国際条約に反するソ連の日本人捕虜に対する残虐行為でした。満州で降伏した日本兵は豚のように貨車に押し込められ、四年あるいはそれ以上の歳月を凍土シベリアで強制労働に従事し、何十万といわれる捕虜の半分近くは飢えと消耗の中で死んで行ったのです。ソ連は日本人捕虜にたいしてナチスのユダヤ人のホロコーストにも劣らないひどいことをしたのです。何人の捕虜がシベリアに連れて行かれその内何人の兵士が死んだのか一切公表していません。日本人もこれを記録する事は禁じられていましたので当時の記録は何も残っていません。シベリアから帰って来た人達も何もしゃべりませんでした。人間というものはあまりにもつらい環境に置かれた場合その思い出を他人に語るということはしないのです。それよりも早く忘れてしまいたいのです。元東洋紡忠岡工場の整備課長をしていた田端さんという人は満州の工場の主任をしていた時ソ連軍につかまりシベリアで数年を経て日本に帰り、私共の工場に入り私の隣の椅子に座って五年半ほどいっしょに仕事をしましたがシベリアについては遂に一言もしゃべりませんでした。画家の宮崎進もその一人でした。彼は戦後六十年を経てシベリヤの体験をやっと一冊の本として出版しました。『鳥のように』です。

宮崎進　～鳥のように～

宮崎進は一九二二年山口県に生まれました。日本美術学校油画科を経て画家前田清二に師事していましたが、四十二年に応召され、四十五年の終戦と共に捕虜としてシベリアに送られ四年間の捕虜生活の後日本に還って参りますが、彼はシベリア生活についてはほとんど語ることなく唯々シベリア大地で死んで行った戦友達を画き続けました。その絵はあまりにも暗く、あまりにも悲しみにあふれていたので、買う人が少なく高値はつきませんでしたが、遂に一冊の本を書きました。彼の画いた絵と付けられた詩文による『鳥のように』です。

その中で宮崎進はこう言いました。貨車に詰め込まれて送られる捕虜はまるで豚のように飢えと寒さでバタバタと死んだ。一日の食糧は三五〇グラムの黒パンと飯盒一杯のカーシャ（粥）だけである。それにシベリアのあの寒さである。生きているのが不思議なぐらいであった。戦争の話などうんざりするだとか悲しい昔話だとかいって片付けられるものではない。一人の絵を画く人間としてできるだけのことはしたい。あのシベリアの大地に眠る多くの死者達の鎮魂のためにも……。これまで私は俘虜の頃の記憶など口にすることはなかった。それはこれらは経験した者のみが知っていることであり、話しても話し尽くせるものではないからである。栄養失調は次々と若者の命を奪い、「お母さん」と呼び、妻の名を叫び死んでいく同輩は数えきれなかった。戦後六十年、一人の画家としてあの日が確かにあったのだという事をなんとかここに書きとめたかった。勿論どんなに時間を費やそうと、あの実態を表現し尽くすことは不可能ではあるが……。

現在の遠州茶道宗家第十二代家元小堀宗慶もシベリア抑留組の一人でありました。二十歳を越えて応召され、満州で捕虜となり、チチハル駅からシベリアに送られる列車は何日も掛かってバイカル湖の西、タイシェットという荒野につきました。

ここから過酷な捕虜生活が始まります。飢え、寒さ、ノルマの三重苦に加え厳しい自然環境が身を蝕み言葉で表す事のできぬ程の苦しみでした。兵隊は最初の数ヶ月間に次々と死に、当初の各収容所の平均死亡率は六〇％にも達したといわれています。ソ連兵はやせ細った日本兵を「ダバイ、ダバイ（早くしろ）」とどなりながら銃剣でつつき、作業中にばたばたと倒れて息絶える人、小屋の隅で冷たくなっている人、見るも無残な情況でした。これをもって捕虜虐待といわずに何というのでしょう。支給される食糧は黒パン四百五十グラム、それも水をかけていわゆるふんわり水増ししたものです。コーリャン、粟など四百五十グラム、砂糖スプーン一杯、それに申し訳につく水のような野菜スープ、これだけでは栄養失調になりやがて死ぬしかありません。兵隊は松の芯にいる芋虫、時々つかまるへび、松の皮をはいで出て来る松脂とか口に入るものはなんでも食べて体力を保存しようと努力していました。

四年間の捕虜生活のうち何度も「いよいよ帰還だぞ」というソ連兵の声にだまされてそれがうそだったと知るたびに絶望の淵に沈んで希望を失って行く人々、希望を失ったとき人々は死んで行き

暁にはるかな故郷を想う

ます。小堀宗慶も生き抜くよりも死んで静かな眠りに着きたいと思うことが多くなってきました。雪の中を歩いている時々このまま雪の中を歩き続けて雪の中にたおれて死んでゆこうと思わず雪の中に崩れ込もうとした時でした。母の声が聞こえたのです。「あなたの祖先には小堀遠州という偉い人がいたのです。あなたはその後継者です。あなたが死んでは遠州流は途絶えてしまうのですよ」。小堀上等兵ははっと頭をもたげました。そのとき、雪を分けて咲いているキンポーゲの花が目に飛び込んできました。それは我が家の床の間にかざられた一輪の野菊のように威厳に満ちて上等兵に微笑みかけていました。そうだ自分は生きて日本に帰らねばならない。

しかし、まだまだ試練が待ちうけていました。人間は水だけでも十日位は生きて行けます。しかし、死ぬより苦しいのは人間性を否定されることです。それがつるしあげです。ソ連抑留者の中にはつるしあげに発狂する人もいました。誰が小堀宗慶を密告したのか、彼は上流家庭の子息であるということだけで皆の前でつるしあげられました。これを指揮するのはソ連で洗脳された日本兵達です。彼等は何も知らずに唯々ブルジョア階級の人間は皆悪人であると教えられていたのです。日本軍では上等兵や下士官だったものの多くがソ連軍からピックアップされてイデオロギー教育を受けて委員の肩書きをもらって収容所に送り込まれて来た連中です。そして無理矢理朝礼の壇上に立たされて大声で、お前は上流階級の出身者だ自己批判をせよ、と脅しつけるのです。しかし、自己批判をせよと言われても何を悪いことをしたのか一向に分かりません。その間は毎日仕事の量を増やされ食事は減らされ、それが一週間も続きました。もう限界です。小堀宗慶はとうとう「悪かった。申し訳なかった。不注意だった」などと詫び言葉を羅列してやっと解放されました。情けなくて悔しくて、もう死んだほうがましだと本気で考えました。しかし、あのような卑怯なツルシアゲに負けて死ぬのは残念すぎるのではないかと自分を叱咤してなんとか生き残りました。一九四九年六月中旬遂に帰還できる時がきました。ソ連はなぜ兵士達を何年間も凍土の荒野に閉じ込めたのでしょう。それは自分達が犯した捕虜に対する恐ろしい行為を世間の目にさらされるのを恐れて四年も放っておけばその殆どの人間が死ぬかふぬけになるか洗脳されるかを待ったのです。しかし、日本人はしぶとくお互いを助け合ってがんばっているのを見て、もうこれ以上彼等を閉じ込めるのは無理だと思ったのでした。帰国の船に乗る間際にソ連発行の日本語新聞がくばられました。そこには「捕虜が抑留されたのは日本軍の行為を償うためであり、ソ連は抑留者を決して冷遇しなかった。ソ連から受けた恩は忘れるな」という意味の言葉が並べられていました。それは洗脳された日本人が書いたものです。ソ連は捕虜虐待の事実が世間に知れることを心から恐れていたのです。しかし、彼等の作戦はある程度成功しました。シベリアから帰った兵士達はその後六十年近くこのソ連の非道な行為を声高く非難することはなかったのです。戦争に負けた日本人はそのショックのため、長い間正義をとなえ、正義を実行する勇気さえも失っていたのです。

実家にたどり着いた宗慶は日本の茶道がしっかりと守り継がれているのを見て驚きました。その年の十月十五日の鎌倉でのお茶会に続いて青森支部でのお茶会で小堀流のお点法の中でも最も奥深く難解といわれる真台子を所望され、七年間も離れていたお作法を見事実演します。「若先生誠にお見事でございます」と列席の支部長達にいわれて宗慶はほっとします。翌年の昭和二十五年五月十九日東京音羽の護国寺月光殿に於いて千人以上の参会者を迎えて宗慶襲名披露が盛大に行われました。そのとき出された大井戸茶碗、国宝の「喜左衛門」の輝きと共に小堀流第十二代家元　小堀宗慶が生まれたのでございます。（この項　小堀宗慶『私の履歴書』日経新聞より）

同じようにソ連軍の捕虜と一旦はなっても幸運にも日本本土に帰れた人もいました。この人は大正十三年に生まれ東大文学部を卒業して陸軍士官学校を卒業し終戦と共にソ連軍に捕らえられシベリアに送られようとしていました。もうしばらくは無事に生きても日本には帰れないなと覚悟を決めていた時、突然部隊長に呼び出され数名の同期生と共に日本に帰ることを命令されたのです。最後に部隊長が飛行場で行った訓辞は、その姿その声がそのまま彼の頭に刻みつけられました。「地を這い草を噛み犬乞食となっても、祖国に帰って再建に尽せ。私は兵を連れてシベリアに行く」。そう隊長は言いました。彼は自分の人生を振り返って、「私の世代で同じような体験をされている方には共通の思いがあるのです。〝後の人生は付録だ〟。私の戦後の人生は一口にいうとがむしゃらに体当たりの五十年でしかなかったのです。それは戦死した戦友に対する弔い合戦でした」。彼、下山敏郎氏は日本のオリンパス光学工業に入り、五十七年専務、五十九年社長、平成五年会長を務め上げ立派に日本復興のため尽しました。

スーパー・ダイエーの創始者中内功氏もその一人です。彼はフィリピンの戦闘で飢えの苦しみを真から経験し、若し日本に帰れたら腹いっぱいビフテキを食いたいと思いつめ、戦後ダイエーを日本一のスーパーマーケットに作り上げ、余裕のできた時ビフテキレストランを作り、自分も思い切り食べると同時にお客様にも上等のビフテキを提供しました。

日本陸軍の敗退

今、日本人の本当の価値観や心根《こころね》が見失われている原因として、戦後の知識人やマスコミだけのせいにはできません。日本人自身の精神が時代の急変や、苛酷な体験の中で変質し、大切なものを失ってきたという面も直視すべきだと思います。

また少し逆戻りして、戦中の日本人の精神の推移について考えてみたいと思います。敗戦が近づくにつれて日本陸軍首脳の作戦はメチャクチャになって行きました。その中で一番ゆるされないことは人命軽視です。彼等は天皇の赤子である筈の日本人民の命を蛆虫の如く取り扱ったのです。俳句「杉」主宰の俳人森澄雄は日経の『私の履歴書』の中でこう書いています。昭和十九年三月二十日森澄雄二十六才見習士官は久留米第五十一野砲部隊の一員として南ボルネオ方面に向かうことになりました。彼等は門司港で二十一隻の輸送船団を編成、マニラに向かったのですがバシー海峡とルソン海峡に於いて敵潜水艦の餌食となり毎日撃沈が続いて海の藻屑と消えました。通常なら何隻かの巡洋艦、駆逐艦が護衛して海に投げ出された兵士を助けるのですが。その準備もなく、死んだ人々のほとんどは新たに徴用された年配の新兵で、おそらく家には妻も子供もある家庭の主人であったのではないでしょうか。そして、バラバラになりながらやっと目的地に到着できたのはたった三隻でした。実に十八隻もの船が沈められたのです。何千人という人が戦いもせず死んでいったのです。森澄雄氏はこう書いています。「自分の前を行く船が攻撃された時は手に取るようにわかる。船体が傾くとお盆の上の豆が片方に寄って落ちるように人間が船から落下するのである。それを見るのは耐えられなかった」。このような人命無視の無謀な作戦を主導した日本陸軍首脳部の行為は厳しく批判されねばなりません。戦争は悲劇のるつぼです。敵と闘って死ぬのは兵士として仕方がありません。しかし、必ず死ぬとわかっていて片道のガソリンを積み翼下に爆弾を抱いて飛び立つ特攻隊の若者の気持ちはどうだったのでしょう。終戦の年昭和二十年五月、薩摩半島南端知覧《ちらん》特攻基地からたくさんの特攻機を見送った北島令司氏はこう言っています。特攻隊員は十代後半から二十代前半の若者達ばかりで、いざ出撃の時は笑顔で手を振って愛機に乗り込みました。飛行学校同期の相花信夫少尉はこれを実家に届けてくれと遺書を書いて北島氏に託しました。少尉の母は継母で彼は十八才で出征する家の前で遂にこの継母をおかあさんと呼べなかったのです。しかし、遺書の中でこう書きました。「母上、お元気ですか」。

母を慕いて

「母上、お元気ですか。永い間ほんとうに有難うございました。我れ六才の時より育てて下さいました母、慈しみ育てて下さりし母、有難い母、尊い母、私は幸福だった。遂に最後まで『お母さん』と呼べなかった私、母上、お許しください。さぞ淋しかったでしょう。今こそ大声で呼ばせていただきます。お母さん、お母さん、お母さん、さようなら」

そんな犠牲を、そして彼等の無念を忘れてはいけない。現代に生きる若い皆様にはこの日本が今あるのは家族を思い、無念を胸に散って行った何千何万という尊い犠牲の結果であるということを知っていただきたい。そして、その上でどんな困難があろうと未来を信じ目標を持ち、前向きに生きていただきたいと切に願います――。北島氏は昭和二十五年頃から特攻隊員の遺書を集め四千五百に及ぶ遺書、写真などの遺品を昭和六十年に知覧特攻平和会館に収めました。

シベリアに送られた日本兵捕虜が一体何人いたのか、長い間全く不明でした。こんなことは戦勝国といえども当然明確にする国際法上の義務があります。それがごく最近になってシベリア抑留日本人七十万人の記録がモスクワのロシア国立軍事公文書館に保管されていることがわかりました。こんなことで日ロ関係は正常といえるでしょうか。日ロの戦争は未だ終わっていなかったのです。日本の政治家は遠慮なく堂々と声を高くして資料の公開を求めねばなりません。

また、さらに日本政府は日本古来の領土、千島列島の返還を強く求めねばなりません。それで始めて正常な日ロ関係ができるのです。

日本人の歌心

さて、この激しい戦争の中で日本人の歌心はどうなっていたのでしょうか。近代以降も、天皇が催される歌会（「歌御会」）が継続され、とくに年の始めの歌会を「歌御会始《うたごかいはじめ》」といいました。宮中での歌御会始の歴史は古く、古いものでは鎌倉中期亀山天皇の代に「内裏御会始」という歌会があったと『外記日記』に書き残されています。宮中では折に触れて歌会が開かれ、大宮人や当世の歌人達が歌を作って披露したとされています。明治の時代になって毎年正月の歌御会始めのときに一般市民からも歌を集められ、選者によって選ばれた歌が発表されます。選ばれた歌一〇首は宮中「宮殿松の間」で年齢の低い者の歌から読み上げられ、そのあと選者の詠進歌、召人の中の一人の歌、それから各皇族の方々の歌、そして最後に天皇、皇后の歌が披露されます。更に翌年の御歌題が発表されます。平成二十二年の御題の「光」には応募は約二万二千首でありました。この歌会の模様はＮＨＫ総合テレビ、衛星第二テレビで全国に生中継されています。尚、応募要領は半紙を横長に使い、右半分にお題と、歌は一人一首に限ります。左半分に郵便番号、住所、電話番号、氏名（フリガナ）生年月日、職業を毛筆で縦書きします。締め切りは九月三十日、宛先は〒一〇〇-八一一一宮内庁。封筒には詠進歌と書きます。

ところで、この歌会始の御題は、日本が戦った戦争によりどのような影響を受けたのでしょうか。

古くは日清戦争の年、明治二十七年の御題は「梅花先春」でありました。明治三十七年の日露戦争の年の御題は「巌上松」です。支那事変の始まった昭和十二年御題は「田家雪」、太平洋戦争が始まった昭和十六年は「魚村曙」、日本軍がマレーシンガポールフィリピンで連勝していた昭和十七年の御題は「連峯雲」、戦争がはげしくなった昭和十八年は「農村新年」、日本本土にB29が爆弾を撒き散らした昭和十九年の御題は「海上日出」、そして東京始め日本の大都市が焼野原になり広島、長崎に原爆が落ち、ついに日本が降伏した昭和二十年の御題は「社頭寒梅」でありました。これは一体どうしたというのでしょうか。参考のため宮中御歌会の御題を明治二年から平成の今日に至る迄の一覧表を後記しますが、そのどこからも戦争のにおいはしてきません。いかに戦争が激しくとも宮中では日本の歌の伝統をしっかりと守られ、自然を愛し、美を尊ぶ、歌の心を失うことはなかったのです。昭和天皇が終戦の大決断を若しなされなかったとしたら日本国はどうなっていたでしょう。あの当時日本人はだれもアメリカに降伏しようなんて考えていませんでした。若し、天皇が宮中で最後迄戦われるなら国民は皆共々に死ぬ気でおりました。昔から日本人はお城が攻められれば城主と共に武士達は皆死ぬ迄戦ったのです。それが当たり前だと皆思っておりました。ソ連は日本本土を攻略した時は、ソ連は北海道を、英国は四国を、中国は九州を、アメリカは本土をそれぞれ領有することをアメリカに申し入れました。そうなれば日本国は消滅し、日本人は永遠に民族として再興することはできなかったでしょう。

危機一髪、昭和天皇のご決断により日本は救われたのです。しかし、このご決断を下されるには相当な勇気を必要とされたに違いありません。二千六百年の皇統が廃絶される可能性は充分にありました。事実ソ連、英国は昭和天皇を戦争責任者として東京裁判に呼び出すようマッカーサーに圧力をかけました。しかし、不思議にもマッカーサーは天皇のご訪問に際して初めて会って感激して、天皇をお守りするようがんばったのです。何が昭和天皇をしてこの終戦の御決断をなされる原因になったのでしょう。これは二千六百年の日本皇室の伝統のおかげという一言に尽きます。あとで述べますが、日本皇室にはたくさんの行事があります。その殆どが国の安寧と国民の幸福を神にお祈りする行事です。その最も象徴的なものが、宮中のお歌会ではないでしょうか。

日本人はよく神社に参拝してパンパンと手をたたいて神様にお祈りしますが、皆自分のために拝んでいるのです。どうかお金がたまりますように、どうか病気がなおりますように、どうか受験がうまくいくように等々です。他人の幸福をお祈りするような人は誰もいません。しかし、天皇家では国民の幸福のために神に祈るのが行事となっています。

世界の王家の中で日本の天皇家のみが二千六百年も続いたというのはすなわちその御心が唯々民のためにあったということに他はありません。逆に言えば、その存在を国民が心の深層の象徴として支えてきたということです。

それでは歴代天皇の歌の中から民を思う心の歌を少し選んでみます。

古くは第十六代仁徳天皇のあまりにも有名な歌があります。

天皇を中心に守り抜かれた「歌」の伝統
――戦乱・戦争の歴史を超えて

日本の歴史の中で、いかなる戦乱・戦争があった時代も、皇室を中心に「歌」の伝統が守られ、多くの人々に「歌」が詠み続けられてきたかを示すために、その戦乱・戦争の歴史と、今に至る宮中「歌会始」の歴史を併記します。

〈日本の戦乱・戦争史〉

弥生時代
2世紀後期：倭国大乱
3世紀後期？：神武東征

古墳時代
3世紀後期から4世紀後期？：日本武尊の征討
4世紀後期？：朝鮮遠征

飛鳥時代
663年：白村江の戦い
672年：壬申の乱

奈良時代
740年：藤原広嗣の乱
764年：藤原仲麻呂の乱

平安時代
1156年：保元の乱
1159年：平治の乱
1185年：壇ノ浦の戦い

鎌倉時代
1221年：承久の乱
1274年：文永の役
1281年：弘安の役

南北朝時代
1336年：湊川の戦い

室町時代
1454年～1482年：享徳の乱

戦国時代
1467年～1477年：応仁の乱
1560年：桶狭間の戦い
1600年：関ヶ原の戦い

江戸時代
1614年：大阪冬の陣
1615年：大坂夏の陣
1864年：長州征討
1868年～1869年：戊辰戦争

明治
1877年：西南戦争
1894年7月～1895年4月：日清戦争
1904年2月6日～1905年9月5日：日露戦争

大正
1914年：第一次世界大戦
1918年：シベリア出兵

昭和
1937年：日中戦争／日華事変／支那事変
1939年：太平洋戦争（大東亜戦争）

昭和（戦後）
1960年：60年安保
1968年～1969年：東大紛争・日大闘争

〈歌会始〉宮内庁資料

人々が集まって共通の題で歌を詠み、その歌を披講する会を「歌会」といいます。既に奈良時代に行われていたことは、「万葉集」によって知ることができます。

天皇がお催しになる歌会を「歌御会《うたごかい》」といいます。宮中では年中行事としての歌会などのほかに、毎月の月次歌会《つきなみのうたかい》が催されるようにもなりました。これらの中で天皇が年の始めの歌会としてお催しになる歌御会を「歌御会始《うたごかいはじめ》」といいました。

歌御会始の起源は、必ずしも明らかではありません。鎌倉時代中期、亀山天皇の文永4年(1267年)1月15日に宮中で歌御会が行われており、『外記日記』はこれを「内裏御会始」と明記しています。以後、年の始めの歌御会として位置づけられた歌会の記録が断続的に見受けられます。このことから、歌御会始の起源は、遅くともこの時代、鎌倉時代中期まで遡ることができるものといえます。

歌御会始は，江戸時代を通じほぼ毎年催され，明治維新後も、明治2年(1869年)1月に明治天皇により即位後最初の会が開かれました。以後，改革を加えられながら今日まで連綿と続けられています。

明治7年（1874年）には一般の詠進が認められ、これまでのように皇族・貴顕・側近などだけでなく、国民も宮中の歌会に参加できるようになりました。

明治12年（1879年）には一般の詠進歌のうち特に優れたものを選歌とし、歌御会始で披講されることとなりました。これは宮中の歌会始の歴史の中でも画期的な改革であり、今日の国民参加の歌会始の根幹を確立したものであります。

明治15年（1882年）からは御製を始め選歌までが新聞に発表されるようになり、明治17年（1884年）からは官報に掲載されるようになりました。

大正15年（1926年）には、皇室儀制令が制定され、その附式に歌会始の式次第が定められました。これにより、古くから歌御会始といわれていたものが、以後は「歌会始」といわれることになりました。しかし，大正15年12月、大正天皇崩御のため昭和2年には歌会始は行われなかったので、実際に歌会始と呼ばれたのは昭和3年（1928年）の歌会始からです。

【歴代歌御会の御題一覧】

明治時代
明治 2 年（1869 年）春風来海上
明治 3 年（1870 年）春来日暖
明治 4 年（1871 年）貴賤春迎
明治 5 年（1872 年）風光日々新
明治 6 年（1873 年）新年祝道
明治 7 年（1874 年）迎年言志
明治 8 年（1875 年）都鄙迎年
明治 9 年（1876 年）新年望山
明治 10 年（1877 年）松不改色
明治 11 年（1878 年）鶯入新年語
明治 12 年（1879 年）新年祝言
明治 13 年（1880 年）庭上鶴馴
明治 14 年（1881 年）竹有佳色
明治 15 年（1882 年）河水久澄
明治 16 年（1883 年）四海清
明治 17 年（1884 年）晴天鶴
明治 18 年（1885 年）雪中早梅
明治 19 年（1886 年）緑竹年久
明治 20 年（1887 年）池水浪静
明治 21 年（1888 年）雪埋松
明治 22 年（1889 年）水石契久
明治 23 年（1890 年）寄国祝
明治 24 年（1891 年）社頭祈世
明治 25 年（1892 年）日出山
明治 26 年（1893 年）巌上亀
明治 27 年（1894 年）梅花先春
明治 28 年（1895 年）（寄海祝）
日清戦争で中止
明治 29 年（1896 年）寄山祝
明治 30 年（1897 年）（松影映水）
英照皇太后崩御で中止
明治 31 年（1898 年）（新年雪）
英照皇太后喪中で中止
明治 32 年（1899 年）田家煙
明治 33 年（1900 年）松上鶴
明治 34 年（1901 年）雪中竹
明治 35 年（1902 年）新年梅
明治 36 年（1903 年）新年海
明治 37 年（1904 年）巌上松
明治 38 年（1905 年）新年山
明治 39 年（1906 年）新年河
明治 40 年（1907 年）新年松
明治 41 年（1908 年）社頭松
明治 42 年（1909 年）雪中松
明治 43 年（1910 年）新年雪
明治 44 年（1911 年）寒月照梅花
明治 45 年（1912 年）松上鶴

大正時代
大正 2 年（1913 年）
明治天皇喪中で中止
大正 3 年（1914 年）社頭杉
大正 4 年（1915 年）
昭憲皇太后喪中で中止
大正 5 年（1916 年）寄国麗
大正 6 年（1917 年）遠山雪
大正 7 年（1918 年）海辺松
大正 8 年（1919 年）朝晴雪
大正 9 年（1920 年）田家早梅
大正 10 年（1921 年）社頭暁
大正 11 年（1922 年）旭光照波
大正 12 年（1923 年）暁山雲
大正 13 年（1924 年）新年言志
大正 14 年（1925 年）山色連天
大正 15 年（1926 年）河水清

昭和時代（戦前）
昭和 2 年（1927 年）（海上風静）
大正天皇喪中で中止
昭和 3 年（1928 年）山色新
昭和 4 年（1929 年）田家朝
昭和 5 年（1930 年）海邊巌
昭和 6 年（1931 年）社頭雪
昭和 7 年（1932 年）暁鶏聲
昭和 8 年（1933 年）朝海
昭和 9 年（1934 年）
朝香宮妃喪中で中止
昭和 10 年（1935 年）池邊鶴
昭和 11 年（1936 年）海上雲遠
昭和 12 年（1937 年）田家雪
昭和 13 年（1938 年）神苑朝
昭和 14 年（1939 年）朝陽映島
昭和 15 年（1940 年）迎年祈世
昭和 16 年（1941 年）漁村曙
昭和 17 年（1942 年）連峯雲
昭和 18 年（1943 年）農村新年
昭和 19 年（1944 年）海上日出
昭和天皇体調不良で歌会中止
昭和 20 年（1945 年）社頭寒梅
昭和 21 年（1946 年）松上雪

昭和時代（戦後）
昭和 22 年（1947 年）あけぼの
昭和 23 年（1948 年）春山
昭和 24 年（1949 年）朝雪
昭和 25 年（1950 年）若草
昭和 26 年（1951 年）朝空
昭和 27 年（1952 年）
貞明皇后喪中で中止
昭和 28 年（1953 年）船出
昭和 29 年（1954 年）林
昭和 30 年（1955 年）泉
昭和 31 年（1956 年）早春
昭和 32 年（1957 年）ともしび
昭和 33 年（1958 年）雲
昭和 34 年（1959 年）窓
昭和 35 年（1960 年）光
昭和 36 年（1961 年）若
昭和 37 年（1962 年）土
昭和 38 年（1963 年）草原
昭和 39 年（1964 年）紙
昭和 40 年（1965 年）鳥
昭和 41 年（1966 年）声
昭和 42 年（1967 年）魚
昭和 43 年（1968 年）川
昭和 44 年（1969 年）星
昭和 45 年（1970 年）花
昭和 46 年（1971 年）家
昭和 47 年（1972 年）山
昭和 48 年（1973 年）子ども
昭和 49 年（1974 年）朝
昭和 50 年（1975 年）祭り
昭和 51 年（1976 年）坂
昭和 52 年（1977 年）海
昭和 53 年（1978 年）母
昭和 54 年（1979 年）丘
昭和 55 年（1980 年）桜
昭和 56 年（1981 年）音
昭和 57 年（1982 年）橋
昭和 58 年（1983 年）島
昭和 59 年（1984 年）緑
昭和 60 年（1985 年）旅
昭和 61 年（1986 年）水
昭和 62 年（1987 年）木
昭和 63 年（1988 年）車
昭和 64 年（1989 年）（晴）
昭和天皇崩御中止

平成時代
平成 2 年（1990 年）（晴）
中止
平成 3 年（1991 年）森
平成 4 年（1992 年）風
平成 5 年（1993 年）空
平成 6 年（1994 年）波
平成 7 年（1995 年）歌
平成 8 年（1996 年）苗
平成 9 年（1997 年）姿
平成 10 年（1998 年）道
平成 11 年（1999 年）青
平成 12 年（2000 年）時
平成 13 年（2001 年）草
平成 14 年（2002 年）春
平成 15 年（2003 年）町
平成 16 年（2004 年）幸
平成 17 年（2005 年）歩み
平成 18 年（2006 年）笑み
平成 19 年（2007 年）月
平成 20 年（2008 年）火
平成 21 年（2009 年）生
平成 22 年（2010 年）光
平成 23 年（2011 年）葉

高き屋に　登りて見れば　煙立つ
民のかまどは　にぎはひにけり

これは、天災のため飢饉となり、どの家々も食糧が乏しく人民が困った様子を見て、仁徳天皇は租税の徴収を三年間ストップして宮中も倹約につとめられ数年してやっと民に富が戻ったことを見とどけられて作られた歌ですが、人々はこの徳に感激して仁徳天皇が崩御されたあと大阪の堺の土地に広大な御陵を造りました。これは墓域の面積として世界最大のお墓です。

第九十一代、後宇多《ごうだ》天皇のお歌

いとどまに　民やすかれと　いのるかな
我が身世にたつ　春の始めは

第九十二代、伏見天皇

いたずらに　やすき我が身ぞ　恥ずかしき
苦しむ民の　心おもえば

第百二代、後花園天皇

よろず民　うれえなやれと　朝ごとに
　いのる心を　神やうくらむ

第百十五代、桜町天皇

思うには　まかせぬ世にも　いかでかは
　なべての民の　心やすめむ

第百十七代、後桜町天皇

おろかなる　心ながらに　国民の
　なほやすかれと　おもふあけくれ

第百二十一代　孝明天皇

我よりも　民のまずしき　ともからに
　恵ありたく　おもうものかは

明治天皇の父君孝明天皇は安政元年御所炎上の時、あちこちからたくさんのお見舞いの品々の献上があったので、くれた人々には申し訳ないが自分のことより貧しい民のことの方が気になると歌われたのです。

第百二十四代昭和天皇が終戦を決意されたとき歌われた歌

爆撃に　たおれゆく民の　上をおもひ
　いくさとめけり　身はいかならむとも

昭和天皇は戦争終結の決断に当たり、たとえ無条件降伏によって二千年の天皇制が消滅することがあろうともこの民を救うために決断したとすれば歴代天皇の方々もきっと許してくれるであろうと思われたのに違いありません。

天皇の御文業

天皇文業総覧という本があります。若草書房二〇〇四年発行の本ですが、これを読みますと歴代天皇が日本人に対して如何に文化芸術の伝道者の役割を果たしてこられたかが良く分かります。古代より現代に至る迄、日本人の文化、教育、習慣、文学、宗教は天皇家から発信され、国のはしばし迄伝わっていたのです。こんな国は世界中にありません。第八十二代後鳥羽天皇が承久の乱に敗れ隠岐の島に流罪になった時、都を遠く放れたこの島の住民は皆天皇のために涙を流し、天皇の無聊をおなぐさめするため、しばしば闘牛の会を開きました。そしてこの伝統は今でも島で続けられています。それでは、歴代天皇の御行蹟をかいつまんで見てみましょう。

第一代神武天皇については古事記、日本書紀にいろいろと書かれています。忍坂《おさか》にある土雲という土着の勢力を討つために歌われた合図の歌は有名で我々の時代には小学校でよく暗記させられたものです

忍坂の　大室屋に　人多に　來入り居り　人多に　入り居りとも　みつ疊號《みつ》し
久米の　子が　頭椎　石椎もちて　撃ちてしやまむ

第二代綏靖《すいぜい》天皇から第九代開化天皇迄を「欠史八代」と申しましてあまり記録がありません。第十代崇神天皇。天皇は三輪祭社の宴ではその宴を主催して次の如く長歌を御作りになりました。

味酒　三輪の殿の　朝戸にも　押し開かね　三輪の殿戸を（書紀十七歌）

第十五代応神天皇の御名についての由来は、この天皇は母神功皇后のお腹にいるときから神の声を聞き神と話されたといわれることから応神と名付けられたとされています。その時、王仁《わに》などの渡来人達がもたらした大陸の文化技術を大いに日本に広めたと伝えられています。

第十六代仁徳天皇は先に述べました通り、人民から慕われ、世界最大の前方後円の墓に眠っておられます。たくさんの歌を読まれましたが、あまりに多くて書けません。ここでは天皇の恋歌に対して歌われた大后石之日売命《いわのひめのみこと》の御返歌を読んでみましょう。

衣こそ　二重も良き　さ夜床を　並べむ君は　畏きろかも

日本皇室の最初の女帝は推古天皇であり、つづいて舒明天皇の皇后であった第三十五代皇極天皇です。舒明天皇の崩御にともない皇位継承の争を避けるため即位され皇極天皇と呼ばれました。異母弟軽皇子の成長に従い皇位を譲ります。この方が第三十六代孝徳天皇です。天皇は世論を聞くための「鐘匱《かねひつ》の制」を定め、民衆の願いを聞き届け、雑役の廃止を決める等、善政を敷きました。

孝徳天皇が若くして崩御されたので、第三十五代皇極天皇が再び天皇となり、第三十七代斉明天皇となります。斉明天皇も歌を良くし、数十首の歌が残されています。

第三十八代天智天皇の御代になり歌はますます盛んになり歌人額田王などが活躍します。また、天智天皇は大変お元気な方で皇子四人、皇女十人をお造りになりました。

第四十代天武天皇のとき『古事記』が撰録されたと伝えられています。また、『万葉集』巻第十九　四二六一にある、

大君は　神にしませば水鳥の
すだく水沼《みぬま》を　都と成しつ

この大君とあるのは天武天皇を歌ったものと考えられています。

第四十一代持統天皇は天武天皇の皇后で、天武天皇崩御の後、男性皇子の争いがあったため自ら即位して天皇となった女帝です。歌の道に秀出られ、御歌が多く『万葉集』に収録されています。

また、皆様ご存知の百人一首の、

春過ぎて　夏来るらし白栲の　衣ほしたり　天の香具山

はこの女帝の作品です。

第四十三代元明天皇は現存世界最古の歴史書『古事記』を太安万侶に命じ和銅五年（七一二）正月二十八日に奏上させたとなっています。続いて『風土記』の撰進の詔を発せられたとなっています。

第四十六代孝謙天皇。父は聖武天皇、母は藤原不比等の娘、聖武天皇の皇太子基王がわずか一歳で没したため、この方が天平十年（七三八）正月十三日史上初めの女性皇太子となり即位しました。九年間在位して後、淳仁《じゅんにん》天皇に譲位されました。歌を作り舞をよくされたと伝えられています。

第四十八代称徳天皇。天平元年正月、淳仁天皇を廃して孝謙天皇が再び即位されることになりました。

第五十代桓武天皇。延暦三年（七八四）長岡京に遷都され、延暦十三年（七九四）平安京に都を造られたことで有名です。文化事業としては、遣唐使を派遣され、この時最澄、空海が唐の文化を吸収して日本に伝えたのは日本にとって画期的な出来事でした。また、歌も多く作られました。

その中の一首

梅の花　恋ひつつみれば　降る雪を
花かも散ると　思いつるかも

第五十三代淳和《じゅんな》天皇は文学の道に秀でられ、勅撰歌集を命ぜられると共に自ら歌を読まれた当時の代表的歌人であります。漢詩集であるが『経国集』、『凌雲集』、『文華秀麗集』などにその歌があり、また、歌宴を催し、文化活動に力をお入れになりました。そして、文徳、清和と続く天皇の時代に、僧正遍昭や在原業平などの六歌仙が活躍します。この時代は六歌仙時代と呼ばれ、小野小町もがんばります。

第五十七代陽成《ようぜい》天皇の一つで百人一首にある、

筑波峰の　峰より落つる　みなの河
恋ぞ積もりて　淵となりぬる

は陽成《ようぜい》天皇の御歌ですが、これは筑波山の男山と女山の中を流れる男女川を歌う恋歌と解釈されています。

第五十八代。光孝天皇。この天皇の歌も百人一首に出てきます。

君がため　春の野に出て　若菜摘む
　わが衣手に　雪はふりつつ

第六十二代村上天皇の時代は詩歌の道がますます盛んになってきまして、あちこちで歌会が催されました。また、『伊勢物語』、『大和物語』、『平仲物語』など物語記が作られ、女流日記文学の最初『蜻蛉日記』も出てきます。日本書き下ろし文学のスタートです。この頃、天皇を中心とした文学熱の高まりはものすごいばかりで、或る日天皇が中宮女御芳子が古今集二十巻を諳んじていると聞いて御下問なされたところ、芳子は十巻をすらすらと暗誦したので天皇はお疲れになり一旦その辺でよかろうとお止めになりましたが、一休みのあと残りも暗誦できるのかとお尋ねになりますと、芳子はにこりと笑って早速残り十巻を歌い上げ天皇のお褒めをいただいたというほどでありました。

第六十六代一条天皇の時代にはあちこちで文学サロンの花が咲き、人々は文学の話に血をわかせていました。平和な時代です。このような背景から物語、日記文学、歌集などが次々と出てきました。一条帝には定子と彰子の二人の后がおられましたが、その定子に仕えたのが清少納言です。『枕草子』はこうして生まれました。そして彰子の方の皇子をお守りする紫式部は『源氏物語』を書きます。第一皇后定子は第二皇女咲子を産んで亡くなり鳥野辺に土葬されます。この時一条天皇は定子の死を哀しみ次の歌を送られます。

野辺までに　心ひとつは　かよえども
　わがみ行きとは　知らずやあるらん

　これは島野辺に葬られたお前は私とは心は一つであるが、死んでしまったからには私がいるのは分からないだろうな（作者意訳）という意味です。

　第六十七代三条天皇の歌も一首、百人一首にあります。

心にも　あらで浮世を　ながらえば
　恋しかるべき　夜半の月かな

　第七十二代白河天皇も歌をこよなく愛した方です。また、歌の心は人を大切にすることにあるとその本質を考えておられ、中宮賢子が亡くなった時その遺体を抱いてお離しにならないので近習の源俊明が天皇が死に立ち会う先例はないと咎め立て奉ったところ、白河天皇は「例は此れよりこそ始められよ」とどなられたとのこと。誠に誠に、よく役所にものを頼みに行くと先例がないからと断られますが、白河天皇の御言葉をお前は知っているかと教えてやったら如何なものでしょう。

　第八十二代後鳥羽天皇。平家の滅亡、鎌倉幕府の成立等々、時代はきびしく変わっていきますが、同時代屈指の歌人として格調高い歌を残しておられます。のちに上皇となり院政を行いますが宮中に「和歌所」を設置して和歌の隆盛のため努力されました。一二二一年、承久の乱によって隠岐の島に流された時も和歌活動を続けられ『遠島御百首』を編まれましたが。

その一首

われこそは　新島守よ　隠岐の海の
　あらき波風　心してふけ（九七）

院はこの島でお亡くなりになる迄十九年間、一六〇〇首の歌を作られ、歌人定家、家隆らと歌心を通じられました。

第九十六代後醍醐天皇は幕府討伐を二度も企画されたが失敗。一度は隠岐に流刑となりますが護良親王や楠木正成らの挙兵と共に隠岐を脱出、足利尊氏、新田義貞がこれに呼応するに及んで倒幕に成功、建武新政を発せられます。足利尊氏の離反により新政は崩壊し、天皇は吉野に逃れ、五十二才で没しました。

天皇はこの激しい戦いの中で文学を愛され、特に朱子学を学ばれ、この朱子学が後に王政復古、倒幕の基本思想となったようです。天皇は多数の臣を失った悲しみにつき、歌一首を歌われました。

事問わむ　人さえまれに　なりにけり
　我が世の末の　程ぞしらるる

第九十七代後村上天皇は後醍醐天皇の第七皇子です。父後醍醐につきあちこちと転戦されましたが最後は吉野の地で他界されました。しかし、この戦闘の中でもよく文学に通じられ、その臣北畠親房が書き残した『人皇正統記』は歴史書として後世の学者にすばらしい恩恵を与えました。天皇御自身も文学、音楽に意を持ちいられ、琵琶は妙音院流の奥義、箏は播磨流の秘伝を受けられました。

ここに歌一首

出づる日に　春の雀は　あらわれて
　年立ち帰る　天のかぐ山（新撰和歌集一）

第百二代後花園天皇。この天皇の勅撰として『新続古今和歌集』が世に出ました。天皇は和歌を大変大切にされ宮中でしばしば歌会が開かれました。宝徳二年（一四五〇）十一月の仙洞歌合会をはじめとして、翌三年八月十一日の百番歌合せなど有名です。天皇は和歌だけでなく管弦や絵画にも御造詣が深く、天皇直筆による絵画も多く残っています。

天皇の一首

いにしえの　聖《ひじり》の教え　学びきて
ながれて遠き　みずぐきのあと

第百四代後柏原天皇は御自ら歌を愛されたのみならず、これをさらに広めようと心され、新年の始まりの時、歌を奏上させました。最初は短冊に書いて提出させるだけでしたが、「披講」（入選歌に節をつけて詠み上げる儀式）となり、これが連綿と続いて今日の御歌始め会となったといわれています。

第百六代正親町《おおぎまち》天皇。この時代はいわゆる戦国時代の真最中で宮殿をめぐらす塀も崩れがちで一般の民家とあまり変わらぬ風情だと考えられます。江戸時代の歴史随筆『老人雑話』に老人の回想聞書きとして次のような記述があります。

信長の時代には、禁中は台所御苦しい時代にて、その姿周囲の厠屋とことならず築地はくずれ竹の垣に茨などゆいつけたるさま也、老人子供の、時には遊びに参りて縁にて土などこね廻し、破れたる簾を開けて見れば人影も見えぬ程の状態なりし。（著者意訳）とあります。

このような状態にありながら天皇は象徴的権威を保持しており、戦国大名はその恩恵にふれることを嘱望していたのです。この戦乱の最中にも天皇は歌会を催され、その歌題は火、日、恋と出されました。

この時天皇が作られた歌の一首

雲の上　昔にあらぬ　影みても
我が身ひとつの　秋の夜の月

第百九代明正《めいしょう》天皇は、後水尾天皇の第二皇女、寛永七年（一六三〇）僅か七才で即位されました。実に奈良時代の称徳天皇以来八五九年ぶりの女帝であります。幼少であったためもちろん政務にはつかれず、父君後水尾天皇が院政をしいてお助けしました。明正天皇が帝位につかれたのは当時の宮中と幕府のいざこざを避けるため後水尾天皇がさっさと身を引いて徳川の血につながる第二皇女興子を即位させたものであって皇弟の継仁親王が成長する迄の中継の意味で女帝となったものであり、在位十四年でこの皇弟後光明天皇に譲位されました。この幕府と皇室のいざこざの中に苦しまれた女帝は仏教に帰依され七十四才で崩御される迄淋しく仏縁をたよりにおすごしなされたということであります。勿論伴侶はお取りになりませんでした。

第百十五代桜町天皇の時代はちょうど八代将軍吉宗の時代であり、天皇家は代々吉野の奥新宮神社、那智神社に遠い道を行幸される訳でありますから、和歌山城出身の吉宗には好感を持たれており朝廷幕府の関係は先帝中御門天皇と同様に非常に良好な関係を持っておられました。吉宗は朝廷の儀式の復興に大変協力しましたのでこの時代に一時中断されていた大嘗祭、新嘗祭、宇佐宮奉納などを復興されました。歌もたくさん残されました。

その中の一首

天が下　たのしむ民の　こころをも
まず酌みて知る　春のさかずき

ちょうど桜町天皇のお生まれが一月一日であり、その日に火事があったことから、聖徳太子の再来と噂され、その噂どおりに聖君の聞こえ高かったと伝えられています。

第百十七代後桜町天皇は桜町天皇の第二皇女、本来天皇となるべき皇太子の英仁親王がわずか五才の幼少であったことから皇太子が成長なされる迄、中継の意味で天皇になられた女帝であります。そして皇太子が十三才になられた明和七年（一七七〇）十一月二十四日に譲位されます。

後桜町天皇はその後、後桃園天皇、光格天皇の幼帝を補佐し奉り、文化十年（一八一三）七十四才に崩御されます。女帝は文才に秀で、ことのほか秀麗であったにもかかわらず、皇女からの即位ということで七十四才の長い間生涯独身を守りつづけられました。

女帝の歌二首

やはらぐる　春たつ今に　吹く風は
　民の草葉に　まずおよぶらし
民やすき　この日の本の　国の風
　なほただしかれ　御代の　初春

第百十九代光格天皇は博学能文として知られ、残っている御製の歌は多く『光格天皇御製集』『光格天皇御製集拾遺』には約千五百首が収められています。

その内の一首

身のかいは　何を祈らず　朝な夕な
　民安かれと　思うばかりぞ

また、幕府の民衆に対する態度につき立腹され、

民草に　露の情けを　かけよかし
　代々の守りの　国の司は

と歌われ民衆が喜んだともされています。

第百二十一代孝明天皇は明治天皇の父君であります。この時代はいわゆる明治維新につながる激動の時代です。

嘉永六年（一八五三）米国提督ペリーにつづきロシア使節プチャーチンらが日本国海上に姿を現します。尊皇攘夷の呼び声が高くなり、幕府は全く統制能力を失い、今まで見向きもしなかった朝廷にお伺いを立てます。天皇の御意向によらなければ国がおさまらなくなってきたのです。諸外国はこの混乱に乗じて日本での権益の拡大を求めようと、虎視眈々と日本の崩壊を待ち受けています。孝明天皇はこの日本国の状態を深く憂慮され、わずか三十六才の若さで崩御します。

天皇はこの騒然とした代に生きられたのもかかわらず、膨大な数の和歌を残されています。『此花集』『此花詠集』『此花集詠千首』のほか、『孝明天皇御詠集』など多くの御辰筆御製があり、その数は八千首を越えます。

その中から数首

朝ゆふに　民安かれと　おもう身の
　こころにかかる　異国のふね
この春は　花うぐひすも　すてにけり
　わがなすわざぞ　国民のこと

願わくは　こころ静かに　やまのはの
　花みてくらす　春としもかな

第百二十二代明治天皇。幼名は祐宮《さちのみや》。慶応三年（一八六七）即位され、明治と改元され、明治四十五年（一九一二）崩御。生涯に一万首以上の歌を詠まれました。『明治天皇御集』には約九千首の歌が残されています。明治天皇については何枚紙があっても書き尽くせません。ここでは歌のみを列挙して、その御心を偲ぶのみです。

明治二年「歌御会始」の御題は「春風来海上」でした。

千代よろづ　かわらぬ春の　しるしとて
　海べをつたふ　風ぞのどけき

その他の歌数首

水の端に　降るかと見れば　夕立の
　はれゆくあとに　入日さすなり

軍人《いくさびと》寝《い》るまもなくて　あかすらむ
　寒くなりゆく　秋の長夜を

年へなば　国の力と　なりぬべき
　人を多くも　失いにけり

セオドア・ルーズベルト大統領が感心したという（ドナルド・キーンの言葉）歌

よもの海は　みなはらからと　思う世に

など波風の　たちさわぐらむ

第百二十三代大正天皇は明治天皇の第三皇子。日本皇室で始めて一夫一婦制を採用されました。わずか十五年の在任で崩御されましたが、数々の歌があります。天皇二十才の時、十五才の九条節子（貞明皇后）と御結婚され、皇后をこよなく愛されました。

その一首

はる雨の　はるゝを待ちて　若松の
つゆよりなれる　玉拾いつつ

更に妻節子にこれを贈るとて、

今ここに　君もありなば　ともどもに
拾わむものを　松の下つゆ

第百二十四代昭和天皇も一夫一妻制を固持されました。皇后は久邇宮良子《くにのみやながこ》。昭和天皇も一万首近い歌を詠まれています。その中から大正十五年新年歌会始の「河水清」との御題に対して詠まれた歌。

広き野を　ながれゆけども　最上川
　海に入るまで　にごらざりけり

昭和の時代昭和七年の「歌会始」の歌。御題は「暁鶏声」です。

よめさめて　わが世を思う　あかつきに
　長なきどりの　声ぞきこゆる

昭和六十二年歌会始　御題「木」の歌

わが国の　たちなほり来し　年々に
　あけぼのすぎの　木はのびにけり

昭和天皇は戦後復興途中にある日本国のあちこちを巡幸されまして、国民と心を交わされましたが、その中でもこの御巡幸の行く先々で歌われた歌でありますが、これについては別項にゆずります。

さて、歴代天皇の御文業についてごく大雑把にまとめてみました。詳しくお知りになりたい方は若草書房の出版した『天皇文業総覧　上下二巻』という本を読んで見てください。ここまではかなり飛ばして抜粋してきましたが、欠史八代の天皇以外は皆歌を作り歌集を編纂しています。こうして見てみると、、結局日本の文学文化はすべて天皇が発信元になっています。どんなに苦しい時でも鳥花を愛し、自然の声に心を震わせる、その心が日本人の感性をはぐくみ綿々と今日まで伝わって来ているのです。昭和天皇があの終戦の決断をなされ日本の国土と日本人を救われたのは、こういった歴代天皇の御心があったからです。たとえ日本の天皇制度が昭和の御代に消えることになっても、国民を救うためであるとすれば神々もお許し下さるであろうと昭和天皇はお考えになったのでしょう。

爆撃に　たおれゆく民を　思いて
戦いやめにけり　身は如何になろうとも

敵将マッカーサー元帥は天皇の最初の訪問に接して一瞬の内に天皇の偉大さをさとりました。「この方は誠の紳士である」「この方をお守りするのが自分のつとめである」。ソ連、英国が天皇を裁判に付せよとつめよった時、マッカーサーは見事にこれを拒否しました。そして、天皇のお言葉の通り急いで救援物資を本国より取り寄せ、日本人に配給したのでした。「若し、天皇に何かあったら、日本人は決してアメリカを許さないだろう。そしてアメリカの占領政策は困難に陥るだろう」とマッカーサーは彼の回顧録に書いています。

昭和天皇の御巡幸

昭和天皇は戦いが終わってわずか数ヶ月の内に全国御巡幸の御決心をなされました。しかし、これにはアメリカ占領軍ＧＨＱが反対しました。治安は充分回復しておらず、街には天皇制反対を叫ぶ学生・労働者のデモ行進が続いています。この状態ではアメリカ軍の力をもってしても天皇の安全を保証できないと考えたからです。しかし、天皇は一刻も早く国民に会って、自信を失っている日本人一人ひとりを勇気づけたいと考えられ、巡行を強く望まれました。天皇はわずかなお伴をつれて警備の者もほとんどなしに出発されたのです。しかし、不思議なことが起こりました。天皇の御訪問された街々村々では日本人は皆心からこの御訪問を歓迎したのです。

もちろんその人達の多くは天皇の名において夫を失い、子供までも失った家族の人々もたくさんいた筈です。しかし、天皇はその一人一人にお言葉をかけられ、このお心を知って国民は涙を流しました。その中でたった一ヶ所ＧＨＱが恐れた状況が実行された場所がありました。京都大学時計台広場です。二千人近い学生が動員されて赤旗を打ちふり、天皇制反対を叫び、革命歌を歌いつつ天皇の御召車に向かって突進しました。この時、とある一角から君が代を歌う高らかな声が沸き起こりましたが、大勢の声にかき消されて勝負になりません。いわゆる京大事件と呼ばれる出来事です。この学生の中には共産党のシンパの連中、あるいは先にもふれた後の小説家小松左京（文学部）、同じく高橋和巳（文学部）、後の詩人豊田善次もいたでしょう。また、後に福徳銀行の副頭取になった吉川泰一郎もいました。中には御召車の屋根に登って赤旗を振った不届きな友人もいましたが、天皇はしばらくお手を振った後、何事もなかった様にお立ちになりました。彼等はけっして天皇に敵意を抱いてこれらの行動に参加したのではありません。また、何かを天皇に直訴しようとしたのでもありません。唯、何かしなくてはならないという危機感を持っていたことは間違いありません。唯、当時の学生運動の流れの中で深い考えもなく同学会の動員について行っただけだったのです。友人の一人は天皇をよく見ようと松の木に登ったところ、枝がポキリと折れて、地面にころがり落ちた人もいましたが、天皇には大変失礼なことでした。

歴代天皇が日本文化の発信地、その源泉であったことは前章で書きましたが、ここで少し天皇の日常の御仕事の内容について見てみましょう。

天皇の日常生活

実は私も天皇の日常はのんびりと歌を作ってお過ごしなされているものかと思っていました。ところが天皇は大変お忙しいのです。先ず、年中しょっちゅう来る外国からの要人達との謁見、国内

【宮中祭祀一覧】

1月1日	四方拝(しほうはい)、 歳旦祭(さいたんさい)
1月3日	元始祭(げんしさい)
1月4日	奏事始(そうじはじめ)
1月7日	昭和天皇祭(しょうわてんのうさい)
1月30日	孝明天皇例祭(こうめいてんのうれいさい)
2月17日	祈年祭(きねんさい)
春分の日	春季皇霊祭(しゅんきこうれいさい)、 春季神殿祭(しゅんきしんでんさい)
4月3日	神武天皇祭(じんむてんのうさい)、 皇霊殿御神楽(こうれいでんみかぐら)
6月30日	節折(よおり)、大祓(おおはらい)
7月30日	明治天皇例祭(めいじてんのうれいさい)
秋分の日	秋季皇霊祭(しゅうきこうれいさい)、 秋季神殿祭(しゅうきしんでんさい)
10月17日	神嘗祭(かんなめさい)
11月23日	新嘗祭(にいなめさい)
12月中旬	賢所御神楽(かしこどころみかぐら)
12月23日	天長祭(てんちょうさい)
12月25日	大正天皇例祭(たいしょうてんのうれいさい)
12月31日	節折(よおり)、大祓(おおはらい)

毎月1、11、21日	旬祭(しゅんさい)
毎日	日供の儀(にっくにのぎ) 毎朝御代拝(まいちょうごだいはい)

の各種事業への御臨席、勲章授与式へのご出席、その他その年の日本の国のために尽くした人々のための園遊会へのご出席等々、これらの行事をとどこおりなく行うために情報の取得とお勉強、これだけでも相当な時間と労力を使わねばなりません。

しかし、これにも増して重要なのが宮中で行われる祭礼です。これは毎年一月一日に始まる四方拝《しほうはい》。この儀式は古く平安時代初期の嵯峨天皇のとき始まったとされていますが、現在では天皇は午前五時三十分（昔は寅の刻、午前四時頃）宮中神嘉殿のお庭に作られた建物の中に入り四方の神々に祈りを奉げ、天下万民の幸福を祈念する大切な行事です。また、それに続く歳旦祭、そして年の暮れ十二月三十一日に節折、大祓《おおはらえ》の儀、ここでは皇族をはじめ国民一人一人の厄を取り払うお祓いの儀が行われます。その間一年の間に実に十数回の祭礼が行われます。神嘗《かんなめ》祭、新嘗《にいなめ》祭は元よりそれぞれ国家の安泰を祈り国民の繁栄と幸福を願うお祈りがなされるのです。大変な激務です。皇后はこの天皇のお仕事をしっかりお支えしなければなりません。これも大変な仕事だと思います。天皇皇后はこの様な祈りの日々を通じて徐々に千代万代の神々に同化し、神に近づかれるのです。

宮中の祭祀の儀式は頗る厳格で今上天皇（現天皇）は祭儀に当たっては何度も御習礼（稽古）を繰り返され万全を期してこれに当たられます。例えば大嘗祭のときも習礼され、古い侍従に「昭和天皇の所作と少しでも違っているところがあれば言うように」と仰せられて万全を期されたとのことです。宮内庁掌典をつとめ、平成の即位礼、大嘗祭に奉仕した元皇學館大学名誉教授鎌田純一氏は、「今上天皇の祭祀に臨むお姿は『祈りの天皇』といわれた昭和天皇にそっくり受け継がれ天皇家の伝統がそのまま続けられています。今上天皇はいまも国民と国家の安泰と繁栄を日々祈り続けておられるのです」と語っておられます。

日本の代々の天皇はその皇姻を残すため側室を何人か置かれていました。それでも天皇家に男子が生まれないときもあります。第二十六代の天皇の時はお世継ぎの男子がなく、継体天皇を遠縁の宮家からお迎えしなければならなかったこともあったのです。大正天皇は側室をお取りにならず、昭和天皇の時から側室制度はなくなりました。さあ大変です。天皇家には男子のご出産が絶対に必要になったのです。ところが皇室には三十九年間男系の男子がお生まれになっていないのです。皇太子と雅子妃殿下の間には愛子様お一人が産まれただけです。ここで平成十六、七年頃から女帝問題が深刻に取り上げられることになりました。女帝を容認するためには、皇室に関わる法律として制定された皇室典範を改訂する必要があります。皇室典範には「皇位は皇統に属する男系の男子がこれを継承する」と定められているからです。

時の総理大臣小泉首相は有識者と呼ばれる人々に命じてこれを議論させ政府に答申するよう命じました。しかし、困ったことにこれらの有識者のほとんどがどうしたわけかいわゆる進歩派の人々で彼等にまかせれば女帝容認の結論を出すのは間違いなく、ここで日本の天皇制は断絶するところでした。一般国民の世論も、深く考えずに女性天皇でもいいのじゃないかといったところに向かっていました。数章前に歴代天皇の御業績の所で全百二十六代の全天皇の内の女性天皇についてはそれぞれどのような方々であったかにふれたつもりですが、古代日本の国では八人の女性が皇位を継がれ、この内お二人の天皇が二回天皇をしておられるので六人の女性が天皇の仕事をなされたのです。

日本の女帝

ここで古来の日本の女帝はどうであったかを見てみます。推古天皇は敏達天皇の皇后、敏達《びたつ》天皇が亡くなられた時皇位継承候補の皇子等が幼少のため成長なされる迄の間史上初めて、女帝として皇位をお継ぎになりました。第四十一代の持統天皇も天武天皇の未亡人で天武天皇の死後次の軽皇子が未だ七才であったため女帝となり十一年後に皇太子（孫）に譲位されます。第四十三代元明天皇は草壁皇太子の妃でありましたが未亡人となり文武天皇崩御のあと後に聖武天皇となる幼い皇太子（当時七才）の後見のため即位されたものです。第四十四代元正天皇は文武天皇の姉君に当たりますが政変に巻き込まれ、未婚のまま帝位につかれ、皇太子の成長の間補佐したものと伝えられています。

第四十六代孝謙天皇は異母弟安積親王の太子となるのを阻むため皇女（聖武天皇の皇女）として始めて皇太子となり即位されます。

第百九代明正天皇は後水尾天皇の皇女として生まれ、後継者がなかったため、わずか七才で父君の命で即位され後光明天皇に譲位される迄中継の役目を果たされました。

第百十七代後桜町天皇は桜町天皇の皇女、異母弟の桃園天皇の急逝により後継者英仁親王（十才）のご成長なさる迄の中継として未婚のまま即位されたものであります。

このように日本史に現れる女帝は天皇の未亡人（すなわち皇后）ですべて男子皇位継承者の中継の役目で天皇になられた方々または未婚で政治上の問題からお世継ぎの出られる迄の間、天皇になった方々で、退位なされたあとは一生独身で暮らされています。若し、愛子様が女帝になられればどうなるでしょう。一生独身であられるよう強制するなど今の世の中では到底考えられません。もし、一般人民の男子とご結婚された場合、そこに産まれる男子が皇太子となられ皇位を継がれるのでしょうか。そうなれば日本天皇制の伝統はくずれ、万世一系の天皇はここに断絶します。そもそも日本の天皇というものは実に特異な存在です。それでこそ綿々と二千年間続いたというわけがあるのですが、この特異な伝統を受け継ぐことは通常の人間ではできません。天皇家の伝統を受け継ぐ宮人であるからこそできるのです。

ところが、宮中の祭りでは五穀豊穣、人民の幸福を願って祈ります。これは大変なことです。これを会得することは今まで生きてきた一般人としての人間性を否定しなければなりません。大変な苦労が必要とされます。日本で初めて民間から宮中に入られた美智子様は大変頭の良い立派な方でしたが、この生活環境におなれになるためご苦労され、学生時代はふっくらされていて、あだ名を「お月様」とよばれていたあのお美しいお顔がやせ衰え、声も出なくなるというほどの苦しみをなさいました。しかし、今やすべてを克服されもうお顔を見ても神々しく神様の領域に近づかれたことを感じます。美智子様のお母様は大変きびしいお方で最初は結婚に反対されていました。いよいよご結婚というとき、「お前はもう我が家の子ではないのですから、二度とこの家の敷居をまたぐことがないようにね」とおっしゃって美智子様を送り出されたと聞いています。皇太子浩宮様と結婚された雅子様も同じような苦労をなされました。平成十一年頃から公務欠席が目立ち始め平成十三年十二月から長期静養に入られ、公務のキャンセルを繰り返され十七年二月の長野オリンピック大会に出発一時間前に出席中止が発表されました。雅子様は美智子様とは違って自分の好き嫌いをはっきりさせる積極的な方だったので古い天皇家のしきたりに御不満を抱かれているのではないでしょうか。今まで自分自身のこと自分の家族のことだけを考えていた一民間人が突然環境が変わり、日本国家のため或いは日本の人民のためにのみ御心を使い日夜祈りを奉げるということに心から従うという天皇家の伝統を守るということは、これほど難しいのです。その終局は神に近づき神になることですから。

歴代天皇のお妃は皆宮中の子女か、または、これは非常に少ない例ですが、何代も続く旧家の公家（藤原氏等々）の子女でありました。日本が敗戦し、天皇は神から人になることを宣言され、有識者の間から一般市民の子女の皇太子が生まれる事が民主主義にとって必要であるとの声が上がり、国民もそれに賛成してこうなったのですが、やはり少し問題でした。一市民が突然天皇家に嫁がれ、そのしきたり、考え方になれて行かれるというのは大変なご苦労がついて廻ります。やはり宮中の中から或いは名家・公家とかの子孫から選ばれればきっとスムーズに行くでしょう。しかし、皇籍の少ない今日ではそれも難しい。唯一つ解決策があります。それは旧宮家の復活です。昭和二十二年日本が敗戦した二年目にＧＨＱ（日本占領軍）は天皇家を解体するため十一宮家を皇籍からはずし一般人にしてしまいました。日本政府の方針ではなくＧＨＱの命令によって行われたのです。しかし、もう戦後六十数年、半世紀を越えた今、ＧＨＱの方針、命令にいつまでも従っている必要はありません。東京裁判で有罪となった人達も名誉を回復され、戦後内閣の大臣になった人もいます。この十一宮家とは、東伏見宮家、山階宮家、伏見宮家、賀陽宮家、久邇宮家、朝香宮家、梨本宮家、東久邇宮家、北白川宮家、竹田宮家、閑院宮家の十一宮家の事でありますが、わずかな離脱料をもらって（四七四七万五〇〇〇円）皇籍離脱されたのですが、当時のものすごいインフレで、あっという間にお金がなくなり大変ご苦労なさっておられると聞いています。

この皇籍復帰に対して現在国民は特別な反対意識を持っていません。しかしこれに反対する学者達などはこれらの方々にお支払いする費用が大変で国民の納得が難しいと主張しているということでありますが、全く馬鹿馬鹿しいことです。浪費をしている国家予算から見れば何万分の一、取るに足りない金額です。それに宮家に渡すお金はいくら多くても良いのです。そもそも天皇家の方々は大変質素な生活をなされるくせがついておられます。

長年昭和天皇のお台所を預ずかり、昭和天皇のお料理をして二十数年陛下の料理番をつとめた谷部金次郎さんはその思い出を次のように語っています。（月刊誌『致知』より）

私は十七歳の時から宮内庁大膳課の料理人となり陛下の御崩御のときまで料理番をつとめてきました。始めたときには陛下のお食事だからさぞ豪華なものだろうと緊張したのですが驚いたことにはお献立はすごく一般的なものばかりで大根と白滝を油でさっと炒めた煮物やほうれん草のおしたしなど一般家庭と比べてもむしろ地味なくらいでした。食器もいたって質素でした。料理人といっても陛下に直接お目にかかることはまずありません。たった一回菊栄親睦会という立食パーティーで私は天ぷらを揚げていました。気がつくと陛下が目の前にお立ちになっておられ、「穴子としそを」とお声をかけられました。「はい、かしこまりました」。そう返事はしたものの、頭の中は真っ白。緊張して手は硬直し小刻みに震えて穴子としそがうまく箸で摘めません。震える右手を押さえるように左手を添えてなんとか油の鍋に入れましたが、衣と葉っぱがバラバラになってしまいました。それでも陛下はお気にするご様子もなく召し上がって下さったのです。私はその場に倒れそうなくらい力が抜けていました。戦後生まれの私はこれまでは陛下を特別な存在と思った事はありませんでした。ところがこの日陛下の穏やかながら威厳のあるお姿に接し、圧倒されて生涯この方おひとりのためにお仕えしようと誓ったのでした。陛下は決して御自分からお食事に対して御希望をのべられるなどされたことはないのですが、おいしいとお考えになったときは必ずおいしかったと御近習を通してお伝え下さりました。私はそんな陛下の豊かな御人柄にますます惹かれていったのです。

陛下が倒れられたのは昭和六十三年、お食事を吹上御所までお運びしたあとの数時間のことでした。この時のショックは今も忘れられません。最後のお料理のお献立がどんなものだったか今でも思い出せないくらいです。

それからの陛下のご様態は一向に好転されず、昭和六十四年一月七日早朝、ついにおかくれになったのです。

せめて最後のお別れの御挨拶をと女官さんのあとについて行き、御簾の向こうで永遠の眠りにつかれた陛下に深々と頭を下げました。私の料理に「おいしかったよ」と言ってくださる陛下には二度と会えないと思うと魂が抜けていくような気がしました。

御大葬が終わり、私は後の行き先も決まらぬまま大膳課を辞める申し出をしました。まだ五歳と三歳の子供達と買ったばかりの家のローンもだいぶん先まで残ったまま。しかし、自分がお仕えするのは昭和天皇おひとりのみという私の意志は決して揺るがなかったのです。（引用・文責筆者）。

戦争中食料事情がだんだんと悪くなった頃、天皇は食事に出た白米のご飯をつくづく眺められ、世に米が不足していると聞いておる、民は何を食べているのか。私は民と同じように白米ではなく麦またはイモなど混じったもので良いと仰せられたとのことです。もし、宮家の方々に支給金が出たとき、これで贅沢しようと考える方はいないでしょう。金があればそれを国のため人民のために使いたいと思われるに違いありません。そうなればそのお金は、例えば障害のある人々への援助金、或いは体育向上のための助成金、学力優秀な人のための奨学金などなどに使われ、日本の今後の隆興のため最も価値の高い方面に使われるに違いありません。そのお金がある程度大きければ大きい程、おそらく日本の青少年にとっての大きな起爆剤になるかも知れません。

それはさておき、愛子様女帝容認論が高まり、正に日本の天皇制の存続が危機に陥ったとき、奇跡が起こりました。第二皇子秋篠宮様の妃紀子様御懐妊のニュースが流れたのです。第二皇女佳子様をお産みになってからお子様がなかったので誰も期待していなかった所にこのニュースで国民は飛び上がる程おどろき、かつ喜びました。お産まれになる方はきっと男子（王子様）に違いないと確信したのです。それは不思議な確信でした。そして、神風の吹く事も心から念じました。そして、きっちり王子様が誕生されました。神風が吹いたのです。これからは神風に頼らなくても安定して皇室が維持できますよう、そして十一宮家が復活され、日本皇室の世継問題が解決されることを祈るのみです。終戦直後、占領軍ＧＨＱが定めた内容のほとんどは、現在までにはもうなくなってしまいました。しかし、不思議なことに、この皇室に関する内容と神社解体に関係する定めだけは、歴代首相は一言もふれず、そのまま残っているのです。こんなことでは日本の独立ができたとはいえません。

何百万という日本人が死に、大都市はおろか中小都市迄焼け野原になり、遂に無条件降伏したあの戦争は一体何だったのでしょう。終戦直後の国民は皆ポッカリと心に穴が空き、呆然自失の状態でしたが、戦後六十年この戦争について考えてみたいと思います。

やって良かったこの戦争　負けて良かったこの戦争

明治時代新興国日本があまりにも発展が早いため、世界列強の国々は不安を高めていきました。これは今たたいておかねばえらいことになるぞ！「出る杭は打て」です。海軍の建造戦艦の数を制限し、石油の輸入をストップさせ、遂に、アメリカは、アメリカ在住の日本人の財産を凍結しました。これは事実上の宣戦布告です。このままでは船も動かず、飛行機も飛べません。日本の陸海軍は遂に戦う決意をします。昭和十六年十二月八日、ハワイに集結しているアメリカ海軍に奇襲をかけます。日本はこの時国際条約にのっとって事前通知をするべく努力したのですが、当日が日曜日であったことと、すべてがちぐはぐで手間取り、結果としては真珠湾に第一発目の爆弾を落とす前に手渡すべきであった外交ルートによる開戦通知は数十時間遅れてしまったのです。ルーズベルト大統領はこれを利用して卑怯な日本人「真珠湾を忘れるな」と宣伝してアメリカ人の対日悪感情をあおりました。真珠湾で大勝した日本海軍は西太平洋地域の制海空権を握り、アジアの空を飛んでいるのは日の丸をつけた日本の飛行機だけとなりました。陸軍はこの機に乗じて、あっという間にマレー半島、シンガポール、ジャワを占領しマッカーサーの守備するマニラ、フィリピンにも進撃して、マッカーサーはオーストラリアに逃げて行きます。しかし、困ったことが起きました。昭和に入ってから日本軍は度重なる勝利のためすっかり傲慢になっていたのです。日本国内に於いても彼等は天皇陛下の名の下に威張りちらし、軍人でなければ人にあらずと言わんばかりに国民を強制し、国民の命など風に吹き飛ぶ木の葉のように扱いました。乃木大将がこれを知ったらどのように哀しんだでしょう。東京、大阪の高級料亭は一般人はほとんど利用できず、連日のように陸海軍の上級武官の宴会に使われるようになったのです。国民は皆小さくなって、いつ非国民と呼ばれ憲兵に引っ張られるかと恐れていました。

海外では特にひどかったといわれています。日本軍部の占領方針は被占領人民に徳を持って当たるどころか、日本の威光を彼等に示すことに重点が置かれアジア民族の顰蹙《ひんしゅく》を買いました。しかも、軍規がすたれ、上級武官のみならず一般兵士達もこれを見習い、気に入らないと民衆をなぐり、日本人の武士道精神を汚したのです。

この時期、日本軍人が如何に腐敗しきっていたかは右翼の巨頭児玉誉士夫が次の如く語っています。

――昭和十二年十月頃私は外務省情報部長河相達夫氏を訪ねて時局についての情勢を聞くことにしました。その時河相氏は次の如く言われたのです。「君達右翼の志士達は中国大陸に行って実情を自分自身で確かめることが大切である。軍部特に陸軍のやり方がいかに乱脈で、でたらめで皇軍の名に反しているかが分かるだろう。かつて明治天皇は大義名分ということをやかましくおっしゃった。これを遵奉することが日本軍隊の誇りであり、比類のない強味であった。哀しいかな今はその片鱗もない。中国では盛んに暴行、略奪が行われ、中国民衆の迷惑は言語に絶するものがある。この状態では彼等の激しい憎悪と怒りをあおり、全中国人民を敵に回すことになる。君達愛国主義者や国家主義者は即刻彼の地に参り実情を知り、とくと反省し勉強することをお勧めする」。

児玉は直ちにこのことを実行します。その年の暮れ、東京を立ち中国に向かいました。そして驚きました。児玉の眼、耳によってとらえた日本軍の実体は百鬼夜行奇奇怪怪でありました。当地の高級料亭には脂粉の香むせ返る遊女が酒席にはべり、夜ふけるまで絃歌さんざめく状態なのです。上、これを行うときは下、またこれに倣うが世の常で、上はもとより下級将校にいたるまで享楽にうつつを抜かしていたのです。「これが生死をかけての日本民族の浮沈を決定する聖戦なのか」。児玉はつくづく思いました。あくる年十三年二月児玉は深い絶望感を抱いて日本に帰ってきました。しかし、日本本土でも軍閥の横暴はますますひどくなっており、これに異議をとなえる声は新聞どの一章にも取り上げられていません。このままでは五族協和どころか、たとえ日本が戦争に勝ったとしてもアジア諸民族の反発を招き、日本は世界の孤児となりいずれは国家滅亡の危機に至るのではないか。残念なことです。日本は負けましたが、良かったことはこの軍部が全部解体されて無くなったということです。若し、日本が中途半端な負け方して日本陸軍が残ったならば、またまた国民をたきつけて再度の戦争の準備をし、あの暗黒時代はいつまで続いたかわかりません。なぜこの戦争で神風が吹かなかったのか。それは恐らく日本の神々さえもこの陸軍の横暴にその消滅を望んでおられたからに違いありません。戦時中に吹かなかった神風は戦後日本の復興のとき見事に吹いてくれました。日本がなぜ戦後数十年という短い時間の間で世界にない異例のスピードで復興できたのでしょう。今はもうイギリス、フランス、ドイツ、イタリー四カ国、束になっても経済力で日本にかないません。戦前ではこれらの内の一国の経済力でも、日本より勝っていたのでした。世界最高のアメリカ自動車産業も遂に日本が追い付き追い越しました。産業革命（約二百五十年前）で大成功したイギリスでさえ大英帝国を造り上げるのに四百年近くもかかっているのです。どうしてこんなに日本の復興が早かったのでしょうか。それは「日本人が優秀であるからだ」ともし皆様がお考えになっていたら恐ろしいど壺に落ち込みます。

私が文部省の私費留学制度試験に合格してアメリカに留学した一九五五年のとき、アメリカに着いてびっくりしました。日本では京都大学を卒業しても初任給はせいぜい一万円。ところがアメリカの大卒の初任給は普通で四百ドル。ＭＩＴを出れば八百ドルももらえるのです。当時の為替レートは闇価格でも七〇〇円位ですから、三十数万円の初任給です。約三十倍です。この差があれば日本企業がアメリカ企業と競り合って負ける事は絶対にないと私は確信しました。この時戦後第一回目の神風が吹きました。なんと一ドル三百六十円という為替レートがその後二十年近く続いたのです。この間に日本はしっかり底力を蓄えました。次に吹いた神風は朝鮮戦争の勃発です。アメリカ軍の莫大な軍需物資の発注が朝鮮に最も近い工業国日本になだれ込んだのです。

日本中は軍需景気に沸き返りました。他人の戦争を喜ぶわけではありませんが、若しこの戦争がなかったら日本経済の復興は少なくともあと二、三十年は遅れたことでしょう。私の友人の韓国人達は口を揃えて日本がここまで復興できたのは我々朝鮮人が何百万の死者を出して戦った朝鮮戦争のおかげであると言います。これは全くその通りです。しかし、日本人には何の責任もありません。朝鮮人同士が戦いそれをアメリカが南を応援し、中国が北を応援しただけのことであります。それにしても、日本は確かにこの戦争のお世話になりました。今中国はすごい勢いで国力を増し、ドル保有高は飛び抜けの世界一となりましたが、これは中国企業が優秀だからではありません。かつて日本が割安の為替レートの下に成長したのと同じく、中国政府は頑強に為替レートに固執し、大変な低いレートを維持しているからです。従って中国で造る世界一安い商品が世界中に出廻っているからです。しかし、中国を恐れることはありません。中国ではそのため貧富の差が拡がり、民衆の不満は徐々に蓄積されています。やがて国家転覆の大事件が起こるでしょう。しかし、よく考えて見ると、この中国の躍進が日本を助けているのです。アメリカを始め世界列強は新参者がのし出して強力になるのを好みません。出る杭は打たれるのことわざ通り、これをたたこうとします。今回の世界大戦の起ころうとする直前の状況がそうでした。ロシアに勝ち清国に勝ち満州を席巻し中国奥地迄兵を進める日本に対してＡＢＣＤ（米英中蘭）包囲網で取り巻き石油の供給を停止し、あらゆる方法をして日本の国力を弱めようとしました。さて、戦後になって日本の経済の発展に危機感を抱いたアメリカは日米繊維協定を皮切りに色々な手段を通じて日本のこれ以上の経済発展を阻止しようとしました。また、思想的にも日本を悪者に仕上げようとしたその一つが、アメリカ下院で行われたのが戦争中の日本陸軍の非人道行為に関するアメリカ国会での日本非難決議です。一国の国会が他国の行為に対して非難決議をするなど異例のことです。とても友好国と口先で言っている国のすることとは考えられません。しかもその中味は明らかに歴史的事実に反しています。アメリカは原爆を日本に落としたという後ろめたさ持っています。なんとか日本人が悪者だということに持って行って、だから日本人を原爆でやっつけたんだという理屈に持って行きたいのです。しかもこの決議案を提出した議員が日本名を持った日系三世であったということはアメリカにとって実に好都合でした。しかし、風向きが変わってきました。中国がものすごい経済成長をやり始めたのです。しかもそれが中国が中国の元を低い位置に置いて民衆の犠牲の下に輸出をしまくっているということで非難が高まりそのために日本に対する圧力は急速に低下しました。

山河ありて、戦後日本の出発

8　現代をいかに生きるべきか

中国の軍備拡張政策

今中国は国家予算を軍備に突っ込み世界第一の軍事国家になろうとしています。中国はここ十年間年々軍事予算を二桁成長させ、二〇〇八年にはその軍事予算は米国に次ぎ世界第二位になりました。中国は特に海軍増強に力を入れ、防衛白書によると中国海軍は艦艇八百六十隻、百十七万排水トン。東アジアでは断トツの軍事力を作り上げています。これに対して日本は艦艇百五十隻、四三・七万トン。米第七艦隊は四十隻六十万トン。極東ロシアは二百四十隻六十万トンにしかすぎません。中国はすでに戦略核弾道ミサイルを搭載する「夏」級原子力潜水艦を持ち、更に航空母艦の建造を急いでいます。この急成長する中国のおかげで日本に対する圧力は随分と薄くなりました。ありがたいことです。これで日本経済はしばらく安泰でしょう。しかし、言うべきことは言わねばなりません。その第一は南京虐殺事件の真相です。中国はこれを誇大妄想的に宣伝し日本人は悪の固まりであると世界に発信を続けています。しかし、これが全くのウソであることは渡部昇一、桜井よし子その他多くの方々の努力により明らかになってきました。

中国の恐ろしいまでの日本中傷

中国政府は反日宣伝の一環として日本軍の南京攻略のときに大虐殺があったとしてこれを大々的に宣伝しました　南京市水西門大街418号に一九八〇年代大きな南京虐殺記念館を建て一般に公開しました。その後中国は南京大虐殺七十周年を記念してこれを大々的に改修して以前の2・2ヘクタールから4・4ヘクタールと二倍の土地に巨大な新館を建設して中国人及び一般観光客に公開しました。ここでは日本軍人が中国人を次々と処刑している図、子供たちを銃剣で突き殺している虐殺写真、これを一通り見て表に出る迄には人々は憤り、日本人に対してたとえようのない怒りを抱くようにできているのです。これに続いて作られた南京大虐殺の映画約十本。そこでは中国敗残兵が集められ次から次へと銃殺される姿、中国人婦女子が強姦され抵抗した若い娘が窓から投げ捨てられて死んで行く状況、強制的に連行されて泣きじゃくる中国人慰安婦を殴りつけながら腰を動かす日本兵の姿、苦痛に遂に発狂した慰安婦を無慈悲に射殺する日本兵、等々のシーンが立て続けに映され、これを見た観客は中国人はもとより欧米人もひとしく日本兵、すなわち日本人に限りない悪意を生むように上手に作られています。この映画の撮影のためには中国政府から推定百億円もの資金が供給されたとされていますが（この項は、ライター大江紀子氏の史上最悪の反日映画『南京！南京！』への感想より引用）、その母体となっているのは一九九四年に作られたアメリカ在住の中国人による「抗日戦争史実維持連合会」（抗日連合）という名の組織です。これは中国で作ればし中国の宣伝と見られやすいので海外から発信するという巧妙な中国政府の情報部による抗日作戦の遂行です。中国情報部は日本人の残虐性を強調し、日本人を悪の固まりとすることにより、日本に対するさまざまな要求、不当な強制を正当化しようとしているのです。カリフォルニア州選出の下院議員マイク・ホンダ（日系三世）もこの抗日連合の一員であるといわれています。

残念なことに、この中国の悪質な情報活動に対して日本外務省及び日本の政治家は誠にお粗末な対応でした。それどころか、日本共産党、日教組を中心としたいわゆる「謝罪派」と呼ばれる人々は、中国に唯々謝罪を繰り返しました。これが頂点に達したのが昭和60年代です。いわゆる日教組はなやかかりし頃成長した人達は日本人極悪論を教えられた結果、日本及び日本人に対する正しい歴史認識を持てなくなっていたのです。当時の日本の歴代首相は中国を訪問すると戦争中に日本軍が行った行為に対して唯々陳謝するばかりで、世論調査でも日本の総理の靖国神社参拝を（支持）とする人は二十%という様に落下しました。中国の対日歴史攻勢の完勝です。

こうして、日本軍が中国の一般婦女子を強制連行したという慰安婦問題、南京三十万人虐殺などという誇張された内容は、現在でも世界中の人々が実際に信じているのですが、これがほんとうにあったのでしょうか。日本人の中でこれに疑問を持つ人達が出てきました。上智大学教授渡部昇一、京都大学中西輝政、亜細亜大学東中野修道、評論家加瀬英明、同じく政治評論家桜井よし子等々の人々が綿密な調査の下に反論しました。その結果これらの残虐行為はどちらも全くのでっち上げだったということが分かったのです。

まず第一に、日支戦争に於いて日本軍は上海を始めとして破竹の勢いで中国の主要都市を次々と攻略して行きました。ところが南京を除いてこれ等の各都市では日本軍の残虐行為はひとつもないのです。若し日本軍が無秩序で残虐な軍隊であればこれ等の各都市でも当然同じような暴行略奪の声が上がるはずです。では、いくら誇張されたとしても、なぜ南京だけで三十万人もの多くの一般人民の殺害があったと言われるのでしょう。これには理由があります。日本軍が南京に近づいて来たとき、蒋介石は多くの美術品と共に南京を脱出しますが、あとに残った将軍は南京死守を部下に命令します。南京はちょうど東京の環状線の内部位の大きさで高い城壁に囲まれています。まるで大きなスリバチの中の様な所で、戦争をすれば市民は当然巻き込まれ、大惨事になるのは決まっています。マッカーサーは日本軍がマニラを取り囲んだ時、自分の愛するきれいな町並みが戦火で破壊されるのを好まずさっさと引き上げて、無血入城をゆるし、見事にマニラの町と市民を助けました。しかし、中国の将軍はいよいよという時、部下に徹底抗戦を命じたまま自分は逃げてしまったのです。残された兵隊達は大将のいない烏合の衆となり日本軍が城壁を破って突入して来た時ほとんど組織的な抵抗もできないまま軍服を脱ぎ捨てて民間人のいる住宅地帯に逃げ込みゲリラとなりました。しかし彼等は降伏したのではなく武器を持っているため危険です。日本軍は登録所をもうけて市民と残兵を区別しようとしましたが、この間に相当な軋轢があった様です。この時数千の残兵がいたようですが、彼等は正式には国際法的にいう捕虜ではありません。国際条約に定める降伏した軍隊ではありませんから捕虜規定によって彼等を保護することはできません。これについてはアメリカの国防長官ラムズフェルドは二〇〇一年の九・一一テロについて連行したアルカイダやタリバンの人達について捕虜虐待の疑いがあるとしたニューヨークタイムズの非難に対して、次の様に答えています。「戦争捕虜というのは、①指揮官が存在し、②軍服を着用し、③武器を携帯して降伏した軍人、を指すものである。従ってこれ等のタリバン達は戦争捕虜ではない。不法戦闘員であって、国際法上の捕虜の権利を有するものではない」。誠に納得のいく説明です。軍服を脱いで民間人の間に潜伏した中国兵は武器を持っており、いつやられるかわかりません。南京を占領した日本軍は彼等を摘発して武器を持って抵抗した者は射殺しました。これは戦争ですから仕方がありません。日中戦争において意識を失って不幸にも敵の捕虜となった日本兵士は全員むごたらしく殺され、捕虜として日本に帰された軍人は一人もいません。南京では一般人の中にもゲリラと誤認されて処刑された人が何人かいるかもしれませんが、その責任は日本軍が取るよりも武器を持って民間人の中にまぎれ込んだ中国兵ゲリラの方が重い責任を取るべきものです。戦後長い間、日本人はこの問題に悩まされました。中国政府はこの南京虐殺を始めは一万二千人といい、次には二十万人といい、遂には三十万人の一般人が虐殺されたと宣伝しました。困ったことに日本人の中にもいわゆる媚中派《びちゅうは》といわれる人々がこの中国の宣伝に加担し、且つマスコミが大合唱でこれを増幅したものですから、日本人の多くの人々が南京大虐殺を信じ込んでしまったのです。日本の政治家達も中国に行っては唯々謝罪する事を得意として大きな借りを作りました。しかし一般国民の中には世界一軍律厳しいといわれる日本軍がそんな残酷なことをする訳がないと思っている人々も多くいたのです。亜細亜大学東中野修道教授はその一人でした。東中野氏は一九九〇年（平成二年）四十二才の時からこの南京問題の徹底的調査検証に入り、二十年かけて当時の記録を調べたところ、中国のいう大虐殺はなかったという事実を証明しました。中国政府が大虐殺の証拠品として出している写真がすべて南京陥落当時の写真ではなく、その翌年の春、プロパガンダ写真を宣伝のために大急ぎで作ったものであることが分かりました。しかしするべき事は残っています。長期にわたる中国情報部の宣伝活動により日本軍の南京大虐殺の話は世界中の人々に信じられています。我々の子孫がこの負い目を持って生きて行かねばならないとは何としてでも避けなければいけません。そのためには日本人、日本外務省、政治家、学者が堂々とこの中国の悪質なインチキ宣伝を打ち破らねばなりません。これに対して日本政府は何をしたか。外務省は何か手を打ったか。いや何もしていない。これに対して渡部昇一教授は南京問題国際法廷を立ち上げて徹底検証をし、中国の悪質宣伝の全貌を全世界に公示すべきであると言っています。これが実現しない限り日本人は子々孫々に至る迄この身に覚えのない非難を負いつづけねばならないのです。

従軍慰安婦問題

続いて戦後に生起した問題から、日本人の精神構造や思想行動のあり方を考えてみましょう。

慰安婦問題につきましてはマイク・ホンダというカリフォルニア選出の下院議員の提案を下院がこれを承認したという残念なことになっていますが、この下院の審議ではその事実があったかどうかではなく、こういった事実に対して下院は日本非難の決議をするべきかどうかということについて決議をしたのです。ということはこの事実に対する審議ではなく、この事実はあったとして、それが人道に対する非道であるかどうかという議論であったのです。この様に世界の世論は中国政府の徹底した誇張宣伝により日本軍の蛮行は当然あったものとして信じられているのです。しかしこの慰安婦強制連行の話も全くでっちあげのうそでありました。日本は慰安婦の選択に当たっては国内及び海外の女郎屋から募集し、その職業につかせたのです。これについては加瀬英明氏がニューズ・ウイーク誌から「慰安婦南京大虐殺」について日本人としての意見を求められ英文八百語のコラムを書いてわかりやすく反論しました。このコラムがニューズ・ウイーク誌の四百二十号に載せられたとき、全世界に大反響を起こしたのです。この反論は、「一九四五年アメリカ陸軍がミャンマー（当時のビルマ）のミートキナで三十人の朝鮮慰安婦と慰安所の経営者を収容して尋問を行ったのに基づいてまとめられた報告書（ＡＰＯ６８９アメリカ議会図書館蔵）を証拠として用いた。この公文書は慰安婦が職業的な〝売春婦〟にすぎず、日本の官憲が女性達に強制した事実はなく、慰安所は商業施設であった」と結論付けています。当時の日本陸軍軍人の月給が三十円であったのに比べて報告書はそれぞれの慰安婦が毎月七百五十円あまりの収入を得ていたと供述している。これについて一番困ったことは日本のマスコミの態度です。日本のマスコミは戦後一貫して反体制主義でした。とにもかくにも日本国及び日本人を悪者に仕立てる宣伝を繰り返してきたのです。哀しいことです。特に朝日新聞はそのリーダー役でした。どんな問題についてもそのコラムには左翼の連中、学者及び自社の記者を登場させ日本人を悪者にし、日本人の自信をなくさせようと努力しました。これはアメリカ占領軍の作戦であり、共産党、日教組の目標でもあったのです。ごく最近になってこの傾向がやっと変わってきつつあるのは喜ばしい限りです。

東大医学部を卒業して精神科医になり、後に作家となった加賀乙彦氏は「雰囲気に流される日本の危うさ」という一文で次のように言っています。

私の思想の原点は昭和二十年八月十五日の敗戦の日である。私は昭和十六年十四才の時、陸軍幼年学校に入学した。当時の少年は皆「軍国少年」で私もその一人だった。お国のために死ななくてはならないと思い、そこに一点の疑問もなかった。死を覚悟していた私に突然「生きる」という目標が陛下の終戦勅語により生まれ、これをどう解釈するかにとまどった。当時の列強はアジアのほとんどの国を植民地にしており、「アジアを解放するのが皇国日本の使命」というのが大東亜戦争の大義名分であり、誰もがこれを信じて戦っていたのである。ところがジェネラル・マッカーサーが日本に降り立ったとたんに日本人は態度を一変させた。今迄「鬼畜米英」などと称して徹底抗戦を叫んでいた日本人が何の抵抗もなく民主主義を受け入れ、人間の心とはこんなにいと易く変わってしまうものかと子供心に私は驚いた。きっかけさえあれば日本人は皆同じ方向に走り出すのである。戦後二十五年が経った頃、日本の学生達が体制に反乱を起こしたことがあった。大多数の学生が「大学解体」などと叫び、激しいデモを繰り返した。ところが連合赤軍があさま山荘で潰れると瞬く間に学生は運動を捨て、子羊のようにおとなしくなってしまった。この時私は日本人の精神性は戦前も戦後も全く変わってないと唖然としたものである。この欠点は戦後六十年を経た現在でも変わっていない。これは先の衆議院選挙で誕生した「小泉チルドレン」を見れば明らかである。「改革を止めるな」というスローガンに乗せられて皆が自民党に投票したから一夜にしてフリーターのような人まで代議士になってしまった。日本人のこの精神性のもろさは危機をはらんでいる。一方に向かって走り出すと右でも左でもどんどん走り出すこの日本人の習性を是正しないと日本人はまた々戦前のような過ちを犯すのではないだろうか。（文責筆者）。

加賀乙彦氏の一文は日本人の欠点を実に正確に指摘しています。この警告に答えるためには日本人は戦時中死に直面して何を考えていたかという歴史の事実を知らねばなりません。ここに何人かの人々に登場していただき本来の日本人を見つめる事にしたいと思います。

後に信越化学工業の社長になられた金川千尋氏は終戦前後の心理状態を日経新聞「私の履歴書」の中でこう語っています。

太平洋戦争が始まった時はよもや日本が負けるとは思っていなかった。神の国が負けるはずはないと信じていた。岡山六高の友人達も皆そう思っていた。しかし二十年六月二十九日未明、米軍のＢ29の爆撃があり、岡山は火の海になった。夜があけると市内の建物の八～九割が消えてなくなり、人や馬の死体があちこちに転がり、まさに地獄だった。同部屋の後輩が焼夷弾の直撃を受け即死した。がれきの中をはだしで歩いて彼のお家に弔問に行くと家族が泣いておられる。どう慰めていいのかわからなかったので「敵は必ず取ります」と言った。六高の寮も全焼して学校から「家のある者は家に帰れ」と指図があって私は母兄弟のいる朝鮮の京城に船で向かった。八月十五日の終戦はこうして京城で迎えた。日の丸の旗が姿を消し、代わりに朝鮮の旗が翻っている。敗戦とはこんなものかと思った。全身から力が抜けていく思いがした。敗戦の時私は茫然自失の状態だった。戦争がもう少し長引けば私も戦場に狩り出されていただろう。その時は日本男子としていかに死ぬべきかとまで考えていたのに。しかし六高に帰ってきて驚いた。ここにはこの敗戦にも自分を見失わない先生や学生がいたのである。化学の山岡望先生は掘っ立て小屋の実験室で一人黙々と実験を続けられていた。敗戦は私にどんな影響を与えたか。戦争に比べればビジネスでの競争など少しも怖くない。戦争では負けてもビジネスでは勝たねばならない。そんな思いをしっかりと抱いたのである。（文責筆者）。

平成九年五月長野県上田市の山頂に戦没画学生の遺作品を集めた「無言館」が建ちました。若くして戦地に召集され死んでいった画学校の生徒達が書いた遺品の画がかざられています。戦没した学生さん十数名の遺作約八十点です。その中に種子島南端に生まれ東京美術学校で油絵を学び昭和十七年の春出征した学生がいます。家の外では出征兵士を送る万歳の声が村中にひびいていました。彼は自室に籠もり描き続けていました。「あと五分、あと十分、この画を描かせてほしい」。日高安典が家族に残した最後の言葉でありました。描いていたのは恋人の裸身像。「日高は時間を止めたのだ。不条理な戦争も二人を待ち受ける運命もかなぐり捨てて美と真向かったのである。この時時間は止まった」。歌人福島泰樹はこのようにこの絵を評しました。昭和二十年四月、彼はフィリピンルソン島で戦死します。二十七才でした。終戦が四ヶ月早かったら彼は死ななくてすんでいたのに。

後に読売新聞のトップとなる渡辺恒雄は終戦と共に東大に復学し、当時学生が皆そうであったように学生運動に飛び込みました。マルクス、エンゲルスの『共産党宣言』を読んで感動し、天皇制を打倒すべきと考えました。あの無謀な戦争は天皇の名の下に行われた。天皇制が諸悪の根源に違いないと思ったのです。そして直ちに共産党に入党しました。東大学生細胞に所属する日本共産党員になったのです。しかし、入党して見ると党の方針についてさまざまな疑念が浮かんできました。「党員は軍隊的鉄の規律を遵守せよ」と壁に書かれ大きな張り紙を見てびっくりします。これでは旧日本軍と同じではないか。「自由の精神」こそが正悪を判断する基準ではないのか。左翼の力が頂点に達した昭和二十一年二月一日いわゆる二・一ストの時、集まった東大細胞の前で党中央委員は「君達の任務は電源爆破である。電源が爆破されればこの先五年は暗黒となり人民が飢える。

人民が飢えれば革命が起こる」と演説しました。人民の犠牲の下に革命を起こす。こんな思想はどこから生まれるのか。ここで渡辺恒雄は唯物史観に欠落している人間の道徳的価値を問うべく「主体性論争」を巻き起こしました。「主体性」の確立を掲げる「東大新人会運動」を起こしましたが、とたんに党中央は渡辺を弾圧します。東大細胞は解散させられ渡辺氏は除名されます。その除名の理由が、渡辺は本富士警察署のスパイであり「新人会」を使って右翼日和見主義の害毒を撒き散らしたというものでした。渡辺氏はこれですっかり共産党が嫌いになり後に読売新聞社に就職して有名な社主となるのですが、こういった共産党のやり方は全国あちこちで見られます。当時の京大学生運動の中でも多くの優秀な学生が「京大同学会」のリーダーとなり、最後は共産党に裏切られて就職もできず苦しい生活を送らねばならなかった、といったことがありました。

昭和二年群馬県に生まれた秋草鶴次さんは海軍に志願して海軍通信兵として硫黄島に送られます。硫黄島は東京から約千二百五十キロ南にある直径八キロの小さな島ですが、米軍は日本本土への侵攻の補給拠点として硫黄島の攻略を計画して五日あればこんな小さな島は占領できると見ていました。そして昭和二十年二月十六日の早朝から艦艇七百隻、飛行機七百機でもって轟音と共に上陸してきました。これを迎え撃つ日本軍は栗林中将真下約二万人の軍隊です。激しい戦闘が続きました。その敵の兵力は約七万。最後の決戦場といわれた摺鉢山には遂に星条旗がはためきましたが、日本軍決死隊による攻撃で二度迄日の丸にとって替わられたのです。日本軍は敵の何十分の一の火力でよく戦いました。しかし、二度目の日の丸は少し小さく、日の丸が茶色に見える。あれはきっと流れる血で作った日の丸だと皆涙を流しました。秋草さんは当時十七才、手と足に被弾して最後の突撃に参加できず壕内に気を失って倒れている所を敵につかまり昭和二十一年一月十日日本に帰ってきました。結局この戦いは三月十七日、栗林中将の率いる兵士達の総攻撃をもって幕を閉じるのですが、アメリカ軍の死傷者は日本軍と変わらないという激戦でした。元々硫黄島を死守することにより、少しでも米軍の本土上陸を引き延ばしたという目的は見事成功したようです。こんな小さな島の占領に三十日もかかり、多くの死傷者を出したアメリカ軍は日本本土に上陸すればどれだけの損害が出たか、これはたまったものではないという認識を持ったことに違いありません。

秋草さんは必死に戦争の手記を書きました。秋草さんは次のように語っています。

今の日本人は平和ボケしているといわれていますが、この日本が平和になれたのは、あの戦争で散っていった兵士達の人柱のおかげで残された平和なんですよ。いま、人の命をなんとも思わない殺人事件がたくさん起こっています。この人達は、命のほんとうの尊さを知らないのです。あの戦争に意味があったとすればそれは人の命の尊さと平和の尊さを教えてくれたことだと思います。だからあの体験を風化させないよう伝えていくことが大切です。私は残された人生はそのために生かされているのだと思っています。これからも命の続く限り戦争の体験を語り、人の命の尊さ、平和の尊さを説いていきたいと思います。（文責筆者）。

戦後しばらくして発刊された『きけわだつみのこえ』は戦争で散った若者達の絶筆集です。その本の最終ページをかざるのが大阪出身で高知高校から京都大学経済学部に入り学徒出征の命を受け一九四二年十月一日入隊、一九四六年五月二十三日シンガポール・チャンギー刑務所で上官の身代わりとして処刑された木村久夫陸軍上等兵（当日二十八才）でありました。

そのときの辞世は二首

おののきも悲しみもなし絞首台
母の笑顔をいだきてゆかむ

風も凪ぎ雨も止みたりさわやかに
朝日をあびて明日は出でまし

処刑半時間前擱筆す　木村久夫

とあります。彼は死に至る経過と、その死に対する自分の心の葛藤、しかし、その死をあえて受け止める納得について次のように書いています。

日本は負けたのである。そして全世界の憤怒と非難の真っ只中に置かれている。今私は世界全人類の気晴らしの一つとして殺されるのである。誠に残念ではあるがこれで世界人類の気持が少しでも静まればそれでいい。それは将来の日本に幸福の種を遺すことになるのである。……日本軍隊のために犠牲になると思えば死に切れないが、日本国民全体の罪と非難を一身に受けて死ぬと思えば腹も立たない、笑って死んでゆける。それにしてもこの事件に於いて最も態度の卑しかったのは陸軍の将校達に多かった。これに比すれば海軍の将校達は遥かに立派であった。……今日日本がこの状態になったのは、この無謀な戦争を引き延ばし勝つ見込みもないまま戦争を続けた軍部に一番の責任はあるだろう。しかし、満州事変の軍部の独走を許してきた全日本国民にその大きな責任があることを知らねばならない。日本はあらゆる面に於いて社会的、政治的、思想的、人道的な試練が足りなかった。これからの日本人はあらゆるものに対して正しく認識し、吟味し、価値判断する能力を持たねばならない。これこそが二度と間違いを犯さぬ基礎となり、我が国に真の発展を来たす所以である。すべての物語が私の死後より始まるのは悲しいが、私に代わってもっと立派な聡明な人がこれを知り且つ指導してくれるであろう。日本は根底から変革し構成し直さなければならない。若き学徒の活躍を祈る。もう私には時間がない。ここには父母や妹の写真が無いので朝夕眼を閉じて昔のお顔を思い出して挨拶しています。若し世に言う来世というものがあるなら祖父母にも戦死した学友達にも会えることでしょう。もう書く時間もない。いよいよ死に赴きます。皆様お元気で、さようなら　さようなら。（文責著者）。

彼の作った歌を更にここに書きます。

朝かゆをすすりつ思う故郷の
父に許せよ　母よ嘆くな

指をかみ涙流して遥かなる
父母に祈りぬ　さらばさらばと

音もなく我より去りしものなれど
書きて偲びぬ明日という字を

終戦（敗戦）の報を内地から受けた各戦地の将兵達の混乱は目に余るものがあったに違いありません。中には責任を部下に押し付け内地に逃げ帰った将校達のいたことは先の木村久夫陸軍上等兵のようなケースを見ても相当な数があったことでしょう。しかし、立派な上官もいました。昭和二十年陸軍士官学校に入り、終戦後東京大学文学部を経てオリンパス光学工業社長となった前述の下山敏郎氏は当時を振り返ってこう言っています。彼は陸軍戦車隊特攻要員でありましたから当然死は覚悟していました。しかし、突撃寸前に終戦となり、下山氏の部隊はシベリアに送られることになりました。しかしその時部隊長は特攻同期生を飛行場に集め次のごとく最後の訓示を行いました。重複しますが、あえて書き記します。

「地を這い草を噛み、犬乙食となっても君達は祖国に帰って日本再建に尽くせ。自分は兵を連れてシベリアに行く」

こうして下山氏以下は飛行機に乗って日本に帰ることができたのです。下山氏はこう言います。

この隊長の訓示、その姿、その声、そのままに私の頭に残っています。ですから私の世代で同じような体験をされている方々には共通の〝思い〟があるのです。曰く「後の人生は付録だ」。それからの五十年、私は唯々ガムシャラに体当たりで日本復興のため働きました。（文責筆者）。

数えれば未だ数え切れない終戦前後の逸話はあります。しかし、それはこの辺で終わりにして、では今後の日本人はどうやって生きて行くべきなのか。日本人としてするべきことは何かという事を考えて行きましょう。

一人ひとりが外交官であるべきこと

日本の官僚がことなかれ主義であることは先に述べました。その中でも最低なのが外務省官僚です。彼等は歴史的にも無能でした。有名な松岡外相は当時の日本の国際的地位を見誤りドイツを愛して日独伊三国協定を結びアメリカの国力をみくびって日米戦争の手引きをしました。もちろん彼一人が悪いのではなくそれに同乗した日本陸軍首脳の判断またそれに乗って行ったマスコミ及び日本国民の無知があったのですが、それはともかく現在に於いての日本の外務省はやはり世界最低であるといわれています。しかし、こうなった原因もあります。それは戦後偏向教育による日本国民の一般感情、及びそれを底上げしようというマスコミの動向、これらにより日本の外交は世界最低にならざるを得ないのです。例えば、日本の外務省にはインテリジェンス機能が無いのです。世界の一流国いや二流国でもこの機能を持っていない国はありません。いわゆる諜報機関です。アメリカの諜報部隊は小さな国が革命を起こし政権を覆すぐらいの力は充分持っています。これからの日本が平和中立を守って行くためにはもう政府も外務省もたよりになりません。唯一の方法は民間外交です。日本人の一人ひとりが外交官になったつもりで日本の平和のために尽くさねばなりません。その方法の一つは日本人が世界の人々に親善行為をすることを忘れないことです。日本人が世界の人達から愛され尊敬される国民になればもう日本に攻め込んでくる外敵はいなくなります。中国政府のかの悪質な反日宣伝も誰も相手にしなくなることでしょう。時間と手間はかかりますがこれが一番大切です。実際に命をかけてこの民間外交に専心しておられる方々がたくさんおられます。その中のお一人をここに紹介します。二〇〇七年の三月号『致知』に寄稿された昭和四十年大阪に生まれ大分大学医学部を卒業され、ミヤンマーにて医療活動をなさっておられる吉岡秀人さんです。この方は戦後五十年三十才の時ミヤンマーで医療活動に始めて参加し、以来一生をミヤンマーに捧げて医療活動をされています。そしてこう言いました。

ミヤンマーには戦時中三十万人の日本軍が従軍していましたが、そのうちの二十万人の将兵が亡くなっておられます。日本兵たちは祖国防衛の意識だけで戦ったのでしょうが、その思いで死んで行った人達といまの日本人との間に大きな意識のギャップがあると感じました。そこから日本のためになにか自分にできることはないかと考えたのです。しかし、始めのうちは大変でした。私達はボランティアですから治療費も圧倒的に安い。すると向こうの医者が仕事を取られるのではないかと私達の活動を邪魔し始めるのです。患者は山ほどいるのですから取られるといっても数はしれているのですが、それでも気を使わねばなりません。土地の人々は私を吉岡という個人としてではなく日本人の医者として見ます。私が不親切な行動をとれば日本人を悪いやつと思うようになります。逆に誠意を示してしっかりやれば、あとに来る日本人の医者もやりやすくなります。いわば個人外交官です。アジアではいまなお戦時中の日本軍の行為を悪くいう人達もいます。

でも今、私の下には看護師さん三十名と医者十六名のスタッフがおり出たり入ったりしています。もし私たちがアジアの各地で医療を展開できれば日本を恨んでいる人たちの印象を変えることができるかも知れない。そのためにも決していいかげんな行動を取ってはいけない。それはスタッフ全員に常に言い聞かせています。スタッフは全員無給です。飛行機代まで自腹です。「それでもかまわない人は来てください」と言っているのですが、たくさんの人が来てくれます。私はそこに日本人のポテンシャルを感じるのです。とにかく私達が真剣に現地人を救うため働いているのを見れば現地の人達はやがて日本という国を好意の目でもって迎えてくれると信じてがんばっています。私は大学時代の武道の先生が「地位を求めず名誉を求めず金を求めず。地位や名誉や金というものは、あなたがそれを使って世の中のために頑張れるよう天から与えられるものだ」という言葉に感激して自分もこう生きたいと思いました。そして「国際医療奉仕団ジャパンハート」という組織を作りました。時間も財産もすべてそこに注ぎ込んで断崖の上に立っています。一歩踏み違えば大変な事になりますが、信じられないくらい美しい景色です。それはすばらしい世界です。だから看護師さんやお医者さんも人生の一時でもいいからここに来てこの景色を見なさいと言っているのです。見ると人生観が変わります。本当に大切なものが何か分かるはずです。私は常に日本に生まれたことを幸せに感じています。日本という国は世界中で最も母性的な国だと思っています。それならば日本は女性の価値観で勝負すればいいのではないかと思うのです。私はガンやエイズで死んで行く人達に最期迄付き添い励ましてあげる、死んで行く人達が「外国から来た人達が自分を心配してくれている」と感じてその心が救われるとしたらそれは素晴らしいと思います。それを実現するには医者ではなく女性の看護師さんを中心とする組織が必要だと思っています。この新しい価値観を日本から世界に向かって発信していきたい。そういう組織が日本から生まれて広がってゆけば日本は世界中から尊敬される国になるだろうと思います。

（『我が医術をミヤンマーに捧げ　日本人としての使命に生きる』・文責筆者）。

一人ではありません。今日たくさんの人達がこの様な富も名誉も捨てて国際親善に尽くしておられます。では、もうおひとりの方をご紹介しましょう。

一介の助産婦であった徳永瑞子さんは小さい時からアフリカに行って貧しい人達を助けようと思っておられました。彼女は二十三才の時アフリカのザイール（現コンゴ民主共和国）で助産婦を探していると聞いてやもたまらずアフリカに飛びました。しかし、十才代で初産を迎え死産を経験する多くの人達を見て自分の技術では充分対応できないことを知ります。これでは私は多くの人達を助けることはできないと思った彼女はベルギーに留学し熱帯医学とフランス語を猛勉強します。そして四年後準備万端を整え再びザイールに戻りました。しかし、アフリカの診療環境は全く整っていません。分娩台はマットレスのないアルミ製のベッド、便器と腰巻の布を使ってお産に臨みます。ある時初めて逆子のお産に立会い必死に努力しました。しかし、いくら赤子の太ももを引っ張ってもなかなか頭が出て来ません。刻一刻と減って行く拍動数を左手に感じ無我夢中で取り上げるとすでに息はありませんでした。絶望的な気分で私はその場にうずくまりました。ところが翌日父親が訪ねてきてこう言ったのです。「ありがとうございました。子供は死んだ。しかしあなたは私の妻を助けてくれた。子供はまた生まれる」。

彼は私を責めず、逆に生きる勇気を与えてくれました。私はこのことを「プサマカシ」（強く力みなさい）という一文にしたところ、ありがたいことに読売「女性ヒューマン　ドキュメンタリー」大賞に選ばれ、賞金一千万円を頂きました。私はこの賞金を元に「アフリカ友の会」を立ち上げ、更にアフリカの子供達のために尽くそうと思っています。長年アフリカにいてつくづく思う事は「あたりまえ」ということは無いということです。日本人の子供達は「両親がいる」「義務教育は受けられる」「朝昼晩と食事ができる」事に感謝もせずみんなあたりまえだと思っています。しかし、アフリカにはその当たり前が無いのです。十才ちょっとの少女アニエスはＨＩＶと栄養不足で瀕死の床にありながら振り絞るような声でこう言いました。「ハイヒールが履きたい」。周りの看護婦のハイヒールを見ていつもゴム草履の自分が悲しくなったのでしょう。彼女達も日本の思春期の女の子と同じく一度はおしゃれをしてみたいのです。このような悲惨な環境の中でも彼女たちはいつも私達に「ありがとう」と言ってこの世を去って行きます。アフリカの人達はお金も食べ物も充分に無くても本当に明るいのです。太鼓のかわりにポリタンクを叩き、一人が歌い出すと子供達が次々と集まり、楽しげに踊り始める光景を日常的に見かけます。彼等は厳しい現実の中で常に明るくたくましく生きています。多くのアフリカ人に支えられた六十年を振り返ると私が与えられて来たものより彼等から頂いたものの多さに感謝の念を深くします。私はいまできることを精一杯やらねばなりません。それが先進国に生まれ、途上国の人々に支えられて来た私の使命ではないかと思っています。（文責著者）。

これは現在アフリカ友の会代表・聖母大学教授である徳永さんが雑誌『致知』に書かれた一文の抜書きです。こういった人達が一人でも多く世界に散らばる事により世界の人々は日本を理解し日本人に好意を持ってくれることに違いありません。

こうやって個人外交に尽くしておられる人々の他に、立派に個人外交をやり遂げた人々がいます。運動競技は世界共通ですので分かりやすく、日本を世界に紹介する手段になります。しかし、ただ強いというだけではなく、世界に感動を与えるための絶好の機会を与えてくれます。野球選手のイチローは見事にこれを成し遂げました。イチローは一九七二年一〇月二十二日、愛知県西春日井郡豊山町に生まれました。右投げ左打ちの選手です。日本でオリックス・ブルーウエーブにプロ入りし、二〇〇一年米国のメジャー、シアトル・マリナーズに入団します。外野手としては日本人初のメジャーリーガー入りとなりました。しかし、野球はアメリカの国技といわれる程アメリカ人は野球が好きです。日本人がどれだけメジャーリーガーで活躍できるのかについて相当疑問視していました。あるマリナーズの当番記者は「ピッチャーが投げるすべての球に対応して動き、バッターボックスでもふらついている様にも見えた。球をたたくように打ち、すぐさま走り出すスタイルは、メジャーリーグの投手と野手が相手では歯が立たないだろうと思われた。そのうえパワーもなさそうだ」と述べ、当時のマリナーズの監督だったルー・ピネラも「打率は2割8分から3割、盗塁は25から30、まあ得点はかせいでくれるだろう」と大きな期待はしていなかった。マリナーズでのイチローの背番号が51であったため、これはランディ・ジョンソンの背番号であったため最初はあまり好意的には見られず「ランディの功績を台無しにする」「ランディを侮辱している」などと言われ、あまり好意的には受け入れられませんでした。ところがです。四月二日の開幕戦からイチローはメジャーの豪腕投手を相手に細い体をしならせて、打って打って打ちまくり、この年に定められた月間新人賞を二ヶ月連続で受賞して皆をびっくりさせました。八月に入ると一三二試合で二〇〇安打に到達、九月八日には一九九六年アレックス・ロドリゲスが記録した球団最多安打記録を破り、球団最多記録の二一五安打を更新し八月九日には再び二ヶ月連続の月間新人MVPを受賞しました。なによりも注目すべきことは、オールスターゲームのファン投票で三三七万票を獲得して両リーグを通じて首位に選ばれたことです。日本人にもこんなすばらしい青年がいるのだと全米野球ファンの興奮と賞賛の中でイチローは黙々と球を打ち続け、このあと数々の記録を更新して行きます。このイチローの活躍がどれ程アメリカ人の日本人に対する考え方を変えていったかよく分かります。イチローは一個人ですばらしい個人外交の役割りを果たしてくれたのです。現在のイチローの年俸は（二〇一一年）千八百万ドル、日本円にして約十三億五千万円です。これだけのお金が入ってくると、普通なら誰でも頭がおかしくなります。ある国のゴルファーは世界一になりましたが、たくさんの女の子を彼女にしてこの点でも世界一となって有名になりました。しかしイチローは相変わらず生活は質素で高ぶらず、球を打ち続けています。彼の個性を見ると日本古武士の風格を感じさせます。東日本大震災には一億円を寄付しました。今後の活躍を期待します。

ほかにも日本のため個人外交を展開しているのが銀盤の女王浅田真央ちゃんです。安藤美姫もその一人です。彼女等の美しく且つ優美な舞姿は技術だけではなく、日本女性の美的感覚のすばらしさをどれだけ世界の人々に印象づけたことでしょう。これで日本を好きになってくれればすばらしい個人外交です。

それからもう一つナデシコジャパンの活躍があります。国際サッカー連盟（ＦＩＦＡ）は二〇一一年度の女子世界最優秀選手に日本女子代表（なでしこジャパン）の主将澤穂希選手を選びました。これはアジア（日本はもちろん）の選手として初めての受賞という快挙でありました。あの体の小さい日本人がちょこちょこと走り廻って、お互いを助け合いながらボールを廻し、体の大きな外国選手に勝ったのですから、観客は大喜びで手をたたきました。優勝の翌日の海外の各国の新聞はこぞってなでしこジャパンの勝利を祝ってくれました。中国の新聞さえ賞賛の記事を書いたのです。澤選手も涙を流しましたが、我々も涙を流しました。これはすばらしいことです。この試合を見て日本がきらいになった人はいません。皆が日本人の真面目さ、律儀さ、協力精神の美しさを見て取ったことでしょう。彼女達は立派に国際親善の実をあげてくれました。民間外交の一翼をになってくれたのです。

ここでもう一つ、個人外交ではありませんが、名もない日本人が果たした外交として、トルコと日本のゆるぎない友情について述べます。その基になったのは、今から百二十年前の一つの海難事故でした。当時のトルコの使節団が、軍艦エルトゥールル号に乗って明治天皇を表敬訪問しました。その三年前に小松宮彰仁親王がトルコを親善訪問されたことへの返礼であったのですが、エルトゥールル号は帰途につき和歌山樫野崎灯台を過ぎるころ台風に巻き込まれて遭難します。明治二十三年九月十六日のことでした。彼らは灯台の火を頼りに大島に向かって泳ぎ、そのうちの一人が行きもたえだえ崖を這い上がり倒れました。ちょうど通りかかった島民がこれを見つけて大島の沖田村長に伝えます。村長は直ちに救援隊を作り救出に走ります。崖の下にはたくさんのトルコ人達がうごめいていましたが、とにかく崖から救い上げ傷の手当てはもとより、冷え切って死にかかっている水兵にはこんな時には人肌で直接温めるのが一番と聞き、若い島の女が恥ずかしげもなく素っ裸になって温めてあげます。これら島民の必死の救出によって六十九名の者が救われました。この話は本国トルコ（当時はオスマン帝国）でも話題になり、皆日本人の親切さに感激しました。それから百年後の昭和六十年、イラン・イラク戦争の真只中、イランのメヘラーバード国際空港に取り残された日本人一行二百十五名が、正に死の危険にさらされているとき、なんとトルコ航空機が突然に現れ全員を無事救出してくれたのです。こうして明治の御代の大島島民の美しい愛の心が生んだ友情が、滅びることなく脈々と生きていたのです。

世界に見られない日本人の特異性

アメリカは日本と戦争をして思いもかけぬ経験をしました。西欧の常識では戦いが不利になり絶体絶命の立場になれば降伏して捕虜になるのです。これは当たり前のことでそれによって降伏将軍は特別に不名誉とは思わないのです。ところが日本軍は最後の一兵になる迄闘って玉砕するのです。これにはアメリカは驚きました。一体日本人の精神構造はどうなっているのだろう。

アメリカ占領軍の占領政策は日本の歴史を抹殺すること、歴史のない国は滅びるという歴史哲学の実行、それから日本人の誇りをなくさせる作戦を強行しようとしました。すなわち日本人が再び立ち上がるという事の二度とないような教育を指向したのです。このアメリカの真意が見抜けず、日本共産党、社会党、進歩的学者と呼ばれた人々、それにマスコミが喜んでこの占領政策に迎合しました。

教科書は日本人が悪い事をしたという内容に書き替えられ、一部の学者は日本人の先祖は韓国人であるということまで証明しようとする本を書きました。その当時昭和二十年から昭和五十年位迄の教育を受けた人達の中には日本人は主体性のない残虐な民族であり、天皇は軍をリードして戦争を起こしたくさんの人民を殺した悪いやつだというようなことを、いまだに信じている人が多くいます。

では日本人というのは一体どのような民族であるのでしょうか。
確かに日本人というのは世界に類を見ない特異な民族のようです。その特異性は世界のどこにもない日本だけの文化を見ていけばおのずとわかってきます。先ず第一に詩歌です。日本人は古代から自分の意思を伝えるのに詩歌を使いました。古事記の中に倭建命の歌が見えます。命《みこと》は東征に向かう途中尾張の国で国姫美夜受比命《みやずひめ》に会い愛おしく思われます。
そこで命は姫に今度帰って来たら必ずここに立ち寄るとおおせられます。東征に成功し帰ってこられた命は喜び勇んでさあ二人で遊ぼうと手を引っ張ったのですが姫がはにかんで指を指す所を見ればそのもすその裾に血がついている。これは月経（メンス）だと驚いた命はたちまち歌を詠みます。

久かたの　天の香具山　白鳥の　弱細な　手弱腕を　枕にせむと　我すれど
いざ寝むと　我思えど　汝の着せる　衣の裾に　月立ちにけり

これに対して姫はわるびれず堂々と次のように返歌をなされた。

やすみしく　我大君よ　あらたまの　年が来ぬれば　月も又来ぬらん　諾なるかな
諾なるかな　諾なるかな　君待ちかねて　我が着ける衣の裾に　月立ちなむす

なんというおおらかな歌でしょう。古代人の二人はすっかり打ち解けて、命《みこと》は一ヶ月も姫のおそばにお宿まりになりました。

このように言葉を歌で伝えるという文化は世界にありません。日本独特の文化です。また日本人は非常に文学的にすぐれていました。この文化の伝承は脈々と日本人の心の中に住み着きました。戦に明け暮れる戦国武将も相当な歌人であったのです。武将が歌を歌ったという事は不思議に感じられますが、ある時老将が戦場で向かい合い「ヤーヤー我こそは」と名乗ったところそのいでたちがあまりに老人であったため敵の大将が「衣の裾はほころびにけり」と歌ったところ、老将は「年老いし　糸の乱れの苦しさに」と返歌して切り合ったというのですから、大変な歌心です。織田信長の重臣明智光秀が謀反を起して本能寺の信長を攻めようとした時、出陣を前にして愛宕山西坊にて連歌師里村紹巴を招いて連歌の会を持ちました。京都に踏み込む数日前の五月二十八日です。発句《ほっく》は光秀が努めました。

ときは今　あめが下知る五月哉

この光秀の発句を見て紹巴は愕然とします。明智家は土岐氏に連なる名家であります。「とき」は明らかに土岐に掛けている。「あめが下知る」とは下克上、すなわち信長に対する反逆であります。これは「今こそ土岐一族が天下を取る五月である」と解される。続く付句を受け持つ者はこれに気

づかず、

水上まさる庭の松山

と続けましたが、紹巴は光秀の思いをせき止めようと続きました。

花落つる流れの末をせきとめて

それとなく光秀の野望をせき止めようとしたのでした。この歌会は都合百句を詠んで神社に納めたということです。

辞世の句

人間が死にのぞんで歌を詠むという習慣は世界中どこの国にもありません。昔中国の猛将項羽が劉邦と戦って破れ、垓下に追つめられた時、愛人、虞の身上を按じて歌ったといわれる有名な歌があります。

力は山を抜き　気は世を蓋う　時利あらず　騅逝かず（騅は項羽の名馬の名）
騅の逝《ゆ》かざるを　如何せん　虞や虞や　汝を如何せん

これには俗説がありまして実際に項羽が作って後世に伝わったものではなくて誰かが項羽の心中を思い計って書き残したものと言われています。

我が日本には古来から死に臨んで歌を作りその心を後世に伝えようという伝統があります。その中から幾つかを選んでみましょう。

古くは『万葉集』にも多くの辞世の句が見られます。

その中の一つ、大津皇子が歌った句

ももづたふ　磐余《いはれ》の池に　鳴く鴨を
今日のみ見てや　雲隠りなむ

源実朝の歌

出でていなば　主なき宿と　成りぬとも

軒端の梅よ　春をわするな

太田道灌

かかる時　さこそ命の　惜しからめ
かねて無き身と　思ひしらずば

上杉謙信

四十九年　一睡の夢
一期の栄華　一杯の酒

豊臣秀吉

露と落ち　露と消へにし　わが身かな
浪速のことも　夢のまた夢

西行

願はくば　花の下にて　春死なん
そのきさらぎの　望月のころ

小堀遠州

昨日といい　今日とくらして　あすかがわ（飛鳥川）
流れてはやき　月日なりけり

稲妻雷五郎（第七代横綱）

稲妻の　去り行く空や　秋の風

松尾芭蕉

旅に病んで　夢は枯野を　かけ巡る

葛飾北斎

人魂で　行く気散じや　夏野原

浅野内匠頭

風さそう　花よりもなお　われはまた
　春の名残を　いかにとかせん

吉田松陰

身はたとひ　武蔵の野辺に　朽ちぬとも
　留め置かまし　大和魂

一休禅師

借りおきし　五つのものを　四つかえし
　本来空に　今ぞ基づく

乃木希典

うつし世を　神さりましし　大君の
　御あと慕ひて　我は行くなり

以上、明治時代までの辞世の句ですが、大正、昭和に入りますと、文人、武人の歌が続々と続きます。各地の特攻隊基地から飛び立った若き特攻隊員、年齢は十八から二十前後の若者が、それぞれ歌を残して南の空に消えて行きました。その時期、学徒動員で勉強もほとんどできなかった若者達がそれぞれ心打つ立派な歌を作ったのです。それほどに歌は日本人の心の奥に息づいていました。

今も日本人は歌が好きです。どんな新聞にも小さな田舎新聞にさえ歌壇の欄が設けられています。調べた限りではアメリカにもイギリスにもロシアにも中国にも歌壇の枠を持つ新聞はありません。

多様性に富んだ伝統的な自然信仰の世界

日本人の美的感覚

日本人は自然を愛します。日本人にとって自然は神なのです。日本の神様はほとんど山の中にあります。西欧の教会は皆、街の中にあります。日本人にとって神と自然は一体です。

神を敬い自然を愛する日本人の心は清らかなものです。その清らかな心から生まれる日本の文化のすばらしさを最初に発見したのはパリ画壇を席捲した画家達でした。ピカソ、マチス、セザンヌ、ゴーギャン、ゴッホ達の最高の画家が葛飾北斎等の日本の浮世絵を見てすっかりそのとりこになりました。今迄には考えも及ばなかった新しい手法で画かれているのです。それまでの西欧絵画はあくまでも写実主義でした。目の前にある画面をより美しくより克明に画こうとしていたのです。しかし、浮世絵はそのもの自体の真髄を画きだそうとしているのに気づいて感動したのです。彼等は争って浮世絵を買い求めアトリエにかざり、中には模写に近い絵を画いて売りに出した人もいました。日本人の「美術」ではなく「美学」が認められたのです。たとえば、千代紙もそうです。日本ではごく当たり前に子供たちの千代紙あそびに使われているものですが、パリの美術家の目から見てすばらしい芸術であると認められたのです。パリのルーブル美術館の隣にある装飾美術館には三百点近くの和紙作品が置かれているそうです。その下絵に幕末の河鍋暁斎《かわなべきょうさい》の作品が見られます。浮世絵が印象派の画家らにインスピレーションを与えたのと同様、千代紙も愛好家に収集され、千代紙を含めた和紙美術がパリの工芸美術に影響を与えたとすれば、「これはすばらしい文化の伝達の一端をになったものであり、すばらしい文化交流である」と和紙研究家　大柳久栄さんはおしゃっています。（平成十九年六月十八日日経紙文化欄）

世界に広がる日本の俳句

最近になって、日本の俳句が世界中で作られ始めました。わづか三行の詩が人の心の深い深い内面を見るに使える手段であることが世界の人々に理解され始めたのです。日本人ならほとんどの人は俳句を作った経験があります。今年は少々寒い――「春遅く　庭に咲いたる　桜かな」――これだけでその情景が浮かびます。「現在世界では恐らく百カ国の人々が俳句を作っているのではないかと推定されます」といっているのは世界俳句協会を立ち上げた明治大学教授夏石番矢さんです。第一回の世界句会が初めて開かれたのは二〇〇〇年九月スロヴァニアのトルミンでした。この大会には十一カ国六十二名の人々が集まり国家、民族、宗教、言葉の違いを超越して人の心を端的に伝える俳句というすばらしい文化に感動したのです。第2回大会は二〇〇三年十月、二十一カ国から百五十二人の人達が集まり　四百五十六句が記録されました。この大会に集まる人は年を重ねる程に増え、二〇〇七年九月の第四回東京大会では十二カ国から延べ二百七十人が参加されました。これらの人々はそれぞれ自国では名ある詩人も多いのですが、やはり日本人の美に対する感覚とその奥の深さに魅せられたものではないでしょうか。

アメリカの対日占領政策

前にも述べましたが、戦後アメリカの日本占領政策は歴史を持たない民族は亡びるという言葉通り日本の歴史を抹殺し、日本人から自尊心を取り除き、日本人は変人であると思い込ませ、日本を再び世界の桧舞台に立たせる事のないようにするというものでした。これは「ウォー・ギルト・インフォーメーション・プログラム」（戦争犯罪周知宣伝計画）と呼ばれるものです。この計画は勝者からの一方的な情報により日本人に戦争の罪悪感を植えつけ二度とアメリカに歯向かうことのないように日本人を弱体化させる心理作戦でした。この作戦は彼等にとっては見事に成功しました。日本人は深い自責の念に駆られるようになったのです。この心理状態は今でも日本人の心に残っています。こともあろうに日本人は唯唯諾諾とこの政策に迎合し、日本の教育は戦後約五十年この間暗黒の時代をつづけることになります。これを誘導したのはいわゆる進歩的学者といわれる学者達です。教育というものは恐ろしいものです。今でも当時の教育を受けた時代の人々の中にはそう信じている人もいるのです。例えば民主党の小沢一郎は幹事長だった時に大勢の議員を連れて韓国へ行き、桓武天皇の皇后は韓国人だから今の天皇家の人々には韓国の血が流れているという発言をして大喝采を受けました。これはうそを言ったわけではありません。確かに桓武天皇の母君は高野新笠《たかのにいがさ》といって百済の武寧王の一族であり、大和氏と呼ばれる一族の子孫であることは続日本書記に書かれています。しかしこの大和氏は渡来してから帰化してすでに七代日本に住み、日本名を持ち父は大和を継ぎ母は土師宿禰といわれる人の娘で若い時桓武天皇の父光仁天皇に側女として仕えた女性です。これは日本の歴史書に明記されていることで、日本の高官が韓国に行ってわざわざ事新しく述べ立てて韓国人の喝采を得る必要など更々ない事柄です。日本人自体がこれを全然問題視していないのです。実に馬鹿げた政治家がいるものです。大勢の新聞記者が同行したのに拘わらずソウル大学でのこの小沢の講演は一行も日本の新聞には書かれませんでした。

日本の神道について

日本人の宗教については仏教と神道がその主流だと考えられています。仏教はインド、中国、朝鮮を通じて日本に伝えられ、聖徳太子等の御努力によって広く普及され、今では日本人のほとんどが仏教徒です。しかし、日本の仏教は大乗仏教であり、ブッダが最初に教えた仏教、いわゆる小乗仏教とは大きくずれています。ブッダが死に臨んで言った言葉は「唯々努めよ」ということでした。どういうことかというと、しっかり努めて自分を昇華し、悟りを開いて転化せよということです。従って、ブッダは先祖を崇拝するということはしません。自分が墓に入れられて崇拝されることも許しませんでした。ところが、日本人は、入って来た仏教を忽ち日本風に改造してブッダを神様のように拝み、その慈悲にすがって助けてもらう宗教にしました。これすなわち他力本願です。人間は自ら努力して悟りを開かなくても唯々南無阿弥陀仏を唱えて阿弥陀の慈悲にすがれば救われるということです。これですっかり日本式仏教は日本に定着し、各家には仏壇を作って先祖を祭り、親の命日には律儀に坊さんを呼んでお経をとなえてもらいます。日本人は神道については詳しく考えていません。唯、習慣的にお正月には地元の神社とか有名な神社にお参りして、家族安泰を祈ります。七五三にはそれぞれ子供を連れてお参りします。今年の正月も住吉神社などでは参詣の人並みがずらりと並んで大変な賑わいでした。これら神社には天照大神を主神として万代の神々様とか、或いは菅原道真などのその道の偉人達人が祭られています。先ほど習慣と申しましたが、習慣的ともいえるし、これが日本人の心であるともいえます。マッカーサーの占領政策はこの様な日本人の習慣も取り去ろうとしました。戦前にあった神社庁を廃し、神社に対する国からの配布金をすべて取りやめました。こうすれば神社は金に困ってきっとすたれてしまうだろうと考えたのです。事実、戦後数十年間にわたり神社は維持費に困り神社の一部の敷地を売ったり、駐車場にして貸して資金を作ったりして、細々と生きながらえるようになりました。しかし、そのうちに古来からの氏子達が仲間をつのって寄付を集めたりして少しずつ回復してきています。しかし、日本人にとって神道は大切です。今少し神道について考え直さねばなりません。この神道が実は日本人の心の支えであり、日本人がこの先何世紀も生きて行くために大変な力になっているのです。この神道というのも実は世界にない特異な宗教なのです。日本人は神と自然を同一のものと見ます。日本人はこの神と自然を崇拝することによって神と自然が合体しすばらしい人格を作り上げることができるのです。日本にはたくさんの神社があります。日本人が集まる場所、集落、村、町には必ず一つ神社があります。これは国が特別に作った物ではなく、村人が集まれば自然にでき上がるのです。すなわち日本人の心の拠りどころです。今、雑誌『致知』では毎号有名な神社の特集をやっています。これを読んでみると各神社には何代も続いた神主がいらっしゃいます。例えば、大阪船場の氏神、坐摩《いかすり》（通称ざま）神社では渡邉家の子孫が代々続いて、今は五十七代目の神主さん渡邉紘一さんが宮司をしておられます。これは都々逸にも出てくるあばれ者の酒天童子の右腕を切り落とした渡邉綱《わたなべのつな》のご子孫です。大宰府天満宮の西高辻信良《にしたかつじのぶよし》宮司は菅原道真公の直系のご子孫です。取材したジャーナリスト南里空海さんによると、宮司は「私の一番負けたくない相手はディズニーランドである。大人も子供も無心になって楽しめて元気になれる。今の神社もこの様に皆に元気を与えるものの中心になっていきたい」とおっしゃっています。

　京都府八幡市八幡高坊にある石清水八幡宮は遠く武内宿禰《たけのうちのすくね》を祖とする紀宮家の子孫第五十八代目となる田中恒清宮司がおられます。田中宮司は南里宏治《なんりくみ》氏の取材に答えて「日本の神道は布教する信仰ではない。また、その必要もない。なぜならば、これは日本人の文化であり、伝統であるからである。日本人はこれを世界に発信し世界平和に貢献する義務がある」とおっしゃっています。まだまだ神社の話しは続きますが紙面が足りません。

　日本人が気がつかない間に日本に来た外国人の人達が日本人の将来を教えてくれています。宗教とは必ず教祖がおり、戒律があります。それを信じる人々は他宗教を異教徒と呼び排斥し、しばしば宗教戦争を起こします。しかし、神道では神と自然が守護神ですから、すべてを飲み込み同化します。この神ながらの道を信ずる日本の神道を見てこれこそ世界平和を築くためのすばらしい宗教であると感じた外国の人々がたくさんいます。

フランスの文化大臣アンドレ・マルローは「伊勢神宮とアインシュタインの相対論的宇宙観とは収斂する」と述べました。彼は神道によって科学と宗教、東洋と西洋が融合する可能性を直感したのです。アメリカの新聞記者（一八七九年生まれ）メーソンは「神道は日本の世界文化に対する主要な貢献たり得る。神道は世界に対するメッセージを内在している。そしてこのメッセージ普及の使命は日本人の負うべきものである」と言いました。また、ドイツを代表する世界的な建築家ブルーノ・タウトは「伊勢神宮、桂離宮は日本文化の特徴を表す簡素、清明の真髄であり、ここに西洋にもシナにも世界のどこにもない日本独自の文化を見る。その根源が日本古来の神道である」と言いました。日本の神道については外国の人達はこのように感じたのです。その意味では、神道は世界を平和に導く道標です。日本人も自信を持ってもう一度神道を見直しましょう。

ここに靖国神社の問題があります

今度の戦争で何百万人という日本兵士が死にました。玉砕した島々の中では食糧もなく戦うべき弾もなく敵の弾幕の中に突撃していった兵士達、彼等は一体何を考えたのでしょう。自分が死ぬのは国を護るため、故郷の山河を守るため、死んでこの身を盾としようと覚悟し勇敢に戦ったのです。その兵士達の合言葉は「おい死んで靖国で会おう」ということでした。自分は死んでも靖国神社に行けば戦友に会えるしまた家族にも会える。これが唯一のなぐさめでした。もし行く所がなければどうにもなりません。靖国神社にはこれ等何百万人という魂がいるわけです。いかに平和ボケしたといっても日本の首相が靖国に参り、復興した日本の状況を報告し鎮魂の祈りを奉げるのは当然のことです。それを中国の干渉を恐れ、参拝を無視するなど考えられない事です。中国が日本の首相の行動にいちゃもんを付けるなど明らかに内政干渉で、もとより言語道断の行為であり正常な国家間ではあり得ないことです。それにまた日本の首相が従うなど滑稽至極の極まりです。日本が独立国であることを首相は忘れているのでしょうか。この首相の行動を進言しているのが日本外務省です。日本の外務省程弱腰で事なかれ主義な官僚組織はありません。

日本人のルーツ

戦後の占領政策により日本人の本来のルーツは歴史の中から全部消えてしまいました。当時の進歩主義的な学者達は日本人の先祖は朝鮮人であるとか、これを証明するため日本語と朝鮮語の似通った言葉をつまみ出してこれが証拠だなんていう人、或いはインドネシア人と日本人の共通点を探

火焔土器

し出してこれが日本人のルーツだとかまことしやかに発表したものです。しかし、昭和十一年新潟県長岡市で発見された馬高遺跡の火焔土器により研究が進み、こういった迷想は見事にくだかれました。人間が作った古代の土器が日本にもあったのです。これは縄文時代の中期、約四千五百年前に作られたのであることが分かったのです。それまで、日本人は何千年も前まで洞穴に住み何の文化性もない土民だと考えられていました。その後戦後になってこの火焔土器の発掘が進み、馬高、三十稲場遺跡を中心に火焔土器及びそれにまつわる土器、合わせて三百点が国の重文に指定され、長岡市科学博物館や新潟県立歴史博物館に展示されています。五千年近い昔から日本人はこのように高い文化を持つ民族でした。また、新潟県長者ケ原遺跡からはよく磨かれ形の整ったヒスイの飾り物が見られました。これ等は今から四千五百年前から三千五百年前までにたくさん作られたものとされています。これを見ると日本人の美的感覚のすばらしさが証明されます。四千五百年前といえば、韓国の神話が生まれた時期より二千年近く古い時代です。

日本の教育問題

西欧各国は今回の世界大戦では、ドイツ、日本に勝ったものの大きな被害を受け経済的には植民地を失ったための不況から国民の思想は左傾しました。一九四四年、チャーチルが率いる保守党・労働党連立内閣の下で作られた「教育法」では、児童の権利を尊重する人権教育の推進、イギリス帝国主義を批判する歴史教育の推進、教師の自主性を尊重する教育行政の確立という左翼教育方針が前面に踊り出し、教育は社会福祉の一部であり、子供の全人的な成長発達を押し進めることを重要視することになりました。教育内容は従って教師の自主性を尊重し、子供の興味・関心を重視し、国が教育方針に大きく関与することを禁じたのです。そして七〇年代に入ると「伝統的価値観に教育の基礎を置く」という考え方が否定され、人種差別の責任は白人にあるとし、白人は本来、人種差別の思想を持っており、これら白人の伝統的価値観を解体しなければならないという非差別教育が主体となって、八三年には「人種差別はどのようにイギリスにやってきたのか」という中学校歴史教科書が配布される迄になりました。こうしてイギリスでは国民は自国に対する誇りと自信を失い、労働意欲が低下し、経済不況はいよいよ深刻になってしまったのです。

一九七六年のバークシャー州教育当局のレポートによると、中学校に入学した生徒の三分の二が掛け算の九九を知らなかったとあります。なかには自分の苗字を書けない子供がいたということです。いわゆる「英国病」が蔓延してきたのです。しかし、神はイギリスを見捨てませんでした。この時救世主の如く現れたのがサッチャーです。サッチャーは学生時代からこの英国の衰退を憂いて、当時経済学会の主流であったケインズの平等主義に反発していたフリードマンの学説を勉強しその学派の一方の旗頭となっていました。彼女は選ばれて英国首相になって直ちに各方面の改革に取り組みました。労働法の改革に手を付け英国病の除去に努力します。更に教育方針については抜本的な改革を実行します。

先ず、教育の荒廃の原因は一九四四年の教育法にあると宣言し、一番の問題はこの法律の下では偏向教育は是正できないとし、新しく「教育改革法」（一九八八年）を制定しました。今まで教師が自分の考えに従って勝手気ままに行っていた教育を、「自国への誇りを育《はぐく》む歴史的教育を推進すること。自由競争の理念による国定カリキュラムを作り、教育すること。国語、数学、科学を中心とする教科に重点を置き、いわゆる「総合学習」を排除しました。更に全国共通試験を実施し、児童、生徒の学力達成度を公表しました。また、青少年の非行の抑止には家庭の教育が大切であるとし、子供に対する親の義務と責任を明確にする「子供教育命令法」を作り、

一、罪を犯した少年少女の保護者に対し、通学下校時の同行、夜間の自宅監視を義務付け

二、命令違反は約一〇〇〇ポンドの罰金刑　罰金滞納の場合は禁固刑

三、親は子供が再び罪を犯さぬよう、また毎日登校するように国の行うカウンセリングやガイダンスに義務として参加するよう

四、加害者には被害者に手紙での謝罪と物品での賠償を命じること

以上のほか、不登校の子供については、子供が登校するよう努力する義務が親に課せられました。随分思い切ったことをしたもので、そしてそれができたものです。自由主義の本場である英国でこれが行われ、英国民はこれを受け入れました。ジョンブル魂は生きていたのです。この結果、少年犯罪は急速に減少し、学力の水準も徐々に向上しました。そしてなによりも親は自信を取り戻し、親子関係は随分と良くなりました。教師も教師の責任を自覚し、なんとかしなければならないという考えに変わり、生徒は教師を尊敬する事を知り、学校の雰囲気にも好影響が出てきました。

今日本は英国病ならぬ日本病に悩んでいます。英国病以上の難病です。サッチャーはなんと言う思い切った改革をやったのでしょう。それと、これを受け入れた英国人を尊敬します。日本にこれだけの事ができる政治家はいるでしょうか。一人もいませんね。やれば英雄になることができるのに。

今日本の子供達の学力低下は甚だしい。かつては世界一の識字率を誇った日本。始めて日本を見たペリー提督は日本の子供達の多くが本を読んだり字を書いたりしているのを見て、驚きました。こんな国と今戦争をするのはまずい、先ずはゆっくり通商条約を結んでそれから考えようと思い、中国大陸にしたように日本にもやすやすと進攻するようなことを思い止まりました。日本の子供達の学力は久しくアジアではナンバーワンでした。しかし、近年は科目によっては首位の座から滑り落ちて二位どころかもっと下のランクに落ちてしまいました。中国やインド、韓国が国家を挙げて

教育に力を入れているのに日本では今だに日教組の教育方針に災いされる子供達に日本の正しい歴史を教えるな、子供達に自由に自分の好きな勉強をさせよう、子供たちに競争心を植え付けてはいけない、従って成績を公表することはない、学校間の競争も認めない、なによりも平等が望まれる。等々全く英国病時代の平等精神に追随しております。戦前の小学校の運動会では必ず走り競争があり、一等二等三等は校長先生からご褒美が渡されました。勉強ができず日頃片隅にいる子供で足が速く表彰されてすっかり明るくなり自信を取り戻す子供達がいました。しかし、戦後の小学校では運動会はダンスと遊びの会になってしまいました。今理工系の大学生を採用した会社では、学力不足のためそのまま仕事に就かすことができず、入社後会社で補習教育を行ってから就職させるという手間をかけないと使い物にならないそうです。

先ず日本を再生させるためには教育の改革が絶対に必要です。ではどうすればこれが可能となるか、かつて明治の元勲は日本を近代国家に作り上げるため先ず第一に優秀な若者を海外に派遣してイギリスからは民主主義制度、ドイツからは各種法律を輸入し、フランスからは美術文学を学び、近代国家制度を作り上げました。要するに「自ら足りない所は宜しく他に学ぶべし」です。日本人は他に学ぶというのは得意の筈です。先ずイギリスに優秀な人材を送り、サッチャーの行った教育改革を充分に勉強し、論文にまとめさせて政府に提出させ、これに従って日本の教育改革に手を付ければ日教組も反対しにくく案外スムーズに進むのではないでしょうか。時期はせまっています。一刻も早く政治家、マスコミ、国民が声を大きくして改革に取り組む事が必要です。

日本人が日本に対する誇りと自信を失っているとき、これに対抗する勇気を教えてくれたのは日本に来た外国人でした。世界で五番目に小さい国サンマリノ共和国は現存する共和国では世界最古の歴史を誇る国ですが、日本とは伊達政宗の少年使節団が訪問して以来の友好国です。そのサンマリノ特命全権大使のマンリオ・カデロさんは親日家でありかつ知日派です。この方が外交評論家加瀬英明さんと二〇〇八年一月号の『ＭＯＫＵ』の中で対談して言いました。

「私は日本が大好きでその歴史と文化に深い敬意を払っていますが、皮肉にも当の日本人が自分の国の良さが分かっていないと感じることが多くあります。それが残念です。私は日本の神道はどの宗教よりも自然に近く、とても優しい宗教だと思います。キリスト教、イスラム教、ユダヤ教等西欧の宗教はみな一神教ですが、私はこの一神教的な発想はあまり長くは続かないのではないかと思います。一神教というのはきわめて排他的な思想でありそれを信じる人達だけが正しいとする宗教ですから独善的に陥る危険性を多分に含んでいます。日本の若者があまり『宗教』特に『神道』に関心がないのは大変残念です。私の学生時代には週一時間モラル（道徳）と宗教の時間がありました。いまの日本は家庭でも学校でも道徳についてはあまり教えていないと聞いています。これでは義理人情を解する日本人がいなくなるのではないでしょうか。この間私は皇居に参って陛下にお目に掛かりましたが、西洋の絢爛豪華な宮殿と違って、簡素で荘重、しかも優雅な建物に心を奪われました。ここに日本の国柄の本質が凝縮されているのです。そこには神の住む家という雰囲気がありました。神道的な発想が日本を偉大な文化のある国にしていると思います。自然との共生を求める神道の人生観が人類の明日にとって必要なのだと思います」。（文責筆者）。

この対談者加瀬英明氏は現在では英語に最も堪能な政治評論家として活躍されています。

韓国済州島に生まれ、子供の時から反日教育を受けて現在は拓殖大学国際学部教授をしておられる呉善花さんは日本が大嫌いでした。一九八三年の夏、当時の韓国の学生は皆アメリカに留学したいと思っていました。呉さんもその一人でしたがアメリカに行くのはビザが取れにくく費用も莫大なのでとりあえず東京の親戚を頼って日本にやってきました。ただし、日本に来ても日本の文化には染まりたくないの一心で二年くらいは和食を食べませんでした。とにかく和食を食べると自分自身が負けてしまうという程の気持ちでした。ところが、日本に来てしばらく日本の大学に通い日本人を見ていると日本人は自分が考えていた日本人と少し違うなと思い始めたのです。彼女はこういいます。

《日本人は人間ではないと教えられ私もそう思っていたのですが、何かおかしい。先ず第一は両国の価値観の相違です。例えば日本で珍重される茶道具の茶碗です。韓国では美しいとされる食器は戦前は真鍮、戦後はステンレス製です。最高の色は金色。ところが日本に来てみると、韓国料理に出てくるステンレス食器は品が無いといわれるのです。すごいショックでした。日本人に品のあるものといえば何なのと聞くと、備前焼だというのです。我々には犬のえさに使うお椀のようにしか見えないいんです。外国から来ている他国の留学生に意見を聞くと皆韓国人と同じです。日本人だけが違う美意識を持っているのですね。我々韓国人の感覚は儒教の教えに影響されています。儒教的では美しい形は曲線ではなく直線的、そして秩序よく整って、左右対称、バランス良く調和していることが大切です。ただこの調和バランスは日本的な調和バランスとは違っています。

こんなことからある時、中国人、台湾人の留学生どうしが日本人の悪口を言い合っていました。日本人は絶対に外国人を差別しているんだからいくら友人になっても内面を見せないんだなんて。ところが来日して五年くらいたって何か別の見方があるのではないかと思い始めました。それが基本的な価値観の違いです。こうして日本人の特異性を考えているうちに大きなポイントに近づきました。

儒教文化圏やキリスト教文化圏ではどんな生き方が正しいかと問われた時、倫理的、道徳的に生きることだと答えます。だから「悪い人間だ」と言われることを一番嫌います。日本人は倫理的、道徳的よりも、「どんな生き方が美しいか」という事により重点を置きます。いま私は大学で教壇に立っていますが、学生に「悪い人間」と言われるのと「みっともないやつ」と言われるのとどちらが嫌いかと聞きますと、留学生は「悪い人間と言われたくない」と答え、日本人学生だけは「みっともない」と言われるのは嫌だと言うんですね。こうして日本人の美意識が理解できるようになると色々なことが見えてきました。始めの内は日本人の大の男が神社へ行って縄を結った木や岩を拝むのを見て滑稽でした。彼等は全くの未開人だ。これだけの経済発展をして来た日本人がなぜ唯の木や岩、いわゆる自然を拝むのかと。儒教でもキリスト教でも自然を拝むということはありません。人間だけが選ばれたものという発想ですから。しかし、この発想から日本を見ていては日本人が分からないと気がついて私は全国の神社を巡りました。そして全国の神社を廻るようになってようやく日本人の自然に対する思いがいかに強いものかということに気付きました。日本人は自然と繋がっているのです。日本には中国になくなってしまった古いものや、朝鮮半島の古代にあったもの、インドでなくなってしまったものが全部残っているのです。日本を知れば朝鮮が中国が見えてくると思うようになりました。日本は宝物がいっぱい埋まっている国だと気が付きだしたのです。日本人は自然を大事にする。そして、自然に感謝する。それが古代よりずっと繋がっている。そして、未来性がある。いつかはアメリカに行きたいと思っていましたがこの事に気付いてからは「日本はアメリカどころではない」と思い、ますます日本を知って行きたいと思っています。アメリカには未来はない。しかし、未来は日本の中にあると思います。同時に世界の未来が日本にあると考えます。日本人は自信を持ってこのすばらしい日本文化を世界に広めて下さい。》

日本人のこれからしなければならないこと

この本に於いては世界中の神話から始まって日本人と詩歌とのつながり、日本人の歌心の中心としての皇室の存在、歴代天皇の御業績、長かった戦争の記憶と全アジア人の独立、あの戦争で亡くなった将兵の皆様、二つの原子爆弾の下で一瞬のうちに命を失った何十万人の市民、そして、アメリカの占領政策に踊り、左翼と日教組の五十年に渡る偏向教育、そのため日本人としての誇りと自信を失っていった時代、日本の歴史を教科書から追放した文部官僚、色々と見てきましたが、近年になってやっと日本を見直そうという動きが出てまいりました。日本人は今じっとしている時ではありません。一刻も早くこの豊かに残された古来からの遺産を元に大和心を世界に伝えほんとうの世界平和がこの地球に花咲くよう先頭に立ってがんばらねばなりません。そのためにはしなければならないことがたくさんあります。

先ず第一は、日本の教育の改革です。サッチャーの教育改革については先に申しましたが、これにつけ加えて教育者の専門養成校の設立はどうでしょう。戦前には教員養成機関があり、ここは授業料が無料であったため、たくさんの優秀な人材が入学して各学校に配属されました。ここで日本の歴史、日本人の美点などをしっかり勉強した人達を教師に迎えれば子供達の学力は勿論、将来を夢見る立派な子供達が育つでしょう。今日本では小中学校の先生の大多数が女性になってしまっています。女性が悪いとはいいませんが、女性には夫がおり家庭があり全身全霊を学校の子供達につぎ込むというのにはやはり制限があります。戦前の小学校では男子先生が殆どでした。女の先生は全校で二人か三人でした。だから子供はよく先生の自宅に遊びに行ったものです。そこで先生生徒の関係は強固になりました。なぜ学校の先生が女性ばかりになってしまったか。その理由は簡単です。男女同権の意識の強い文部省が教師の賃金差を均等にし、それに加えて女性には普通の企業では取りにくいとされる出産育児休暇をどんどんやるものですから女性は皆教師になりたがります。これではもうどうにもなりません。一刻も早く小中学校の男女人数を少なくとも半々位までに直すべきです。吉田松陰は日本最高の教育者といわれています。それは彼が教えた松下村塾からたった二年半の短い間で維新の国事に奔走し、明治政府を確立した天下の秀才が続出したからです。たとえば明治の元勲達、木戸孝允（桂小五郎）、伊藤博文、山県有朋、山田顕義、品川弥二郎、野村靖（以上全部大臣となった）等々です。一体どうしてこんな不思議な事が起ったのか。一体どんな教育をしたのだろうか。松蔭は幼少にして高い志を持ち、その志を実行した人でした。二十五歳で海外に学ぼうと志し、小船を出して下田に停泊していたボーハタン号に国禁を犯して接近して甲板によじ登ります。しかし、艦長に拒否され、連れ戻されお縄に付き、江戸伝馬町の獄に投ぜられます。その後故郷の萩にある野山獄に送られましたが、獄中にありながら人々に自分の志を伝えようとします。幽閉の身にありながら松蔭が始めた『講孟劄記』の講義に人々は我を忘れて集まって来ます。この支持者達の援助によってやっと八畳の間を得て、松下村塾と命名します。松蔭の名を聞いた若者達が次々と門下生を志望します。この人数が松蔭が処刑される迄わずか二年半に三百三十三名も記録されたのです。松蔭は来る者は士分の者に限らず一般の庶民の者でも門人として接しました。そして教える事は「志を立てる」という一言でした。村塾の壁には松蔭の掲げた一句があります。

松下陋林（片田舎）なりと雖も　誓って神国の幹と為らん

門下生はこの松蔭の烈々たる誓、高い志とその実行に向かって命をかける実行力に深い感銘を受け自らの至命を知り、志を持ち日本の国を動かす原動力となりました。

大志を抱くということは男子ならばとにかく、夫を持ち家庭を支え子供を立派に育て上げる義務を持っている女性に大志を抱けと命令してもおおむね無理な話です。やはり学校で正しい日本の歴史を知り、日本の過去の偉人達が進んだ道を学び、自ら志を持った男子のみが子供達に志の尊さを教える事ができます。男性教師の増加が望まれる所以です。

日本の官僚制度の改革

日本が経済大国になればなる程外交は大切になります。これを何もしない外務省の役人に任しておくことはできません。外務省に限らず日本の官僚は無能の官僚といわれています。これ等官僚達も終戦直後には随分と活躍して日本復興のため功績を残しています。しかし、この数十年間にすっかり堕落してしまいました。その原因は簡単にとけます。東大出身者が官僚の九十％以上を占めてしまったからです。今東大生になるためには青春を犠牲にして必死で勉強しなければなりません。一昔前はそれ程でもなかったのです。戦前では少々頭が良くても東京まで行って下宿させることのできる親はそんなにたくさんいませんでした。しかし、現在では東大入学の可能性があると学校の先生にいわれるとどの親でも苦労して息子、娘を送り出します。その分受験戦争は厳しくなります。こうして今の東大生には幾分常識に欠けたいびつな頭の学生もいるのです。勿論そんな人ばかりではなく、突出して優秀な人もいます。しかし、なによりも東大を出て官僚になる人間はせっかく青春を犠牲にして官僚になったんだからとその地位をあくまで守ろうとします。その地位を守る一番いい方法は何もしない事です。だから彼等は何もできないのです。二〇〇九年に民主党が思わぬ大勝をはたして政権を取りました。鳩山首相は官僚出身ではありませんから思い切った脱官僚政治をかかげました。しかし、成功はしなかったようです。日本の官僚が無能なのは彼等のせいではありません。一人一人は皆頭の良い優秀な人達です。いわゆる制度が悪いのです。今の制度はエスカレートで昇級し皆同級生の延長でお互いが守りあって自分の得た地位を失なうまいとしていますから思い切った政策ができるわけはありません。この弊害を正すのは簡単です。官僚になる学生を東大に偏重せず、各大学から平等に取ればいいのです。そのためには官僚の採用に志願制度を取ればいいのです。官僚になりたいと思い志願する人達に簡単な採用試験を実施して、応募者の中から日本の国のために心から役立ちたいと願う人達を採用し、これを東大にしぼらず全国各大学から採用することにすれば官庁の空気は一度に変わるでしょう。東大出のあまった優秀な人達は各企業に入り或いは学者、研究者となり、日本のために尽くすでしょう。東大出身官僚は全体の三割もあれば充分です。とにかく早く無能な官僚を生む官僚制度を改正しなければなりません。

十一宮家の復活と皇室会議の設立

まだまだしなければならないことがあります。先にも書きましたが、その一つは十一宮家の復活です。このままでは大切な天皇家の家系を守ることが非常にむつかしくなります。御世継がなく女帝容認論が持ち上がり、戦後教育を受けた何も知らない小泉首相が集めた時代遅れの進歩的学者達によって、あやうく女帝容認のための皇室典範が書き替えられようとしていました。間一髪紀子様が御懐妊され、やがて新皇様の御誕生というニュースに全国民は心から喜びました。しかし、こんな奇跡が今後も起るとは限りません。十一宮家が復活されることによって日本国も日本国民も損をすることはありません。むしろ十一宮家の復活によって得る利益は計り知れません。これらの宮家は皆教養に深く、日本国、日本国民の安寧、幸福を願う方々ばかりです。日本文化の向上、詩歌の興隆に色々な面で御活動なされるものと思います。

宮家復活のために必要な資金が莫大で国家予算から出資するのは無理だなどという左翼学者、官僚達が必ずいるでしょう。しかし、そんな意見に耳を貸す必要は一切ありません。宮家追放は戦後進駐軍が真っ先に行った政策でその目的は日本の国体を弱めるためにやったことです。もう戦後七十年。アメリカの占領政策から脱却するには遅すぎるくらいです。今の政治家にはこれを言い出す能力も勇気もありません。この実現のためにはやはり日本国民の総意と英知が必要です。そして

「歌の心」が日本人らしい国や社会を創る

大切なのはこの宮家と天皇による皇室会議の設立です。

先に申し上げました通り、天皇はめったにご自分の意見を発表されません。これは「君臨すれど統治せず」という教えを強く守っておられるからだと思いますが、明治天皇は「教育勅語」で、昭和天皇は「終戦詔勅」で民の生き行く方向を示され、国民は御詔勅のお言葉を拳拳服膺《けんけんふくよう》して生きてきました。しかし、今国民は陛下のお言葉を知りたがっています。もし皇室会議ができれば、そしてその一部でも漏れ聞くことができれば、国民は皆、どれだけ喜ぶことでしょうか。天皇と国民の間もぐっと近づくことでしょう。我々一般人でも何か問題が起これば親族会議が開かれて大体は片付きます。今のままでは内閣総理大臣が皇室のご内容にまで口を差し入れ、平気で国体を変えるような事態が起こりうると考えられます。できるだけ早く十一宮家が復活され、天皇を中心として皇室会議が開かれるようになれば、これはすばらしいことになると信じて止みません。

それからもう一つ我々日本人が絶対にしなければいけないことがあります。それは大きくてすばらしい昭和天皇廟を一刻も早くお造りする事です。歴代天皇の御業績につきましては先の項で縷々述べましたが、何と言っても日本精神の基礎をお作りになった聖徳太子は数々の寺院におまつりされています。

昭和天皇陵または昭和神社の建立

民のかまどは……と歌われた仁徳天皇の御陵は大阪、堺市のど真ん中に面積四十七万平方米というお墓としては世界一大きい前方後円の古墳を中心とした御陵があります。これはこんもりとした森に囲まれ、何百年たった今日迄そのままの姿で人々の参拝を受けています。明治天皇をお祭りする明治神宮は東京のど真ん中の大きな敷地に建てられています。昭和天皇はあの困難な時代に見事に日本をお救いくださいました。あの戦争は日本としてはやらざるを得ない戦争でした。世界の大国英米は日本をこのまま放っておいては自分達の世界に持つ利権が侵害されることを憂い、なんとか日本を戦争に引きずり込もうと画策していました。アメリカが行った日本人の資産封鎖などは事実上の日本に対する宣戦布告でした。日本はよく戦いました。しかし、ドイツが降伏し、日本の諸都市が焼け野原となり、原子爆弾が落ち何十万人の人々が死に、いよいよ本土上陸がまじかに迫った時、この戦争をどうして終わらすかが大問題でした。軍部は一億玉砕を叫び、日本人民のすべてが竹やりでアメリカ軍と闘う気持ちでいる時、この戦争を止める事のできるのは天皇陛下ただ御一人。ただし、その時は二千年続いた日本の国体が終焉する可能性もありました。

しかし、昭和天皇は我が身はいかになるともこれ以上国民を苦しめてはならないとお考えになり、終戦を御決断なさいました。大変な御決断です。ソ連はすでに日ソ不可侵条約を一方的に破棄して満州国境から怒濤の如く崩れ込んで来ていました。この御決断が一日でも遅いと大変な人数の日本人が軍人市民を問わず命を捨てていたでしょう。日本はバラバラになる所でした。すなわち、北海道、本州、四国、九州をそれぞれ、ソ連・米英・中国に山分けしようというソ連が提案した内容です。こうして日本魂がすべて失われる所でした。そうではなくても戦後の占領政策の影響で日本人はアイデンティティを失い、日本人性悪説がはびこり、日本の歴史は否定されて日本民族の存在価値がなくなるところでした。そして救われた日本人は陛下の終戦の御詔勅を胸に戦後の復興に努力し、戦後わずかな数十年で今や世界でも最高の経済大国になろうとしています。もうイギリス、フランス、ドイツ、イタリア四国かかっても日本にかないません。明治の初めにはこの四カ国のどの一国の国力にもかなわなかった日本がです。イギリスが大英帝国を作りあげるのにも産業革命以来数百年を要しています。世界で一番大きな自動車産業さえアメリカに追いつき追い越しました。

昭和天皇は日本国を救い日本人民を助け、日本を明治大正昭和（戦前）時代を超える経済大国とされた歴代天皇の中でも最高の方なのに、日本の政府官僚は未だに昭和天皇陵を作ろうなどという考えはこれっぽちも持っていません。以前経済界及び商工会議所が音頭をとって昭和天皇陵建立の募金活動を始めたことがありましたが、尻すぼみになって集まった金をどうしているのか何の報告もありません。これはどうしても我々日本国民の力で募金し建立しなければなりません。そしてその御陵に日本国のために死んだ烈士勇士を併祀できれば彼等の魂も浮かばれ、必ずや七たび生き返って日本国のために生き日本の将来に貢献してくれるものと信じます。今の日本はこれら烈士勇士を必要としています。「七生報国」とは、その昔楠正成が残した言葉です。楠木正成は九州から京に攻め登ってくる足利の大軍を前に、少数の官軍ではとうてい勝つ目途《めど》はありませんでした。そこで正成は先ず足利軍を京に導き入れて周囲を包み、兵糧を奪い火を放ち、敵を混乱させて一気に攻め込むより他に勝つ手はないと天皇に上奏しました。しかし、それでは民を苦しませると受け入れられずに、唯々敵を殲滅すべしという「詔勅」を受け、死の覚悟をしました。一旦、詔を受けたからには必ず実行するという信念です。「自分がこの戦いで死ねば必ず後に続く者があらわれるであろう」。これが七生報国の決意です。一三三六年五月二十五日湊川に於いて足利尊氏の率いる十数万の大軍に正成は僅か五百余騎の軍勢で突っ込み見事に戦死しました。天皇を敬愛する信念は何百年前の日本人の中にもこうしてしっかりと生きていたのです。明治政府は正成の死をいたみ神戸市湊川の中心地に壮大な神社を建立しました。宮城前には楠公像が建てられ終戦後に多くの忠魂像は除去されたにも拘わらず楠公像は撤去されず今も正成の忠君報国の心をたたえてここを訪れる人々の心を打ちます。

それから今上天皇、美智子皇后様に感謝しなければなりません。もう御両人は神の領域に入られ、朝夕日本国の安泰と日本国民の幸福を祈っておられます。ありがたいことです。どうかお元気に日本皇室の伝統を守られ千代万代にお伝えいただきますよう。そして親王様の誕生おめでとうございます。そして日本人が世界から愛され尊敬される国民となり、世界平和のための推進者となりますようよろしくお願い申し上げます。

そして最後にこの戦争で亡くなった数百万人の将兵の皆様、また、戦争に巻き込まれて亡くなられた沖縄の県民の皆様そして広島、長崎の犠牲者の皆様、一般国民の皆様の魂が浮かばれますよう心からお祈り申し上げます。

日本の人口減少について

日本の国は今、人口減少の危機にさらされています。人口というものは増えるのが当然で、これが減少するというのは、国の将来にとって大問題です。結婚しない女性が増えて来ています。結婚適齢期の何人かになぜ結婚しないのと尋ねてみると、意外な返事が戻ってきました。その内の何人かが、子供を産むときの痛さがこわいからというのです。男子はそんな事は他人事で考えたこともないのですが、女性はテレビや映画で大声を出してわめく産婦の姿を見てこういいます。「あれはとても文化人のすることではない」と。ところがもう大丈夫です。最近、無痛分娩法という方法の研究が進んで来て、分娩の苦労はすっかり緩和されて来ているのです。それどころかベービーを産むことによって母親の体質が改善されたり、精神的にも強くなる効果が見られるのです。アメリカでは妊婦教育のための教室や、ボランティアのやっている教室などが政府の応援を得てあちこちにあります。ここでは軽い分娩のための運動や食事の摂り方の指導などがある教室があり、無痛分娩での出産が可能となって来ているのです。胎内の赤ちゃんは十ヶ月で出産されるのですが、七ヶ月で耳が聞こえる様になります。赤ちゃんは女親の言葉を待っているのです。この時が大切です。大きなおなかをなぜながら、生まれる時にはスルポンと生まれて来てね、とやさしく声をかけますと赤ちゃんはちゃんと心得てスルポンと痛みもなく生まれてきます。これをスルポン分娩法といいます。生まれて来たら元気で賢く心優しい子になってねといいますと、その通りの子供が生まれて来るのです。針間産婦人科医院で長年助産婦の仕事をして分娩の神様といわれる針間幹子さんは、お腹の赤ちゃんにおかあちゃんはここところに病気があって困っているの。生まれるときにはこの病気もなおしてね、と言いきかせていると赤ちゃんが生まれる時にはその病気も忘れたように直っている、と言っておられます。ほんとうに生まれて来る子供は神様であり周囲へ果報をもたらすすばらしい存在であるのです。この方の妊婦教室では「元気で賢く心優しい子を育てる」をテーマにしていますから、「元気で賢く心優しい子」と呪文のように言い聞かせるそうです。すると赤ちゃんはちゃんと聞いていて、そのとおり生まれてきてくれるのです。さあ、もう出産の苦しみを心配する必要はありません。どんどん子供を作って日本国の発展のために貢献しましょう。

平和の推進者　日本

さらに、日本国民のこれからしなければならないこと、それは昭和天皇が終戦詔勅で申された「以て万世の爲に太平を開かむと欲す」のお言葉を実現することです。日本人は世界平和の推進者にならねばなりません。そして不思議なことに日本人はその素質を持っているのです。アインシュタインがいみじくも言ったように。

そしてそのためには先ず日本人は世界の人々から愛され尊敬される人間にならねばなりません。若し日本人の一人一人が世界から愛され尊敬される人になればもう戦争は起りません。平和平和と大声でどなりながら平和宣伝する者共は裏を返せば平和のためなら戦争も辞さないという連中ばかりです。日本の国は大和国と呼びます。聖徳太子以来「和を以って尊しとなす」という言葉の中に生きてきた日本人です。こんな国は他にありません。アインシュタインはその鋭い感覚からこの日本人の美徳を見抜いたのではないでしょうか。日本人は自らを高め、隣人を愛し、広くは世界の人々を愛して日本人の伝統の文化と精神を世界に伝え世界を平和に導く他国人にない美点を持っています。

それから今回の戦争で命を落された将兵の皆様に心から感謝しなければなりません。今我々日本人がこんなに豊かさと平和を満喫できているのはこれらの方々の犠牲の上に立っているのです。アサヒビール名誉顧問中條高徳氏はこう言っています。長く平和を享受して来た我が国民は平和と口にすれば自ずと平和がくるものだと安易に考えている人達が多い。しかし、今頂いている平和の時代は二百数十万余人の尊い犠牲者によってもたらされたものであることを片時も忘れてはいけないと思います。

「見よ落下傘」の歌で名高いパレンバン降下作戦の陸士三十八期の甲村武雄少佐は昭和二十一年

三月十六日モロタイ島において戦犯として銃殺されました。時に四十一才。その遺書にあります。

一、大東亜の聖戦も敗戦に終わりしことは誠に一大痛恨事にして、大君に対して御奉公の至らざりしこと国民深く反省すべきものなり。小生、七生報国を（七回生き返って日本に尽すということ）期しあり。この事子供達によくいいきかせされたくお願い申す。

二、今回の戦犯死刑は自らの責にあらず、戦勝国の意思にあるもので、子供達には父は全く正しき武人たりし事を知得せしむると共に子供達には将来正しく直く明るく成長するよう教育されたし。

三、略

四、小生なきあと子供の教育については真の日本人として生長あるべく務められたく、厳格なる父親の役目は長兄忠雄にたよるべし。

五、我が妻に対し愛敬と感謝を捧ぐ、

君のため捨つる命はおしからず
モロタイ島の露と消ゆとも

また、海の落下傘部隊メナド降下作戦の指揮を取った堀内豊秋中佐（海兵五十期）もまた、勇敢に戦ったということだけでオランダ軍事法廷で死刑を宣告され銃殺刑に倒れたが、この遺書の一部は次の如くであります。

一、誠よ　その他の子供達よ　父は国家の犠牲となって散ってゆく、父なきあとは兄妹力をあわせ、母上に孝養を尽せ、妻よ私は自分の部下達が散ったこの地メナドで白菊の如く美しく死んでゆく。母上様どうか先立ち因縁をお許し下さい。

中條高徳氏は最後にこう付け加えました。

「このようにして終戦時、千余名の若者がまともな裁判すら受けず、後に残る者達の幸せをひたすら祈ってあの世に旅立ったのだ。今平和を享受する国民のすべてがこの英霊たちに報恩感謝の誠を捧げることを怠ってはならない」。（文責筆者）。

また、武蔵高校から東大に入学して学徒出陣で海軍に入って後に博報堂最高顧問になった近藤道正氏は日経新聞の『私の履歴書』の中で友人相浦忠雄さんについてこう書いています。

一九四一年（昭和十六年）十二月八日　日本は遂にアメリカに火蓋を切りました。真珠湾攻撃大成功の報道で街中が沸きかえっているさなか、相浦さんは私を伴って東大図書館の屋上に上がり東京の町並みを指差して「君これが全部焼け野原になるんだよ」と言いました。戦争が始まった当初日本が負けるなんて誰も思っていませんでした。

しかし、東大を通じて宮澤喜一さんと並び称される秀才で、宮澤さんが首相になったとき「相浦さんが生きておればどちらが首相になってもいいような大人物だった」と語ったといわれています。彼の言った言葉に、驚いてその顔を覗き込む近藤さんに対して相浦さんは迷いもなく「いや必ずそうなる」と言い切ったそうです。誰も考えない日本の将来を彼は見事に読み切っていたのです。同世代として終戦直前迄敗戦を予想しなかった自分など全くおはずかしい次第です。そしてこの秀才は日本の敗戦を予知しながらそれを少しでも遅らせようと海軍短期現役主計中尉になり、「第一線熱烈志望」に手を上げ前線に出て行き戦死します。「相浦さんの壮絶な戦死の模様を知ったのはずっとあとの事だが、あの頃私達は誰であれ祖国のために戦場で命を落とす日がくることは覚悟していた。いつどこでどのように死を迎えるかだけが問題だった」と近藤さんは言っています。終戦の日シンガポールにいた近藤さんは八月十六日天皇の玉音放送を聞き、数日後親しかった学徒出陣組の大尉が拳銃で自殺した。それを契機に自殺者が続く。しかし、シンガポール駐在魚住司令官は若者は今死ぬ時ではない。生き残って祖国の再建に尽すべし、と随員の近藤さんに三千人近い将兵にこれを伝えるよう求めてきました。近藤さんはこれに答えて「今回日本が負けたとしても日本人として生きていく意義が失われたのではない。祖国は焼け野原かも知れないが、我々は日本文化の戦士として命の或る限り戦わねばならない。生きて祖国に帰り、これから起る本当の文化の戦いの戦列に立とうではないか」と声いっぱいに呼びかけました。人々の顔は新しい決意に輝き無事日本に帰って来たそうです。（文責筆者）。

この様にこの戦争で亡くなった将兵の皆様に対しては心から追悼の意を表し、その魂の安からんことを願わねばなりません。

しかし、アメリカ占領政策はこの日本魂をなんとか消し去り、愛国心を失った日本人に仕立てようとしました。彼等はあの戦争で見た日本魂がほんとうにこわかったのです。

そして日本の学者、マスコミはこの占領政策に両手を挙げて協賛し、日本軍は外地では住民を虐げ悪いことばかりしたと子供達に思わせ、戦後保守党の首相・政治家まで靖国神社に参拝することに消極的だったのです。これでは祖国を思い、肉弾となって死んで行った方々に顔向けできません。

ポール・リシャール

日本人が世界平和のための推進者であるべきこと、しかもそれは日本人に与えられた使命であることについて語ったのがポール・リシャールでした。

ポール・リシャールは大正五年（一九一六年）に日本を訪れ、四年間も日本に滞在したフランスの詩人であります。彼は東洋を愛し、東洋の文化に魅せられ、西欧文明の行き詰まりを感じて、西欧文明の欠点を克服するためには、東洋の精神を学ぶべきだと考えアジアの各国を訪れた人でした。特に日本の国のあり方に感動し、日本すなわち日本人こそ世界の平和に貢献すべき使命を持った民族であると考えたのです。ポール・リシャールの書いた《日本国に告ぐ》（大正六年一九一七年）という詩の中からその一部を抜粋します。

「曙の児等よ、海原の児等よ
花と焔との国、力と美との国の児等よ
聴け、涯しなき海の諸々の波が
日出づる諸子の島々を讃ふる栄誉の歌を……
曾《かつ》て他国に隷属せざりし世界の唯一の民よ
貴国こそアジアに自由を与ふるべきものなれ
一切の世界の隷属の民のために起つは貴国の任なり
新しき科学と旧き知慧と、ヨーロッパの思想と
アジアの思想とを自己のうちに統一せる唯一の民よ

これら二つの世界、来るべき世の此等両部を統合するは貴国の任なり
流血の跡なき宗教を有てる唯一の民よ
一切の神々を統一して更に神聖なる真理を発揮するは貴国なる可し
建国以来、一系の天皇、永遠に亘る一人の天皇を奉戴せる唯一の民よ
貴国は地上の万国に向かって、人は皆な一天の子にして、天を永遠の君主とする一個の帝国を建設すべきことを教へんが為に生れたり……
そして人類の平和を促さんが為に生れたり」
―ポール・リシャール―

更に、ユダヤが生んだ偉大なる世界的大科学者、アインシュタイン博士の言（ことば）を掲載させていただき、章を終わりたいと思います。(但し、アインシュタインのこの言葉は、いつどこで語られたかがはっきりしていないので、多分本人がほんとうに言ったのではないと主張する学者もいます。しかし発行された色々な本に書かれていますので一応転載します)。

世界の盟主

世界の未来は進むだけ進み

その間、幾度か争いは繰り返されて
最後の戦いに疲れる時がくる
その時、人類は真の平和を求めて
世界的な盟主を挙げねばならない
この世界の盟主なるものは武力や金力ではなく
凡ゆる国の歴史を抜き越えた
最も古くまた尊い家柄でなくてはならぬ
世界の文化はアジアに始まって
アジアに帰る
それはアジアの高峯
日本に立ち戻らねばならない
吾々は神に感謝する
吾々に日本という尊い国を作って
置いてくれたことを

―アルバート・アインシュタイン―

あとがき

私は、歴史学者でもなく、文学者でもなく、小説家でもなく一介の大阪商人です。しかし、昭和五年に生まれ、戦前戦中戦後の時代を生き、たくさんの経験を重ねてきました。小学一年の時支那事変が始まり、中学一年に入った時太平洋戦争が始まりました。中学三年の時終戦になり、アメリカの占領、マッカーサー元帥の統治を経験し、戦後の復興時代に入ります。アメリカの占領政策、ウオー・ギルト・イメンフォーメーションの方針の下に日本人は自信をなくし、アイデンティティーを失い、自己嫌悪に陥ります。日本人は戦争中悪い事をした悪い人間だと教えられました。しかし、日本人はそんな悪い人間ではない、そんな筈はないと思った時、日本の古代からの歴史を調べてみようと思い立ちました。日本の国というのは実際はどんな国だったんだろう。それを知るためには先ず第一は日本国の神話を知ることです。これは今から千三百年程前の昔に書かれた古事記を読むことです。しかし、古事記についてはたくさん解説書が出ていますが、読んでみてむつかしいと思っていたある時、梅原猛先生の古事記の本を古本屋で見つけて読んでみると、実に解りやすく書かれていて、まるで近代の小説を読んでいるようにすらすらと理解できるのです。そして読んでみて驚きました。その中身がほとんど歌でできているのです。日本人は古い時代から自分の意思を伝えるのに和歌を歌っていたのです。しかもその多くはすばらしい歌ばかりです。その事から、本書の題名『歌から生まれた不思議な不思議な日本の国』という言葉が生まれました。この本のほとんどはそれぞれの方々が書いた本とかエッセイなどから抜書きしたものです。そのため雑誌『致知』『モク』『選択』には大変お世話になりました。特に大東亜戦争（日本では終戦までこう呼んでいました）、いわゆる第二次世界大戦に於ける日米戦争突入に至る状況、当時の天皇の役割、彼我の攻防、日本の敗戦とその後のマッカーサーの占領政策の流れ等についてはジョン・トーランドの書いた『大日本帝国の興亡』という全五巻の著書からの抜書きがほとんどです。といいますのは、ジョン・トーランドはアメリカ・ウイスコンシン州の出身で生粋のアメリカ人ですが、第二次世界大戦中はアメリカ陸軍諜報部に所属し、戦後日本に駐留していたこともあり、しかも日本人の女性と結婚しており、日本人に対する理解もあり、文を書くに当たっては徹底的に関係者に面接して記録を取り、それによってこの本を書いたとなっていますので安心できます。特に戦史についてはたくさんの本が出版されていますが、日本人の書いたものは本人の体験が中心で、それなりの臨場感はすばらしいものですが、その結果については大本営発表の中身となり信頼できません。その点、ジョン・トーランドは明確に調査の結果を表現しています。ただ一つ、ガダルカナルの戦史に残る大脱出の人数については日本軍の発表の人数の方が正確であると考えられますが、間違っているのはこれくらいです。それ以外は全部ジョン・トーランドの数字に従いました。戦後、日本人が自信をなくし、日本の良さを見失った現代、なんとか日本の古代より伝わる和の精神、歌によって言葉を伝える優雅な心、古代より続く日本国の天皇の存在などなどに自信を持ち、日本人が世界の平和の発信国になるようがんばってほしいと願っています。そのためにも一つお願いがあるのです。日本の再興に最も貢献された中興の祖、昭和天皇の御陵若しくは昭和神宮のすばらしい大きなのを作ってほしい。そこに昭和の烈士勇士を並祀できれば彼等の魂は浮かばれ、必ずや七たび生き返って日本のために尽くしてくれるにちがいありません。今、日本にはこのような烈士勇士が必要です。

日本人は平和を大切にする国民です。聖徳太子の書かれた十七條憲法の先ず第一条は、「和を以って尊しとなす」と教えられています。昭和天皇の終戦の詔勅にも「以って天下に平和をもたらんとす」と書かれています。日本人は世界の平和のため尽くさねばならない義務があります。

なお、本文中古事記と万葉集の歌の中には著者がかってに意訳した部分があります。読みやすいように勝手に意訳したのですが、原文を知りたいお方はそれぞれの参考書をごらんになればすぐわかります。

本書を書くに当たって多くの友人知人に協力して頂きました。校正には友人土屋寛氏のお力をお借りしました。土屋氏は和歌山大学を卒業して東急不動産のマネージャーをしていた方ですが、古典に詳しく驚くほどの知識人です。また、挿絵については建築家の伴ちゃんこと伴年昌《ばんとしあき》氏にお願いしました。伴ちゃんは画家になった方がよかったといわれるほど独特な感覚を持って絵を描いてくれました。また、当社の総務部長金澤良二氏はコンピューターの名手でそのパソコンでウィキペディアの辞書を中心に人名、その歴史など検索して協力を頂きました。それぞれの方々に厚く御礼申し上げます。また、ニューヨーク以来の友人加瀬英明氏、学生時代からの友人長谷川慶太郎氏、同じく毎日新聞記者以来の友人竹村健一氏などから有益なお話を聞き、また、渡辺昇一先生ほか桜井よし子先生等の講演、雑誌の記事からもたくさん抜書きさせていただいています。ありがとうございました。更にもう一人、本書の陰の作者ともいえる天下のようさんこと吉田直紀氏には大変お世話になりました。また本書の出版を担当していただきました牧歌舎の吉田光夫さんには貴重なご意見ご指導いただき感謝にたえません。そして私が書き疲れて落ち込んだとき、笑顔で勇気づけてくれたみさちゃん、ルミちゃん、リサちゃん、ともちゃん、すずちゃん、どうもありがとう。

どこかで、日本の官僚はだめだと書きましたが彼等は頭はとてもいいのですから、ほんとうに日本のためにがんばってほしいと思います。アメリカの議会に対するロビー活動など少しも力を入れないので今では中国、韓国などのロビイスト達に圧倒されて、アメリカ国内に戦争慰安婦の銅像を作るというような、とんでもないことが議会で承認されようとしています。日本の外務省もロビイストを強化してこんなことはやめさせなければなりません。

色々書きましたが、この本をお読みになって何かご感想がおありになれば是非お知らせ下さい。できるだけ返事を書くよう努力します。宛先は大阪市中央区北久宝寺町二丁目1番7号　本町和光ビル606号室　『歌から生まれた不思議な不思議な日本の国』係り宛で結構です。

天皇家のご安泰、立派な昭和神宮の建立、この戦争でなくなった将兵の皆様、一般市民の皆様のご冥福、日本の婦女子がたくさん子供を産んで下さいますよう、日本の若者男女ががんばってオリンピックで世界に輝きますよう、日本人が世界平和のために貢献してくれるよう、そして皆様のご健勝とご幸福を心からお祈りして終わります。

【著者プロフィール】

永井　一夫（ながい・かずお）

1930年大阪生まれ。1953年京都大学経済学部卒業。1957年コロンビア大学ビジネススクール卒業。マスター・オブ・サイエンス（MS）修士号取得。現在、永井織布株式会社代表取締役社長、（財）永井熊七記念財団理事長、（財）関西棋院副理事長

歌から生まれた不思議な不思議な日本の国

2015年1月30日　初版第1刷発行
著　者　永井　一夫
発行所　株式会社 牧歌舎
〒664-0858　兵庫県伊丹市西台1-6-13 伊丹コアビル3F
TEL 072-785-7240　FAX 072-785-7340
http://bokkasha.com　代表：竹林　哲己
発売元　株式会社 星雲社
〒112-0012　東京都文京区大塚3-21-10
TEL 03-3947-1021　FAX 03-3947-1617
印刷・製本　中央精版印刷株式会社

ISBN 978-4-434-20252-0　C0095